面厚心黑
후흑으로 췌마지술을 읽는다

서른!
후흑으로
승자의 미학을 만나다

최영민 편저

이 책을 열면서

후흑으로 체마지술을 읽는다

 후흑(厚黑)은 염치없고 낯이 두꺼운 뻔뻔함(厚)과 마음속이 음침하고 흉악스러운 음흉함(黑)을 말한다.
 '후흑'이라는 두 글자는 본래 천하의 대간흉과 대사기꾼이 만든 것이다. 일반인일지라도 이를 잘 활용할 줄 안다면 훌륭한 대성현이 될 수 있는 것이다.
 "후흑으로 적을 제압하니 어떤 적인들 해치울 수 없으며, 후흑으로 공을 세우고자 하니 어떤 공인들 이루지 못할 리가 있겠는가?"
 한마디로 후흑은 일을 처리하는 기술이다. 이는 마치 사람을 치는 권법과 같다.
 '무릇 권법가는 도장에서 수년 동안 연습한 후에야 비로소 세상에 등장하는 법이다.'

이 책의 저자는 백성들이 '후흑학'을 열심히 연마하여 세계 열강에 저항하기 위한 역량을 길러 '후흑으로 나라를 구해야 한다(厚黑救國)'고 후흑사상을 전하였다.

그리고 저자는 영웅호걸이 되는 비법이 있을 듯하여 중국 역사서를 두루 섭렵하던 중 '옛날의 영웅호걸들은 한결같이 뻔뻔하고 음흉한 자들이었구나'라는 결론을 얻게 되었다.

역사상 '후흑구국'을 가장 잘 실천한 사람은 월나라 왕 구천이 대표적이다. 그는 회계전투에서 패한 후 스스로 오나라 왕 부차의 신하가 되었다. 오나라에 끌려가 3년 동안 선왕(先王) 합려의 무덤 옆 석실에 거처하며 무덤을 돌보고 부차의 대변까지 맛본 후에야 풀려났다.

이것이 바로 '면후(面厚)'의 비결이다.

그리고 그는 10년 동안 월나라를 부국강병한 나라로 만들어 오나라를 깨뜨리고 부차를 죽음으로 내몰았다. 이것이 바로 '심흑(心黑)'의 비결이다. '후흑구국'을 위해서는 우선 '면후'가 먼저 있고 나서 '심흑'이 뒤따라야 한다.

우선 삼국시대 조조의 행적을 먼저 들고 있다. 조조의 속마음은 온통 시커먼 것이 이루 헤아릴 수 없을 정도로 많았다.

그는 곧 아무런 죄없는 사람을 죽이면서도 눈 하나 깜짝하지 않고 모질게 뒤도 돌아보지 않았다.

그중 대표적인 것이 여백사(呂伯奢) 일가족을 무참히 죽인 부분이다. 그리고 두 번째는 헌제의 비(妃)이자 동승의 딸인 동귀비를 목졸라 죽이고 복황후를 개 패듯 때려 죽였다.

그리고 그는 말한다.

"차라리 내가 저버릴지언정 세상 사람들이 나를 저버리게 할 수는 없다.〔寧我負人 毋人負我〕"

다음으로는 유비의 뻔뻔함과 음흉함을 들고 있다.

유비는 제갈공명을 만나기 전까지 이곳저곳을 떠돌며 남한테 얹혀 지냈다. 유장(劉璋, 유계옥)이 정성을 다해 그를 대해주었지만 그는 갑자기 병력을 동원해 유장을 폐하고 서촉 41주, 익주목(益州牧)이 되어 발판을 삼았다. 이 어찌 속마음이 시커멓다고 말하지 않을 수 있겠는가?

그리고 손권은 조조와 유비가 중원의 자리를 놓고 다투는 동안 부친(손견)과 형(손책), 2대에 걸쳐 쌓았던 기반을 이어받아 비록 수세적이긴 하지만 의리와 체면 따위에 연연하지 않고 상황변화에 대처하면서 오(吳)나라의 안전을 도모했다.

 어느 누구보다도 삼국시대 후흑의 대가로는 사마의를 들지 않을 수 없다. 사마의는 제갈공명으로부터 상중(喪中)의 부인네라는 놀림에도 대수롭지 않게 여겼을 뿐만 아니라 조상에게 병권을 빼앗기자 병이 났다는 핑계를 대고 집안에 들어앉아 바깥에 나오지 않았다.
 조상이 염탐하기 위해 사람을 보내자 그는 병이 깊어 오래 살지 못할 것처럼 연극을 꾸미고, 조상이 안심하고 병권을 맡고 있는 세 아우와 어림군까지 대동하여 사냥을 떠나자 궁궐을 장악하여 사마씨의 세상, 천하통일의 대진(大晉)을 세우는 기초를 쌓는다.
 이어서 저자는 '역발산기개세'의 영웅 항우가 죽은 후 왜 그는 천하사람들의 웃음거리가 되었을까에 대한 고사를 예로 들고 유방의 후흑학을 논한다.

　유방의 속마음이 시커멓고 뻔뻔함과 음흉함은 다른 사람과는 천양지차로 달랐다.

　'태어날 때부터 자연스러워 마음 내키는 대로 해도 결코 시커먼 속마음의 법도를 어긋난 적이 없었다.'

　그의 뻔뻔함을 말하려면 그의 내력을 살펴볼 필요가 있다.

　유방이 패(沛) 땅에서 건달노릇을 할 때에 현청에서 거부이자 세력가인 여공(呂公)의 환영연을 열었다.

　그 환영연에는 지방의 인사들을 초대하였는데 유방은 초대장도 없이 빈털터리인 주제에 떡하니 일만 전을 선물로 내겠다며 목간에 적고 제일 상석에 앉아 환영연 주인공인 여공의 환대를 받았다.

　여공은 유방을 본 후 자신의 딸과 혼인하게 하고 행정구역의 말직이나마 정장(亭長)자리에 앉혔다. 이로써 온 마을사람들과 집안 식구들로부터 백수건달이라고 눈총을 받던 유방이 관리가 되었다.

　'용이 하늘로 올라가기 위한 발판이다.'

유방은 자신에게 주어진 직책을 놓고 도약을 위한 발판이라 여겼다. 그리고 후일 천하의 기재(奇才) 장량(張良)을 만나게 되어 천하를 움켜쥔다.

그 후 유방은 항우를 격파하고 천하를 평정하는데 결정적인 공헌을 한 한신과 팽월을 죽였다.

곧, '새를 잡으면 활을 광 속에 넣어두고 토끼를 잡고나면 사냥개를 삶아먹는다〔鳥盡弓檄 兎死狗烹〕'였다.

한신과 팽월의 죽음은 개국 후에 흔히 나타나는 '토사구팽(兎死狗烹)'의 전형적인 실례였다.

이와 같이 '후흑학'의 방법은 간단한 듯하나 현실에 적용해 보면 신묘하기 그지없어, 작게 쓰면 효과가 미미하지만 크게 쓰면 엄청난 효과를 얻을 수 있다.

그러한 점에서 천하를 평정해 한(漢)나라를 세운 유방과 위·오·촉 3국을 통일해 진(晉)나라를 세운 사마의는 후흑학을 완전히 터득해 천하를 얻은 사례가 될 것이다.

그에 비해 삼국시대 위나라 조조와 촉나라의 유비는 각각 한

가지 면모만을 갖추어 한 나라의 왕위로서 천하를 3분해 자웅을 다투었을 뿐이다.

　한신과 범증 역시 제각기 섬긴 주군은 다르긴 하지만 마찬가지로 두 사람은 후흑을 겸비한 유방과 함께 태어났기에 둘다 때를 잘못 타고 난 실패자였다.

　그렇지만 그들은 자신들이 지닌 한쪽 수단과 방법을 마음껏 발휘함으로써 역사의 한 자리를 차지했을 뿐만 아니라 왕후장상의 지위와 명성을 얻고 일세를 풍미하며 살아왔다. 그러기에 그들의 행적은 후세 사람들의 입에 흥미진진한 이야깃거리로 거론되고 있음은 '후흑학'이 결코 그들을 저버리지 않고 있기 때문이다.

2012년 겨울에
편저자 씀

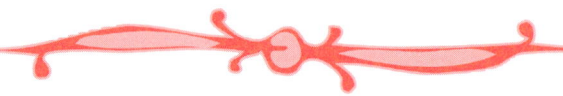

이 책을 열면서 / 3

제1편 후흑학(厚黑學)
　　난세를 평정하는 통치학 _ 15
　　조조의 시커먼 속마음 _ 19
　　천하의 재사 양수(楊修)의 죽음 _ 50
　　유비의 뻔뻔함과 음흉함 _ 62
　　강동(江東)의 손권 _ 73
　　사마의(司馬懿)와 제갈공명 _ 81
　　사마씨(司馬氏)의 대진(大晉) _ 92
　　항우와 유방의 후흑학 _ 109
　　한신과 범증의 어리석음 _ 123
　　후흑학의 연마과정 _ 147

제2편 면후심흑(面厚心黑)
　　후흑의 도는 높고 아름답다 _ 155
　　왕후장상의 씨가 따로 있나 _ 175

문경지교(刎頸之交)의 장이와 진여 _ 189
초패왕 항우의 죽음 _ 201
화목하게 지내는 방법 _ 220
한비자의 형명법술(刑名法術) _ 222
6국 합종(合縱)의 맹약 _ 235
열국(列國)을 흩트린 연횡책(蓮衡策) _ 249

제3편 통치학의 인성론, 무선무악설(無善無惡說)

고자(告子)와 맹자(孟子) _ 263
조조를 성토하는 진림의 격문(檄文) _ 274
유비의 두꺼운 낯가죽 _ 285
후흑구국의 길, 와신(臥薪) 상담(嘗膽) _ 297
사물의 쓰임과 마음가짐 _ 334
어찌 붕새의 뜻을 알겠는가 _ 337

제1편

후흑학(厚黑學)

난세를 평정하는 통치학

후흑(厚黑)은 염치없고 낯이 두꺼운 뻔뻔함(厚)과 마음속이 음침하고 흉악스러운 음흉함(黑)을 말한다.

요(堯)임금은 검소하고 근면하여 나라를 덕(德)으로 다스리자 백성들은 격양가(擊壤歌)를 부르며, '임금이 있으나 없으나 우리가 살아가는데 무슨 필요가 있으리' 태평성대의 노랫소리가 그치지 않았다.

그야말로 요임금의 덕치(德治)는 먹을 것이 가득하여 배를 두드리고 살아가는 함포고복(含哺鼓腹, 배불리 먹고 삶을 즐기는 평화로운 모습)이었다.

그러나 그토록 훌륭한 요임금도 해마다 강물이 넘쳐흐르는 황하의 홍수를 다스려야 하는 치수(治水)만은 해결할 수 없어 고민스러웠다. 게다가 이제는 연로하여 더 이상 정사를 돌보기가 어려웠다.

어느 날 요임금의 귀에 순(舜)이라는 사람이 효(孝)에 바르고 지극히 어질다는 소문이 들려왔다.

순은 오제(五帝)의 하나인 전욱(顓頊)의 6대 손으로 아버지는 고수(瞽叟)라는 인물이었다. 고수의 고(瞽)는 눈이 보이지 않는 자를 일컫는 말이고, 수(叟)는 장자, 맏아들을 뜻하기도 하지만 역시 '어리석고 사리에 어두워 선악을 구별하지 못하는 사람'을 일컫는 말이다.

고수는 순의 생모가 죽자 후처를 얻어 상(象)을 낳았다.

고수와 계모는 상만을 귀여워하고 온화한 순을 미워하여 기회만 있으면 죽이려고 하였다. 그러나 순은 부모에게 순종하여 오로지 자식된 도리를 묵묵히 다할 뿐이었다.

요임금이 순을 불러 이야기를 나눠보니 과연 효와 덕이 출중하여 가히 성인(聖人)이라고 일컬을 만했다.

요임금은 순을 시험하기 위해 자신의 두 딸, 아황(娥黃)과 여영(女英)을 시집보내 집안에서의 행실을 관찰하고자 했다. 순은 두 아내를 잘 거느리고 화목하게 살아 주위로부터 칭송을 한몸에 받았다.

그가 머무는 곳에는 일 년 사이에 촌락을 이루고, 이 년이 지나면 읍(邑)을 이루고, 삼 년이 지나면 도회(都會)가 되었다.

뭇 백성들이 효와 덕이 출중한 순(舜)을 본받기 위해 구름같이 몰려온 까닭이었다. 특히 천자 요임금의 딸들인 아황과 여영도 부녀자로서의 어질고 너그러운 덕행, 여자로서 마땅히 지켜야 할 여인의 도리(道理)를 다하고 순을 받들어 집안이 언제나 화목했다.

 이와 같이 상고시대에는 백성들이 천진난만하여 '뻔뻔함과 음흉함'이 없었다. 그리고 공자(孔子)는 인의(仁義)를 내세워 요순시대의 회복을 꿈꿨다. 그러나 후대에 내려와 백성들의 삶의 질이 높아지면서 삼국시대 조조(曹操)처럼 음흉하고 유비(劉備)와 같은 뻔뻔한 인물들이 새롭게 등장하여 한 세대를 이루었다.
 지금은 하루가 다르게 시대상황이 변천하여 조조와 유비 같은 자들이 활개를 치는 세상이라 성공하는 자는 적고 실패하는 확률이 높아졌다.

 『후흑학(厚黑學)』을 제창한 이종오(李宗吾)는 1879년 중국 사천성에서 태어나 '면후(面厚)'와 '심흑(心黑)'을 합성한 '후흑' 사상을 전파하고 1944년 세상을 떠났다.
 그의 사상은 '뻔뻔함과 음흉함의 처세학'으로서 단순한 '처세학'보다는 '난세를 평정하는 통치학'이었다.
 저자 이종오는 영웅호걸이 되는 비법이 있을 듯하여 『사서오경(四書五經)』을 읽고 『제자백가(諸子百家)』와 중국의 정사(正史)인 『24사(史)』를 통해 비법을 얻고자 했으나 그리 신통한 답을 얻지 못했다.

　그 후 역사속의 영웅호걸들을 살피다가 문득 위(魏)·촉(蜀)·오(吳), 삼국시대의 조조와 유비의 행적을 본 후, '옛날의 영웅호걸들은 한결같이 뻔뻔하고 음흉한 자들이었구나'라는 결론을 얻게 되었다.

조조의 시커먼 속마음

우선 조조의 행적을 살펴보면 그의 속마음은 온통 시커먼 것이 이루 헤아릴 수 없을 정도로 많았다. 곧 아무런 죄없는 사람을 죽이면서도 눈 하나 깜짝 않고 모질게 뒤도 돌아보지 않았다.

▶ 그중 대표적인 것이 조조가 여백사(呂伯奢) 일가족을 무참히 죽였다는 부분이다.

조조가 동탁을 주살(誅殺)하려다 실패하여 쫓기던 중 초군(譙郡)의 중모현(中牟縣)에 이르렀을 때였다.
조조를 잡으라는 동탁의 명이 벌써 이곳까지 당도한 줄을 모르고 한달음에 관(關)을 빠져 나가려던 조조는 관문을 지키는 군사에게 제대로 손 한번 써보지 못한 채 어이없게도 사로잡혔다.

관문의 군사들은 조조를 묶어 현령에게 끌고 갔다.

조조는 현령에게 끌려가자 거짓말로 꾸며댔다.

"소인은 천하를 떠돌아다니는 장사꾼으로 성은 황보(皇甫)라 합니다. 어찌하여 저를 사로잡고 결박하는지 까닭을 알 수 없습니다."

그러자 현령은 조조를 유심히 살피다가 말했다.

"이 자는 조조가 틀림없다. 나는 지난날 낙양에서 벼슬자리를 구하고자 머물렀을 때에 이 자의 얼굴을 본 적이 있다. 어찌 나를 속이려 드느냐? 사로잡은 이 자를 동(董) 승상께 바치면 상을 내리실 것이다. 너희들에게도 상금을 나누어 줄 테니 오늘밤은 술과 음식을 마음껏 먹도록 하여라."

군사들은 조조를 함거에 가둔 후, 그날 밤 술 항아리를 열어둔 채 술을 마셔댔다.

해가 넘어가고 어두워지자 군사들은 관문을 닫아걸고 모두 숙소로 돌아갔다. 조조는 현령이 자신의 얼굴을 알아보자 모든 것을 체념하고 있었다.

큰 뜻을 가슴에 품은 지 몇 해이던가. 그 뜻을 이루지도 못하고 이제 동탁의 손에 참형을 당하고 마는 것인가. 그는 함거에서 무수히 빛나고 있는 별들을 바라보며 탄식했다.

야밤이 거의 되어갈 즈음이었다.

누구인지 알 수는 없으나 조조가 갇힌 함거로 다가오는 발자국 소리가 들렸다. 조조가 고개를 들어보니 낮에 자신을 한눈에 알아본 바로 그 현령이었다.

 현령이 조조에게 다가와 물었다.

 "그대는 동 상국의 총애를 받아 중용(重用)되었다고 들었는데 어찌하여 스스로 화를 자초했는가?"

 현령의 말에 조조는 소리내어 웃으며 말했다.

 "제비나 참새 따위가 어찌 봉황의 큰 뜻을 알겠나. 너는 이미 나를 사로잡지 않았는가. 어서 동탁에게 끌고 가 상금이나 받아라."

 "조 공, 나를 너무 가벼이 보지 마시오. 나 역시 하늘에 뻗치는 큰 뜻을 품고 있으나 천하를 걱정하며 뜻을 나눌 동지를 얻지 못했을 뿐이외다. 이제까지 섬길 만한 주인을 못 만나 허송세월하는 것이 한스러울 따름이오."

 조조는 행여 현령이 꾸며서 하는 말은 아닐까 하고 어둠속에서나마 그의 안색을 살펴보니 현령의 태도는 자못 진지해 보였다. 그제야 조조는 앉음새를 고쳐 앉으며 정중한 목소리로 입을 열었다.

 "귀공이 그런 뜻을 품고 있는 줄은 몰랐소. 나도 마음속에 품고 있는 뜻을 털어놓겠소. 내가 동탁의 총애를 받고 있었던 것은 사실이오. 그러나 나의 조상들은 대를 이어 한(漢)나라의 녹을 먹고 살아왔소. 조상의 피를 이어받은 내가 어찌 근본이 비천하고 포악한 도적인 동탁에게 허리를 굽히고 있겠소. 내가 몸을 굽혀 동탁을 받든 것은 오로지 기회를 잡아 동적(董賊)을 죽여, 위로는 나라를 위하고, 아래로는 조상의 가르침에 따르려 함이었소. 그러나 나에겐 아직 천운(天運)이 없음인지 이렇게 사로잡히는 몸이 되었으니 이제 와서 한탄한들 무엇하겠소."

현령이 그 말을 듣더니 조조에게 물었다.

"조 공께서는 이곳을 벗어나면 어디로 갈 작정이었소?"

"고향인 진류(陣留) 땅으로 돌아가 천하의 제후들을 모으려던 참이었소. 그들과 힘을 모아 군사를 일으켜 천하의 역적 동탁을 주살(誅殺)할 계획이었소."

그러자 현령은 손수 함거의 자물쇠를 열고 조조의 결박을 풀어 준 후 상좌에 앉게 하고 넙죽 절을 올렸다.

"공이야말로 진정한 충의지사(忠義之士)이시오. 오늘 이 자리에서 공과 같은 지사를 뵙게 되어 참으로 기쁘오."

현령의 뜻밖의 태도에 조조도 놀라 마주 절을 하며 물었다.

"공의 높은 이름을 아직도 모르고 있군요."

"저의 성은 진(陳)이며, 이름은 궁(宮), 자를 공대(公臺)라고 합니다. 조 공의 충의에 감복하여 따르고자 하니 부디 물리치지 마십시오."

조조는 사지에서 벗어났을 뿐만 아니라 뜻하지 않은 곳에서 동지를 얻으니 기쁨을 감출 길이 없었다.

그날 밤 진궁은 약간의 노자를 챙긴 후 사람들이 알아볼 수 없도록 옷을 바꿔 입고 각기 칼 한 자루씩을 등에 진 채 조조와 함께 나는 듯이 말을 몰았다.

밤낮으로 쉬지 않고 달린 두 사람은 사흘째 되는 날 해질 무렵쯤 성고(成皐)라는 고을로 들어섰다.

"마을이 보이는구나. 여기가 대체 어디일까?"

진궁이 말고삐를 늦추며 혼잣말로 중얼거렸다. 그러자 조조가 채찍으로 숲을 가리키며 말했다.

"여긴 성고라는 곳이오. 이 마을에는 성은 여(呂), 이름은 백사(伯奢)라는 분이 계시는데 선친과는 형제처럼 가깝게 지내온 분이오. 오늘밤은 그 댁으로 가 집안 소식도 들을 겸 묵도록 합시다."

"그것 참 잘됐군요."

진궁이 찬성하자 조조는 여백사의 집을 찾아갔다. 주인 여백사는 뜻밖의 손님에 놀라면서 두 사람을 반갑게 맞아들였다.

"조정에서 마을마다 널리 파발을 보내 너를 잡아들이려 한다는 얘기를 듣고 있다. 너의 선친께서는 진류(陣留) 땅으로 이미 몸을 피해 가셨다만 너는 용케 이곳으로 왔구나."

"여기 함께 오신 진 현령이 아니었다면 이 몸은 이미 동탁에게 끌려가 목이 달아났을 것이옵니다."

조조는 여백사에게 그간의 사정을 자세히 전했다.

조조의 얘기를 듣고 난 여백사는 진궁에게 진정으로 고마움을 표하기 위해 무릎을 꿇고 절을 하며 치하했다.

"만일 진 현령께서 돕지 않았다면 조조 일가일문은 멸문지화(滅門之禍)를 면치 못했을 것입니다. 누추하나마 오늘밤은 여기서 편안히 묵으십시오."

여백사는 조조와 진궁을 방으로 들여 쉬게 한 후 안채로 들어갔다가 한참 만에 나오더니,

"마침 집안에 좋은 술이 없네. 내 서촌(西村)으로 가서 좋은 술을 사올 테니 잠시만 기다리게."

여백사는 나귀를 타고 총총히 집을 나갔다. 조조와 진궁은 여장을 풀고 쉬고 있었다. 그러나 술을 사러간 주인은 한참을 기다려도 돌아오는 기척이 없었다. 숨가쁘게 쫓겨다니던 몸인지라 조조는 여백사가 좀처럼 돌아오지 않자 은근히 신경이 곤두섰다.

진궁도 걱정이 되는지 말없이 문 밖으로 시선을 돌리고 있었다. 조조는 초조해지기 시작하였다.

시간이 흘러 초경쯤이 되었을까……, 어디선가 이상한 소리가 들려왔다. 귀를 기울이자 썩 썩, 집 뒤에서 숫돌에 칼 가는 소리가 들려왔다.

'음, 저건 칼을 가는 소리가 아닌가, 술을 사러간다는 핑계를 대고 관가에 밀고하여 상을 받으려는 속셈이 아닐까?'

조조는 눈을 번뜩였다. 그리고 방문을 반쯤 연 뒤 귀를 기울이며 가만히 속삭였다.

"진 공, 여백사는 우리 아버지와 아무리 형제처럼 지낸다하나 핏줄이 닿지는 않소. 이토록 늦게까지 돌아오지 않는 것이 이상하고 떠날 때도 수상한 점이 있었소. 내가 몰래 알아보고 오겠소."

진궁 역시 긴장한 낯빛으로 고개를 끄덕였다. 조조는 살며시 뒤뜰 쪽으로 가 몸을 숨기고 귀를 기울였다.

"죽이자면 묶는 편이 좋겠지요?"

문득 낮은 목소리로 주고받는 말소리가 들려왔다.

"놓치지 않으려면 묶어야지."

다른 목소리가 묻는 말에 대답하는 듯이 들렸다.

'오냐. 우리를 이 방에 가두어 놓고 해치려는 계획이구나. 그렇다면 우리가 먼저 선수를 치자.'

조조는 진궁에게 사태의 위급함을 알렸다. 진궁이 낯빛이 변한 채 물었다.

"어떻게 하는 것이 좋겠습니까?"

조조는 칼자루를 움켜잡으며 말했다.

"우리가 먼저 손을 쓰지 않으면 목숨이 위험하오."

진궁이 고개를 끄덕였다. 두 사람은 칼을 빼들고 갑자기 방에서 뛰쳐나갔다. 놀라는 가족과 하인들을 닥치는 대로 치니, 그들은 말 한마디 할 틈도 없이 죽어갔다. 조조는 여백사의 아내와 두 딸까지도 베어 죽였다. 모두 여덟 명이나 순식간에 참살당한 것이었다. 눈 깜짝할 사이에 일어난 일이었다.

조조는 또 숨어 있는 사람이 없나 하여 부엌을 들여다보았다. 그런데 그곳에는 돼지 한 마리가 묶여 있는 것이 아닌가! 손님을 접대하기 위함이었다.

"아뿔사!"

조조는 묶인 채 버둥거리고 있는 돼지를 보며 탄식했다. 돼지를 잡으려고 칼을 갈고 있던 사람을 의심한 나머지 모두 죽여 버린 것이었다.

"의심이 지나쳐 우리를 대접하려던 사람을 베었구려. 이 일을 어찌하면 좋겠소?"

진궁은 기가 막혔다. 공연히 죄 없는 사람을 여덟 명씩이나 죽여버렸으니 마음은 천근같이 무겁고 괴로웠다. 조조도 어이가 없기는 마찬가지였다. 그러나 지금 후회해 본들 대책이 있을 리 없었다.

"이미 엎질러진 물이오. 이곳에 더 이상 지체할 수 없으니 빨리 길을 떠납시다."

두 사람은 서둘러 말을 타고 여백사의 집을 떠났다. 그들이 말을 달려 두어 마장쯤 갔을 때였다. 술을 사러갔던 여백사가 나귀를 타고 이쪽으로 다가오고 있는 것이 보였다. 나귀 안장 양쪽으로 술단지 두 개가 얹혀 있고, 손에는 과일과 채소가 들려 있었다. 여백사는 두 사람을 보자 깜짝 놀라며 물었다.

"아니, 조카와 진 현령이 아닌가, 이 밤중에 무슨 일로 그리 급히 떠나려 하는가?"

조조는 내심 당황했으나 시치미를 뚝 떼고 대답했다.

"쫓기는 몸이라 오래 머물면 아무래도 폐를 끼칠까 두렵습니다."

"가족들에게 돼지를 잡으라고 일러놓았고, 또 이렇게 좋은 술과 안주까지 구해오지 않았는가! 하룻밤도 묵어가지 않겠다니 말도 안 되네. 자 어서 내 집으로 가세."

"그럼 저기 잠깐 달려가 볼일을 보고 돌아오겠습니다."
"오, 그런가? 꼭 오도록 하게, 기다리겠네."

조조는 이렇게 얼버무리고 여백사와 헤어졌다. 얼마쯤 가다 말고 조조는 말을 세우더니 저만치 가는 여백사를 향해 말을 몰았다. 조조가 다시 말머리를 돌려오자 여백사는 고개를 돌려 반갑게 그를 바라보았다. 조조가 채찍으로 여백사의 뒤쪽을 가리키며 말했다.

"저기 오는 사람은 누굽니까?"

조조의 말에 여백사는 무심코 뒤돌아보았다. 그때였다. 조조는 재빨리 칼을 뽑아 여백사를 내리쳤다. 여백사는 비명 소리 한번 내지 못한 채 말 등에서 굴러 떨어졌다. 이 광경을 멀찍이 바라보던 진궁이 놀라 소리쳤다.

"조 공, 아니 이게 무슨 짓이오? 조금 전 엉뚱한 오해로 죄 없는 사람을 죽이고 이제 또 여백사마저 해치다니……."

"생각해 보시오. 여백사가 돌아가 자기 가족들이 몰살당한 것을 본다면 아무리 착한 사람이라도 원한을 품지 않을 수 없을 것이오. 그렇게 되면 틀림없이 사람을 풀어 우리를 뒤쫓을 것이오."

"그러나 죄 없는 사람마저 죽이는 것은 의(義)에도 어긋나는 일이 아니오."

진궁이 아직도 조조를 못마땅하게 여겨 꾸짖었다. 그러나 조조는 말에 채찍을 가하며 짧게 대답했다.

"차라리 내가 저버릴지언정, 세상 사람들이 나를 저버리게 할 수는 없소(寧我負人, 毋天下人負我)."

결코 남에게 배반당하지 않겠다는 조조의 차가운 대답에 진궁은 할 말을 잃고 말았다. 조조가 내뱉은 이 말은 그가 피도 눈물도 없는 비정(非情)한 사람이란 말을 듣게 된 원인이었다.

그러나 다른 한편으로는 매사에 투철한 그의 정신세계, 철두철미한 그의 본심을 그대로 나타낸 말이기도 하다. 그 당시의 시대 상황은 권모술수와 비정함이 불가결했던 시대였다. 그 난세는 항상 물고 뜯는 투쟁의 연속이었으며 서로 속고 속이며, 교만과 시기, 비정이 횡행하던 시대였다. 그런 시대의 정치세계에서는 분명 배신을 할지언정 자신이 배신당해서는 안 되기 때문이었다. 한번 배신을 당하면 목숨까지도 위태롭기 때문에 어쩌면 어정쩡한 인도주의(人道主義)가 최선이 아닐 수도 있는 터였다.

'무슨 일이든 할 바에는 철저히 하지 않으면 안 된다.'
이것이 조조가 보여 준 의식세계의 본령이었던가. 진궁은 아무리 대의를 품고 있을지언정 그처럼 인도에 어긋나는 짓을 서슴지 않고 행하는 조조의 냉혹함을 보자 크게 당황하였다.
'이 사람은 천하 만민의 고통을 구원하려는 사람이 아니라, 오히려 천하를 빼앗으려는 야망에 불타는 사람이었구나!'
진궁은 목숨을 걸고 그와 동반자가 된 것이 커다란 실수였음을 뼈저리게 느꼈다.

그러나 이미 내친걸음이 되고 말았다. 벼슬과 처자까지 버리고 가시밭길을 각오하고 함께 떠난 길이 아니었던가?
 한참 말을 달려가니 달빛 아래 주막집이 보였다. 두 사람은 그 주막집에서 쉬어 가기로 하고 말에서 내렸다.
 저녁을 먹은 뒤 말도 배불리 먹이자 조조는 이내 코를 골며 깊은 잠에 빠져 있었다. 진궁은 잠이 든 조조를 바라보며 심한 번뇌에 싸였다. 순식간에 죄 없는 사람을 아홉 명이나 베고도 태연히 자고 있는 조조를 보며 진궁은 심한 자괴감에 빠져들었다.
 조조는 그가 생각했던 참다운 충신은 아니었다. 천하를 얻기 위해 수단과 방법을 가리지 않는 이리와 같은 야심가나 간웅(奸雄)이 아닌가.
 진궁은 조조 또한 동탁과 같은 포악한 폭군이 될 수도 있다고 생각했다
 '지금은 내가 조조를 찔러 죽일 수도 있다. 만일 살려두면 후일 반드시 천하에 재앙을 불러일으키는 간악한 자가 될 것이다. 하늘을 대신하여 죽여야만 한다.'
 진궁은 칼자루에 손을 댔다.
 죽음이 진궁의 칼자루에 달려 있는 줄도 모르는 조조는 여전히 코를 골며 태평스럽게 잠들어 있었다.
 그러나 진궁은 잠시 망설였다.
 '내가 나라를 구하겠다는 일념으로 조조를 따르며 짧은 시간이나마 주인으로 섬기려고도 했는데 이 자를 죽인다면 그것

또한 불의(不義)를 저지르는 일이다. 거기다가 지금과 같은 난세(亂世)에 이러한 간웅을 세상에 나오게 만든 것은 어쩌면 하늘의 뜻인지도 모른다. 차라리 내가 이 자의 곁을 떠나자!'

진궁은 다시 마음을 돌이켜 칼을 칼집에 넣고 동군(東郡)을 향해 말을 몰았다.

조조가 잠에서 깨어서 보니 진궁이 보이지 않았다.

'진궁은 내가 여백사를 죽이는 것을 보고 의롭지 못하다고 여겨 날 떠난 게로구나. 하하…… 그러나 언젠가는 나의 뜻을 알게 될 날이 있을 것이다.

조조는 여기서 더 이상 머뭇거리다가는 위험한 지경에 빠질지도 모를 일이라고 생각하고 고향 진류 땅을 향해 힘껏 말에 채찍을 가했다.

▶ 그리고 두 번째는 헌제의 비이자 동승의 딸인 동귀비에게 목을 매어 자결토록 한 일이다. 그 당시 동귀비는 황은을 입어 임신한 지 다섯 달이나 되어 있었다.

조조의 질타는 더욱 세차기만 했다. 티끌만한 인정이나 한 방울의 눈물도 아랑곳하지 않는 듯한 그 얼굴은 그야말로 악귀 바로 그것이었다.

끝까지 조조의 매서운 문초를 피하는 동승을 조조는 더 이상 내버려두지 않았다. 동승을 결박한 후 그를 난간 기둥에 묶도록 했다.

조조는 이어 옥졸들을 시켜 서원이며, 거실을 비롯하여 집안을 샅샅이 뒤지게 했다. 옥졸들은 서원에서 드디어 천자의 혈조(血詔)와 옥대를 찾아냈고, 거기에 동지로서 연서한 혈판의장(血判義狀)도 찾아냈다.

"흥! 쥐새끼 같은 무리들이 감히 이따위 짓을 하다니……."

조조가 혈조와 의장을 본 후 소리내어 웃었다. 조조는 부하들에게 명했다.

"동승의 일가(一家)는 물론, 하인까지 한 놈도 남김없이 옥에 가두도록 하라."

조조의 부하들이 동승의 집안 가솔과 하인들을 개 끌고 가듯하니 통곡과 울부짖음이 애절하여 차마 들을 수가 없을 지경이었다.

조조는 다음 날 부중으로 모사들을 불러 모은 후 그들에게 이 일의 앞뒤를 얘기하고 그 증거물을 보게 했다. 그들은 한결같이 놀라며 조조의 안색을 살폈다. 조조가 모사들을 둘러보며 입을 열었다.

"천자가 오늘날까지 무사함은 오로지 이 조조의 공로가 아니겠소? 지난날 '이각·곽사의 난'을 진압하고 새 도읍을 건설하여 황실의 체통을 바로잡기 위해 얼마나 분골쇄신(粉骨碎身)해 왔소? 그런 내게 감히 칼을 대려는 무리가 있으며, 더욱이 천자 또한 나를 제거하려고 혈조(血詔)를 내렸으니, 이게 될 말이오? 이는 그냥 좌시하고 넘길 수만은 없는 일이오. 두 번 다시 이런 일이 일어나지 않도록 지금의 천자를 폐하고 덕망이 높은 새 천자를 옹립할까 하오."

조조가 말을 마치고 모사들을 살펴보았다. 동승이 역모를 꾀함으로써 천자의 폐위를 자신이 공공연히 입에 담을 수 있게 된 점은 조조로서는 어떤 의미로는 전화위복이었다. 조조가 폐위를 말한 후 모사들의 얼굴을 주의 깊게 살펴본 것은 그들의 반응을 엿보기 위함이었다.

그때 정욱이 일어나 조조의 뜻에 반대하고 나섰다.

"허도(許都)의 중흥은 명공(明公)의 공훈임에 틀림없습니다. 그러나 명공께서 천하에 그 위세를 떨칠 수 있게 되신 것은 한실(漢室)을 받들었기 때문입니다. 만일 명공의 깃발 위에 천자로 상징되는 조정 위엄의 뒷받침이 없었다면 명공의 오늘은 없었을 것입니다. 아직 천하가 평정되지 않은 이때 명공께서 천자를 폐위하신다면, 그날부터 명공의 부군(府軍)에는 이미 대의명분이 사라집니다. 그와 함께 천하가 명공을 바라보는 눈은 돌변하여 버릴 것입니다."

정욱의 말을 들은 조조는 그 말이 옳다고 여겨 고개를 끄덕였다. 동승의 일로 분노에 차 앞뒤를 가리지 않았음을 깨닫고 천자를 폐하는 일은 뒤로 미루기로 하였다.

조조는 천자를 폐하는 일을 뒤로 미룬 대신 그날로 동승의 일가일문(一家一門), 그 밖에 천자의 혈조에 동조했던 왕자복·오자란·충집·오석 등의 가솔들을 모두 참형에 처하니, 이를 지켜 본 백성들은 끔찍한 조조의 잔인함에 한결같이 몸을 떨었다. 그날 죽은 사람은 모두 7백여 명이나 되었다.

동승을 비롯한 다섯 사람은 물론 그들과 끈이 닿은 사람 모두를 죽였으나 아직도 분을 삭이지 못한 조조는, 동승의 딸인 동귀비를 죽이기 위해 큰 칼을 찬 채 궁중으로 갔다.

동귀비는 황실에 들어오기 전 규수로 있을 때부터 빼어난 미인으로 소문나 있었다.

궁궐의 부름을 받아, 입궁한 이래 천자의 총애를 받으며 이윽고 회임(懷妊)하는 기쁨을 안고 있었다.

자기에게 미구에 닥칠 불행에 대한 육감이었던지 그날 동귀비는 어쩐지 마음이 뒤숭숭하고 안정되지 않았다.

대궐의 후원은 아직 이른 봄이라서 휘장 안 화병의 꽃은 단단한 봉오리를 터뜨리지 않고 있었다.

"귀비, 안색이 좋지 않은데, 어디 불편한 데라도 있으시오?"

헌제가 때마침 복황후(伏皇后)와 함께 그녀의 후궁을 방문하였다. 헌제는 복황후와 함께 동승에게 내린 밀조 이야기를 하다 동귀비를 찾은 것이었다. 조금씩 불러 오기 시작한 동귀비의 배와, 얼굴을 번갈아 보며 헌제가 걱정스런 눈빛으로 묻자 동귀비는 얼굴을 붉혔다.

"말씀해 보시오. 어디 불편한 데는 없소?"

헌제가 다시 한 번 묻자 동귀비는 마지못한 듯 작은 입을 열어 나직이 말했다.

"이상하게도 이틀 밤이나 연이어 아버님 꿈을 꾸었습니다."

그 말을 듣자 헌제와 복황후는 문득 어두운 표정을 지었다. 동귀비의 친정 아비인 동승으로부터 소식이 없어 걱정을 하고 있던 중이었기 때문이었다.

그때였다. 후궁(後宮)의 벽문(碧門)을 박차고 돌연히 모습을 나타낸 조조와 무사들이 옥랑(玉廊, 옥으로 만든 복도)을 지나 이쪽으로 오고 있었다.

헌제는 조조와 무사들을 보자 어쩐지 섬뜩해져 안색이 달라졌다.

"폐하, 동승이 모반한 사실을 알고 계십니까?"

조조가 우뚝 선 채로 물었다. 헌제는 얼른 입을 열지 못했다.

"동탁은 이미 죽지 않았소."

헌제가 기지를 발휘해 죽은 동탁을 끌어대었다. 헌제가 능청스럽게 죽은 동탁을 끌어대며 우물거리자 조조는 더욱 노기가 치솟아 매섭게 천자를 쏘아보며 말했다.

"동탁이 아닙니다. 거기장군 동승의 일입니다."

헌제는 기어이 일이 잘못되고 말았음을 깨달았다. 떨려오는 다리를 가까스로 지탱하며 시치미를 뗐다.

"동 국구가 어쨌다는 말이오? 짐은 무슨 말인지 도무지 알아들을 수가 없소."

"폐하께서는 몸소 손가락을 깨물어 옥대에 혈조(血詔)를 써서 그에게 내린 일을 벌써 잊으셨단 말입니까?"

천지가 무너지는 듯한 소리였다. 그 일까지 알고 있는 조조에게 다른 말을 할 수도 없는 헌제였다. 헌제는 현기증이 일며 용안이 백지장처럼 창백해졌다.

조조가 그런 천자를 노려보다가 무사들에게 명했다.

"모반을 하면 구족(九族)을 멸한다 하였다. 그것은 이미 널리 알려진 조정의 법도이다. 여봐라! 동귀비를 끌어내라."

천자와 복황후는 그저 몸을 떨 뿐이었다. 그런 가운데도 헌제는 신하 조조에게 간곡히 애원했다.

"동귀비는 지금 잉태한 지 다섯 달이나 되었소. 바라건대 승상께서는 그의 무거운 몸을 보아서라도 불쌍히 여겨 주시오."

그러나 조조는 천자의 말에 귀도 기울이지 않았다.

"하늘의 도움으로 동승의 음모가 사전에 알려졌기에 망정이지, 그렇지 않았다면 나는 지금 살아 있는 목숨이 아닙니다. 그런데도 저 여인을 살려 두어 후환을 남기란 말씀입니까?"

복황후도 천자를 거들며 조조에게 간청했다.

"나는 잉태를 하지 못하는 몸입니다. 천자께서도 그렇게 말씀하시니 부디 너그러이 보살피시어 동귀비를 냉궁(冷宮)에 가두었다가 분만한 후에 죽여도 늦지 않을 것입니다."

조조는 복황후를 노려보며 소리쳤다.

"아기를 낳게 하여 그 아기로 하여금 어미의 원수라도 갚도록 하자는 말씀입니까?"

이를 지켜보고 있던 동귀비는 이미 모든 걸 체념한 듯 눈물을 흘리며 조조에게 말했다.

"중한 죄를 지었다면 죽음을 기꺼이 받겠습니다. 다만 죽이더라도 살이 드러나지 않게 시신만은 온전히 보존토록 해 주십시오."

동귀비의 말에 조조는 무사들에게 명하여 흰 비단을 가져오게 하여 스스로 목을 매 자결하도록 했다.

헌제가 이를 보고 동귀비에게 말했다.

"그대는, 죽어 비록 구천(九泉)에 가더라도 부디 짐을 원망하지 말아주오."

헌제의 두 눈에서는 참고 참았던 눈물이 비 오듯 쏟아졌다. 복황후도 목을 놓아 울었다. 헌제의 그런 모양을 보고 있던 조조가 못마땅한 듯,

"어찌하여 아녀자나 어린 아이처럼 눈물을 흘립니까?"

하고 소리치더니 이어 무사들에게 잔뜩 성난 목소리로 명했다.

"동귀비를 궁문 밖으로 끌어내라."

무사들은 조조의 영에 동귀비를 끌어낸 뒤 흰 비단으로 목을 졸라 죽였다.

▶ 그리고 세 번째는 공융(孔融) 부자를 죽인 일이다.

출진을 앞둔 어느 날 태중대부(太中大夫) 공융(孔融)이 조조 앞에 나와 출진을 말렸다.

"지난날 북정(北征) 때조차 이런 대군을 거느리지는 않았습니다. 이런 대군을 내어 전쟁을 벌이시면 아마 많은 군사를 죽게 함은 물론, 백성을 괴롭혀 천하의 원성이 온통 승상께 돌아올지 모릅니다. 왜냐하면 유비는 한실(漢室)의 종친으로 지금까지 조정을 거역한 일이 없습니다. 거기다가 손권 또한 불의

(不義)가 없으며 강동·강남 6군(六郡)에 웅거하여 장강(長江)의 요해를 끼고 있습니다. 이 천연의 요해를 치기도 쉽지 않거니와 뚜렷한 대의명분도 없이 대군을 일으키니 자칫 천하의 신망만 잃게 될까 걱정입니다."

공융의 말에 조조가 불끈 화를 냈다. 유비를 한실(漢室)과 빗대어 두둔하고 있을 뿐만 아니라 자신의 군대를 대의명분이 없다고 말하자 조조는 심사가 뒤틀렸다.

"유표와 유비·손권 모두가 조정을 거스르는 역적들이다. 어찌하여 역적들을 치지 말라는 말인가? 역적들을 치는 것이 곧 대의명분이다."

조조는 공융에게 호통을 쳐 물리쳤다.

출진을 앞둔 때에다 노기가 끌어올라 조조는 또 이 같은 일이 일어나지 않도록 엄하게 명을 내렸다.

"앞으로 또 이와 같은 말을 하는 자가 있으면 가차없이 목을 베리라!"

참담한 마음으로 승상부에서 쫓겨나오던 공융은 하늘을 우러러보며 탄식했다.

"아, 어질지 못한 자가 어진 자를 치고자 하니 어찌 패하지 않으리오!"

공융이 한스러운 마음으로 탄식하자, 부근에 서 있던 마구간의 하인이 귓결에 이 말을 듣고 상전에게 고자질했다.

그 하인의 상전은 어사대부(御史大夫) 극려(郄慮)였다. 극려는 평소 공융으로부터 그 자질이 천박하다 하여 업신여김을 받아오던 터여서 공융을 미워하고 있었다. 이런 사실을 알고 있는 하인이 공융의 말을 극려에게 일러바친 것이었다.

극려는 마음속에 품고 있던 한을 씻을 좋은 기회로 여겨 조조에게 달려가 없는 말까지 보태어 고해 바쳤다.

"공융은 아무래도 승상께 앙심을 품고 있음에 틀림없습니다. 어제 저녁 퇴청할 때 한 말뿐만이 아닙니다. 언젠가 승상께서 금주령을 내리셨을 때도 공융은 비웃으며 말했습니다. 하늘에도 주기(酒旗)의 별이 있고 땅에는 주군(酒郡)이 있다. 사람에게 기쁨을 주는 샘물이 없다면 세상에 어찌 환호성이 있겠는가. 술이 나라를 망치기 때문에 술을 금할 정도라면 '여자 때문에 천하를 잃는 자가 있으니 혼인도 금해야 할 것'이라는 등의 무례한 말도 서슴지 않았습니다. 또 그 이전의 말입니다만 조정에서 베푼 연회석상에서 알몸이 되어 승상을 욕보인 예형(禰衡)과 친해, 예형을 가리켜 '살아 있는 공자(孔子)'라 하는가 하면 또 예형을 치켜세우기를 '예형은 공자의 수제자인 안회(顏回)가 이 세상에 다시 태어남과 같다'고 하였습니다. 예형이 승상께 폭언을 퍼부은 것도 다 공융이 시킨 것이었습니다. 그뿐이 아닙니다. 그는 형주의 유표와는 오래 전부터 편지 내왕을 하고 있으며 현덕과는 이전부터 각별히 친밀한 사이입니다. 그 사실 여부는 그의 집을 급습하여 뒤져 보면 반드시 그 증거가 나올 것입니다. 내일 형주로 떠나시기 전에 반드시 그 일만은 가려내고 출진토록 하십시오."

극려가 공융을 한껏 헐뜯자 조조도 크게 노했다. 그러나 조조가 극려와 같은 소인배의 혓바닥에 놀아날 만큼 귀 여린 주군은 아니었다. 그럼에도 불구하고 조조는 극려를 물러가게 한 뒤 정위(廷尉, 벼슬 이름)를 불러 명했다.

"공융을 잡아 처단하라!"

정위가 공융의 집으로 급습했을 때 공융은 그의 두 아들과 바둑을 두고 있었다.

공융이 정위에게 갑자기 끌려가자 어떤 하인이 두 아들에게 황급히 말했다.

"노대감께서 붙잡혀 가셨으니 머지않아 참수를 당하실 것입니다. 두 분 공자님께서는 급히 피하도록 하십시오."

그러자 두 아들은 태연한 어조로 대답했다.

"둥지가 이미 부서졌는데 깨지지 않을 알이 어디 있겠느냐."

두 아들은 조금도 동요 없이 바둑을 계속 두고 있었다. 얼마 지나지 않아 정위가 다시 들이닥쳤다. 공융의 집안 식구들은 물론 두 아들도 끌려갔다.

끌려간 공융의 식구들은 그날로 목이 베어졌으며 공융의 목은 저잣거리에 효수되었다.

▶ 그리고 다음은 복황후(伏皇后)를 때려죽인 일이다. 이 무렵 조조의 위세는 이미 조정을 뒤덮고 있었으며 천자는 전혀 실권이 없는 허수아비에 지나지 않았다.

"근자에 듣자하니 위공(魏公, 조조)은 스스로 왕이 되고자 일을 꾸민다고 하였습니다. 그러니 이제 머지않아 천자의 자리도 도적질하려 할 것이 분명합니다."

그 말을 들은 천자(헌제)와 복황후는 다시 두려움과 분함에 휩싸여 서로 손을 잡고 목 놓아 울며 탄식했다.

"실로 하늘 아래 이토록 기막힌 일이 어디 있다는 말인가?"

이윽고 복황후가 눈물을 거두더니 천자에게 아뢰었다.

"저의 친정아버지 복완(伏完)은 항상 조조를 죽여 조정의 화를 없애겠다는 마음을 품고 있습니다. 제가 몰래 글 한 통을 써서 저의 아비에 보내 그 일을 도모할까 합니다."

복황후가 뜻밖에도 놀라운 말을 하자 천자는 목소리를 낮추며 걱정스런 얼굴로 말했다.

"지난날 국구 동승(董承)이 바로 그 일을 꾸미려다가 계책이 새어나가 도리어 죽임을 당했소. 이번에 또 일이 어그러진다면 이제는 이 몸과 황후도 끝장이 나고 말 것이오."

그러나 조조에게 원한이 서린 복황후는 천자의 말에도 결코 물러서려 하지 않았다.

"아침저녁을 가릴 것 없이 바늘방석에 앉아 있는 듯하니 이래가지고서야 어찌 살아 있는 목숨이라 할 수 있겠습니까? 제가 살피건대 환관들 중에 이 일을 부탁할 만한 사람으로 목순(穆順)이란 충의로운 이가 있습니다. 그에게 글을 주어 저의 아비에게 전하도록 하겠습니다."

헌제도 목순이라면 믿을 만하다고 여겨 그를 불러들이게 했다. 이윽고 목순이 오자 헌제는 좌우 사람들을 내보낸 다음 그를 병풍 뒤로 불러들여 눈물을 흘리며 당부했다.

"역적 조조란 놈은 제가 스스로 위왕(魏王)이 되려고 한다 하니 머지않아 천자의 자리까지 뺏으려 할 것이다. 이 몸은 황후의 아버지 복완을 시켜 이 역적을 없애려 하나 사방이 온통 그의 심복들로 차 있으니 이 명을 믿고 전하게 할 만한 사람이 없구나. 그리하여 그대에게 황후의 밀서를 맡겨 복완에게 전하려 하니 바라건대 그대의 충의를 믿고 있는 이 몸의 뜻을 저버리지 않도록 하라!"

목순도 천자와 황후의 사정을 누구보다 잘 알고 있는 근신이었다. 천자의 명을 눈물로 받들며 답했다.

"신은 폐하의 크신 은혜를 입고 있는 몸입니다. 죽기를 마다 않고 폐하의 은혜에 보답하겠사오니 제게 밀서를 맡겨 주십시오."

이에 복황후는 붓을 들어 곧 밀서를 써서 목순에게 주었다. 목순은 만약을 대비하여 궁리하던 끝에 그 밀서를 머릿속에 감추고 가만히 대궐문을 나섰다.

목순은 그 길로 복완의 집으로 가 글을 전했다. 복완이 보니 그 글이 황후의 친필이므로 읽기를 마친 후 목순에게 말했다.

"지금으로선 조조의 심복이 조정에 깔려 있으니 급히 이 일을 도모하기는 어렵네. 앞으로 강동의 손권과 서천의 유비가 반드시 각기 군사를 일으킬 것이므로 그렇게 되면 조조도 그들을 치러 갈 것이리라. 그때를 틈타 조정에 있는 충의로운 신하들을 모아 의논한 다음 안팎에서 힘을 합해 이 일을 도모하도록 하세."

복완의 말에 목순도 생각해 둔 바를 밝혔다.

"그러시다면 황장(皇丈, 황제의 장인)께서는 다시 황후께 답신을 올리고 밀조(密詔)를 받아내도록 하십시오. 그런 다음 은밀히 사람을 동오(東吳)와 촉(蜀) 땅으로 보내 군사를 일으키게 하시고, 안에서 내응하여 역적을 쳐 폐하를 구하도록 하십시오."

복완은 목순의 말을 옳게 여겼다. 곧 황후에게 보내는 글을 써주었다. 목순은 이번에도 그 글을 상투 속에 감춘 채 대궐로 향했다. 그러나 조정의 신하 중에는 복완이 염려했듯 조조의 심복이 많았다. 그 중 목순을 살핀 자가 있어 의심쩍은 거동을 조조에게 가만히 알렸다.

"목순이 천자를 뵙고 대궐을 빠져 나가 복완의 집으로 갔습니다."

지난날 동귀비의 아버지인 동승이 모반을 꾀한 이래 외척에 대한 경계심을 늦추지 않고 있던 조조였다. 언제나 심복에게 명해 감시를 게을리 하지 않던 조조가 그 말을 듣자 몸소 대궐 문 앞으로 가 목순이 돌아오기를 기다렸다.

과연 오래지 않아 목순이 대궐 문으로 돌아오고 있었다. 조조가 기다리고 있는 것을 알 리 없는 목순이 대궐 문을 들어서다 조조와 마주쳤다.

"어디 갔다 오는 길인가?"

조조가 매서운 눈초리로 목순을 바라보며 묻자 목순은 등골

이 오싹했다. 그러나 다음 순간 애써 태연한 얼굴로 둘러댔다.

"황후께서 편찮으셔서 의원을 부르러 갔었습니다."

조조는 여전히 날카로운 눈초리로 목순을 노려보며 물었다.

"그럼 부르러 갔던 의원은 어찌하여 보이지 않는가?"

"아직 이곳에는 이르지 않았습니다."

목순이 그렇게 둘러댔으나 목소리는 떨리고 있었다. 조조는 더는 묻지 않고 거느리고 왔던 군사들에게 명했다.

"이 사람의 몸을 뒤져 보도록 하라!"

조조의 명에 따라 군사들이 목순의 몸을 샅샅이 뒤져 보았다. 옷 안은 물론 신발까지 뒤지며 살펴보았으나 이상한 물건은 나오지 않았다. 조조도 아무것도 나오지 않으니 더 이상 트집을 잡을 수가 없었다.

"알았네. 그만 가 보게."

조조는 하는 수 없어 목순을 놓아주었다. 목순은 호랑이 아가리를 벗어난 듯 급히 옷매무새를 갖춰 입고 대궐 안으로 들어갔다. 이때였다. 홀연 회오리바람이 불어 와 목순이 머리에 쓰고 있던 사모가 바람에 날려 땅에 떨어졌다. 사모가 떨어지자 목순은 깜짝 놀라며 황망히 그걸 주웠다.

"그 사모를 이리 가져오게."

조조는 목순이 당황하는 모습을 보자 사모를 가져오게 하여 구석구석을 살펴보았다. 그러나 사모 안에서도 아무것도 나오지 않았다. 조조가 사모를 돌려주며 얼핏 목순의 머리를 보았다. 조조가 그의 머리 쪽으로 눈길을 주자 목순은 가슴이 두근

대기 시작했다. 목순은 얼른 그 자리에서 벗어나기 위해 사모를 조심스럽게 두 손으로 눌러 썼다.

그러나 목순이 머리를 흩트리지 않으려고 가만히 사모를 눌러 쓴다는 것이 얼결에 그만 거꾸로 눌러쓰고 말았다. 육감이 빠른 조조였다. 목순의 당황스런 태도와 머리를 조심스럽게 매만지는 것을 보고 군사들에게 다시 명했다.

"저 자의 머리 밑을 뒤져 보아라!"

복황후는 물론 한실(漢室)의 운명이 좌우되는 순간이었다. 군사들이 달려들어 목순의 사모를 벗기고 머리를 뒤졌다. 목순의 얼굴이 백지장처럼 창백해져 군사들을 뿌리치려 했으나 소용없는 일이었다. 결국 머릿속을 뒤지자 복완이 황후에게 깨알 같은 글씨로 써 준 글이 나왔다. 유비·손권과 손을 잡고 안팎에서 칠 수 있도록 밀조를 내려달라는 글이었다.

조조는 그 글을 읽자 분노로 치를 떨었다. 조조는 목순을 밀실에 가두고 문초를 했다. 그러나 목순은 갖은 고문을 다해 보았으나 끝내 입을 열지 않았다. 조조는 목순의 말을 기다릴 것 없이 그날 밤에 갑병(甲兵) 3천을 뽑아 복완의 집을 에워싼 후 영을 내렸다.

"늙고 젊고를 가리지 말고 삼족(三族)에 이르기까지 모조리 끌어내어 옥에 가두고 집 안을 샅샅이 뒤져라."

조조의 영에 따라 갑병들이 복씨(伏氏) 집안사람들을 모조리 감옥에 가두는 한편 집안을 샅샅이 뒤져 황후의 친필 밀서를 찾아내었다.

이윽고 날이 밝아오자 조조는 어림군의 대장 극려(隙慮)에게 명을 내려 황후의 옥새를 거두어 오게 했다.

이때 천자는 궁 밖에 있다가 극려가 3백 갑병을 거느리고 들이닥치자 크게 놀랐다.

"무슨 일인가?"

"위공(魏公)의 명을 받들어 황후의 옥새를 거두러 왔습니다."

극려가 무엄하기 짝이 없는 태도로 말했다. 그 소리에 천자는 얼굴색이 달라지며 비밀이 탄로난 것임을 알았다. 천자는 애간장이 찢어지는 듯한 고통으로 정신이 아득하기만 했다.

그러는 동안 극려는 후궁(后宮)에 이르렀다. 복황후가 막 자리에서 일어났을 때였다. 극려는 복황후를 거들떠보지도 않고 옥새를 맡고 있는 궁녀를 불러 옥새를 빼앗은 뒤 후궁을 빠져나갔다. 복황후는 그걸 보자 일이 탄로난 것임을 깨달았다.

복황후는 두려움에 얼굴이 파랗게 질려 전각 뒤의 초방(椒房, 후비의 방) 사이에 있는 좁은 이중 벽 속에 숨었다. 그런지 얼마 되지 않아 상서령 화흠(華歆)이 무장한 군사 5백을 거느리고 곧바로 후원으로 들어와 궁녀들에게 호통쳤다.

"복황후는 어디 있느냐?"

궁녀들은 어찌할 바를 모른 채 벌벌 떨면서도 모두 한결같이 모른다고 대답했다.

화흠은 주저하지 않고 곧장 황후가 거처하는 잠긴 방문을 부수고 방 안을 휘둘러보았다. 그러나 황후는 보이지 않았다.

전각이란 전각은 전부 다 뒤져도 황후가 보이지 않자, 화흠은 벽과 벽 사이의 틈새가 있음을 아는 터라 군사들에게 명해 벽을 허물게 했다. 벽을 허물자 그 속에 복황후가 얼굴이 파랗게 질린 채 웅크리고 앉아 있었다.

화흠은 황후를 보자 대뜸 머리채를 움켜잡고 밖으로 끌어냈다. 황후가 머리채를 잡힌 채 처참한 몰골로 질질 끌려나오며 애원해 빌었다.

"부디 목숨만은 살려 주시오."

그러나 화흠은 눈을 부라리며 황후를 꾸짖을 뿐이었다.

"스스로 위공(魏公)께 가서 빌어라."

황후의 모습은 차마 눈뜨고 볼 수 없는 지경이었다.

머리는 풀어 흐트러진 데다 신발도 신지 않은 맨발이었는데 화흠은 머리채를 고삐처럼 잡고 짐승을 끌고 가듯 복황후를 끌고 갔다.

이를 보던 궁인들은 화흠의 무도한 행동에 치를 떨지 않는 이가 없었다. 벼슬길에 나오기 이전 원래 화흠은 뻬어난 글로 일찍부터 이름을 떨친 사람이었다.

그 당시 재명(才名)을 드날리던 병원(炳原)·관녕(管寧)과 친분이 두터웠으므로 사람들은 그들 세 사람을 한 마리 용(龍)이라 일컬으며 칭송했다. 그 중에서도 화흠은 용의 머리요, 병원은 배, 그리고 관녕은 용의 꼬리에 비유했으니, 셋 중에서도 화흠의 재주를 더 높이 우러렀다.

그러나 세 사람의 친분은 오래 가지 못했다.

세 사람의 친분에 금이 가기 시작한 것은 화흠의 그 뻬어난 글솜씨와 다른 그의 성품 탓이었다.

　벼슬길에 오르기 전의 어느 날, 관녕과 화흠이 뜰에서 채소씨앗을 심고 있었는데 호미질을 하는 중에 땅 속에서 금(金)덩이가 하나 나왔다. 관녕은 금덩이를 보았으나 재물을 탐하지 않는 선비답게 본체만체 호미질을 계속했다.

　그러나 화흠은 금을 집어들고 한참을 보다가 땅에 버렸다.

　또 하루는 함께 글을 읽고 있던 중 대문 밖에 귀인(貴人)이 지나가는지 벽제(辟除, 벼슬아치의 행차 때 하인이 길을 여는 소리)소리가 요란했다. 그러자 화흠은 그 소리를 못 들은 체 단정히 앉아 글만 읽고 있는 관녕과는 달리 그는 책을 내던지고 밖으로 뛰쳐나가 한참동안 그 행차를 구경하고 돌아왔다.

　관녕은 화흠의 이런 행동을 보고 그가 재물과 벼슬욕에 사로잡혀 있음을 알고 그를 비루하게 여기고 그 이후에는 더불어 지내지 않으며 친구로 사귀기를 마다했다.

　그 이후 관녕은 글과 수양을 닦는 선비로서의 자세를 흩뜨리지 않는 일생을 보냈다. 관녕은 천하가 어지럽자 조조를 피해 요동(遼東) 지방에 몸을 숨기고 한 누각에 기거하면서 머리에는 흰 관(冠)을 쓰고 한(漢)나라가 망한 것을 슬퍼했다. 뿐만 아니라 목숨이 다할 때까지 조조의 나라인 위(魏)에 나가 벼슬을 하지 않았으며 항상 스스로가 죄인임을 자처했다.

　그러나 화흠은 그 이후 벼슬을 얻기 위해 손권을 섬겼고, 다시 조조가 그 위세를 떨치자 그에게로 갔다.

　벼슬에만 눈이 먼 화흠은 지난날 선비로서의 풍모는 어디로 갔는지 찾아볼 수 없이 복황후를 잡아내는 끔찍한 일도 서슴지 않게 된 것이었다.

화흠이 황후를 끌고 외전(外殿)으로 나오자 이 모양을 본 헌제가 전 아래로 내려와 황후를 안고 목을 놓아 통곡했다. 황후도 헌제를 얼싸안으며 소리 높여 울부짖었다.

"이제 첩은 죽을 목숨이오니 다시는 폐하를 모시지 못할 것입니다. 부디 옥체를 잘 지키시옵소서."

헌제도 목이 메었다.

"내 목숨도 언제 그렇게 될지 알 수 없는 일이오. 이 몸이 원망스러울 뿐이오."

그러자 화흠이 무엄하게도 황제와 황후를 향해 소리쳤다.

"위공의 분부가 계셨으니 지체할 수가 없소."

화흠은 군사들을 재촉하여 황후를 끌어가게 했다.

황후가 끌려가자 헌제는 주먹으로 가슴을 치며 소리내어 울다가 곁에 서 있는 극려(隙慮)를 보며 탄식했다.

"천하에 어찌 이런 일이 있을 수가 있단 말이오?"

헌제는 분함과 슬픔을 이기지 못해 그 탄식과 함께 목이 메인 채 쓰러졌다. 극려는 좌우에 명을 내려 급히 헌제를 부축하여 궁 안에 들게 했다.

화흠이 복황후를 끌어 조조 앞에 데리고 가자 조조는 살기 띤 눈으로 노려보며 꾸짖었다.

"내 너희들을 정성스런 마음으로 대했거늘 너희들은 도리어 나를 해치려 드는구나, 너를 죽이지 않으면 반드시 나를 해치려 들 것이다!"

 복황후는 조조의 칼날같이 매서운 눈을 보자 온몸에 맥이 빠지며 소름이 돋는 듯했다. 조조는 황후를 향해 마치 개를 꾸짖듯 한 후에 독기서린 목소리로 간단히 영을 내렸다.

"저년을 끌어내어 때려 죽여라!"

 조조가 그렇게 엄명을 내리자 좌우에 시립해 있던 갑병들이 채찍과 몽둥이로 개잡듯 패니, 황후는 아픔에 못 이겨 비명을 지르다 마침내 숨져버리고 말았다.

 이미 독기가 오를 대로 오른 조조였다. 황후를 때려죽인 조조는 이어궁으로 들어가 황후의 소생인 두 왕자에게 독약을 먹여 죽여버렸다.

 조조는 다시 황후의 아버지 복완과 목순, 그리고 2백여 가솔들을 모두 궁아문(宮衙門) 네거리에 끌어내어 목을 베었다. 그걸 본 사람들은 한결같이 그들의 죽음을 슬퍼하며 두려움에 떨었다.

천하의 재사
양수(楊修)의 죽음

▶ 조조가 한중(漢中) 땅을 놓고 유비와 싸울 때의 일이다.

조조는 야곡 어귀의 영채를 지키며 군사를 움직이지 않았다. 양군이 서로 마주보며 군사를 머무르게 한 지도 며칠이 흘렀다. 조조의 마음은 울적하고 답답할 뿐이었다.

군사를 거두어 돌아가자니 촉군이 비웃을 것이고, 그렇다고 앞으로 나아가 적을 치자니 촉군이 점점 늘어나는 데다 호랑이 같은 장수 마초도 은근히 두려웠다. 나아가지도, 물러나지도 못하고 있는 가운데 조조는 답답한 얼굴로 생각에 잠겨 있었다.

"저녁 진지를 가지고 왔습니다."

그때 포관(庖官, 요리사)이 조조에게 삼계탕을 바쳤다. 조조가 무거운 마음으로 삼계탕을 먹다가 그릇 속에 들어 있는 계륵(鷄肋, 닭의 갈비)을 건져내다 문득 생각나는 바가 있어 쓴웃음을 지었다.

계륵이란 원래 먹기 불편할 뿐 아니라 먹을 것도 별로 없었다. 그렇다고 버리거나 남에게 주자니 아까운 것이 아닌가, 그게 바로 '계륵'인 것이다.

조조는 이번 싸움과 한중(漢中) 땅이 바로 계륵과 같다는 생각이 퍼뜩 들었다. 국토가 넓지도 않은 대단찮은 한중 땅이지만 버리기가 아깝다 보니 지금은 오도가도 못하는 처지가 된 것이 아닌가?

이때 장막을 들추고 하후돈이 들어와 물었다.

"오늘 밤의 군호(암호)는 무엇이라 했으면 좋겠습니까?"

그날그날 저녁마다 군호를 정하기로 되어 있어 하후돈이 그걸 물으려고 온 것이었다.

"계륵, 계륵이라고 하라."

닭갈비를 보고 있던 조조가 무심코 그렇게 말했다. 하후돈은 조조가 서슴없이 말하므로 의미심장한 뜻이 담긴 말일 거라고 지레 짐작하고 장수들에게 군호를 전했다. 이에 그날 밤 진중(陣中)의 암호가 '계륵'임을 알게 된 관원들 중 행군주부(行軍主簿) 양수(楊修)는 거느린 군사들에게 일렀다.

"너희들은 각기 짐을 꾸리도록 하라. 곧 이곳을 떠나게 될 것이다."

 양수가 거느린 군사들은 이 뜻하지 않은 말을 듣고 의아스런 가운데도 서둘러서 짐을 싸기 시작했다. 이 모양을 엿본 군사 하나가 하후돈에게 이를 알렸다. 하후돈이 깜짝 놀라며 양수를 불러들인 후 물었다.

"공은 어찌하여 군사들에게 별안간 짐을 꾸리라고 하였소?"

 그러자 양수가 가만히 말했다.

"오늘 밤 군호를 들어보니 위왕께서 곧 군사를 물리실 것임을 알 수 있습니다. 원래 '계륵'이란 먹자니 먹을 것도 없고 그렇다고 버리자니 아까운 것이지요. 지금 우리의 싸움이 바로 그런 형국입니다. 앞으로 나아간댔자 이길 가망이 없고 물러서면 촉군의 비웃음을 사게 됩니다. 그러나 지키고 있어도 아무런 이득이 없습니다. 그래서 위왕께서는 이 싸움이 마치 '계륵'과 같다고 여기신 것입니다. 그러니 차라리 일찍 돌아가느니만 못하지요. 두고 보십시오. 내일이면 위왕께서 틀림없이 군사를 물리실 것입니다. 그때 급히 부산을 떠는 것보다 미리 채비를 해 두려고 짐을 꾸리는 것입니다."

 하후돈으로서는 양수의 말을 듣고 헤아림에 그저 감탄할 뿐이었다.

"참으로 용하시오. 공이야말로 위왕 전하의 마음속을 훤히 들여다보고 계신 듯하오."

 하후돈은 고개를 끄덕이더니 그가 거느린 군사들에게도 짐을 꾸리게 했다. 하후돈이 그러니 다른 장수들인들 그대로 있을 수가 없었다. 모두 거느리는 군사들에게 짐을 꾸려 돌아갈 채비를 서두르게 했다.

군사들은 모두 고향으로 돌아간다는 말에 기쁨을 감추지 못했다.

조조는 그날 밤도 무거운 마음으로 잠을 이루지 못하고 있다가 동부(銅斧, 의장용으로 만든 강철 도끼)를 들고 진중을 돌아보고 있었다. 조조가 진을 돌다보니 군사들이 모두 짐을 싸고 있었다. 깜짝 놀란 조조가 급히 장막 안으로 들어와 하후돈을 불러들였다.

"어찌 된 일인가? 지금 군사들이 짐을 싸고 있는데 대관절 누가 돌아갈 채비를 하라고 하였는가?"

"행군주부 양수가 대왕 전하의 뜻을 미리 헤아려 돌아갈 채비를 하므로 저도 그를 따랐습니다."

하후돈이 어리둥절한 얼굴로 대답했다.

"그럼 양수를 불러들이라!"

조조가 싸늘한 목소리로 명했다. 양수가 불려오자 조조는 험악한 얼굴로 양수에게 짐을 싸게 한 까닭을 물었다. 양수는 서슴없이 계륵에 대한 뜻을 풀이하며 덧붙였다.

"미리 전하의 뜻을 헤아려 짐을 싸게 했습니다."

그 말에 조조는 얼굴을 일그러뜨리며 호통을 쳐 양수를 꾸짖었다.

"네 어찌 감히 함부로 말을 지어내어 군사들의 마음을 어지럽히려 드느냐?"

조조는 그 말과 함께 도부수들을 불러 매서운 목소리로 영을 내렸다.

"이 자를 끌어내 목을 벤 후 그 머리를 진문 밖에 높이 내걸어 함부로 터무니없는 말을 하는 자들의 본보기로 삼으라."

천하의 재사(才士) 양수(楊修)는 그 재주만 믿고 오만하게 처신하다 스스로 죽음을 앞당기고 말았다. 사실 양수는 비상한 재주를 지닌 반면 그 재주를 믿어 담이 컸고, 그 재능이 항상 조조를 능가하여 조조를 거슬린 적이 많았다.

▶ 일찍이 이런 일이 있었다.

조조가 업군(鄴郡)의 후궁에 화원을 꾸미게 했다. 화원이 다 만들어지자 조조가 둘러보더니 잘됐다 못됐다 말 한마디 없이 문 위에다 '활(活)'이라는 글자를 써놓고 돌아갔다.

"무슨 뜻일까?"

조경사도, 벼슬아치들도 모두가 조조의 뜻을 몰라 고개를 갸웃거렸다. 그러자 양수는 단번에 그 뜻을 알아채고 웃으며 말했다.

"문(門)에다 활(活)자를 썼으니 '넓을 활(闊)'자가 되오. 이는 승상께서 화원의 문이 너무 넓은 것을 싫어하신 것이오."

"과연 그렇군."

모두가 양수의 말을 듣고 감탄하며 담을 고치고 문을 좁힌 후 다시 조조를 청했다. 조조가 화원 문을 본 후에 빙그레 웃으며 물었다.

"누가 내 뜻을 짐작하고 이같이 고치라고 했는가?"

주부 양수가 가르쳐주었습니다.

"과연 뛰어난 헤아림이다."

조조는 입으로는 그렇게 양수를 칭찬했으나 조금 전까지의 흡족해 하던 표정은 사라졌다.

또 한 번은 이런 일이 있었다.

북쪽 변방에서 양의 젖으로 만든 타락죽(오늘날의 우유 가공품같이 생긴 죽) 한 합(盒)을 조조에게 바쳤다.

조조는 붓을 들어 '일합락(一盒酪)'이라고 써둔 뒤 문갑 위에 올려 두었다. 그런데 마침 양수가 들어와 그걸 보고는 그곳에 있는 사람들과 한 숟갈씩 나누어 먹어버렸다.

조조가 그걸 보고 양수에게 물었다.

"그대는 어찌하여 이 죽을 먹게 했는가?"

양수가 빙긋이 웃으며 거침없이 대답했다.

"승상께서 합(盒) 위에다 '한 사람이 한 입씩 먹는 타락죽〔一人一口皿酪〕'이라 쓰셨으니, 제가 어찌 승상의 뜻을 어길 수 있겠습니까?"

"일합락(一盒酪)에서 '합(盒)'자를 풀어 쓰면 인일구(人一口)가 되고 앞의 일(一)자와 합치면 곧 '한 사람이 한 입씩 먹는 타락죽'이 된다.

조조는 양수의 번뜩이는 재치에 겉으로는 유쾌하게 웃었으나 마음속으로는 두려운 나머지 미워하고 꺼려했다.

▶ 그뿐만이 아니었다. 조조는 항상 자기를 해칠 사람이 있을까 하여 두려워했다. 가까이에 있는 신하들도 믿지 못해 거짓말로 위협했다.

"나는 꿈을 꾸다가 사람을 죽이는 경우가 있으니 내가 잠들었을 때 가까이 오지 않도록 하라."

그런 어느 날 조조가 낮잠을 자는데 이불이 침상에서 미끄러져 떨어졌다. 가까이서 조조를 모시던 신하 하나가 급히 달려가 이불을 덮어주는데 조조가 벌떡 일어나더니 칼을 뽑아 그 신하를 베어버렸다.

조조는 다시 침상에 누워 코를 골며 잠을 잤다. 얼마 뒤에 조조는 잠에서 깨어나더니 짐짓 놀란 얼굴로 물었다.

"누가 나의 근시(近侍)를 죽였는가?"

신하들이 떨리는 목소리로 본 대로 대답했다. 조조는 깜짝 놀라며 한바탕 슬피 울더니 죽은 신하를 후하게 장사지내 주도록 했다. 그 이후부터는 조조에게 잠이 들면 가까이 있는 사람을 죽이는 습관이 있는 것으로 여겨 조조가 잘 때는 가까이에 다가가는 사람이 없었다.

그러나 양수만은 조조의 속마음을 헤아리고 있었다. 조조가 본보기로 죽인 근시의 장례식 날, 양수는 그 사람의 죽음을 가엾게 여겨 관을 가리키며 조상하는 말을 했다.

"승상께서 꿈 속에 자네를 죽인 것이 아니라 자네가 꿈을 꾸다가 죽은 것일세."

양수가 조조의 거짓말을 그렇게 빗대어 말했고, 그 말은 조조의 귀에도 들어갔다. 조조는 그 이후로 더욱 양수를 꺼려하고 멀리했다. 양수가 지나치게 자신의 속마음을 꿰뚫어보고 있어 감탄의 마음이 어느 새 강한 시샘과 같은 미움으로 변해 마침내는 그를 귀찮은 존재로 여겼다.

▶ 양수가 조조의 심기를 거슬린 일은 그뿐만 아니었다.

조조는 위왕에 오르고 나서 누구를 세자로 책봉할까 하고 아들들을 눈여겨보고 있었다. 조조의 셋째아들 조식(曹植)은 평소 양수의 식견이 뛰어남을 알고 그를 청해 밤새도록 얘기하기를 즐겨했다. 조조는 그때 셋째아들 식의 재주를 눈여겨보던 터라 그를 세자로 삼으려 했다.

그런데 맏이인 조비(曹丕)는 이 낌새를 눈치채고 조가(朝歌)의 현령이며 재주가 남다른 오질(吳質)을 불러 이 일을 의논하려 했다. 그러나 그가 부중(府中)에 드나드는 것이 남에 눈에 띌까 걱정이 되었다. 생각다 못한 조비가 오질을 큰 대광주리 속에 넣고 숨긴 뒤 비단이라 속이고 부중으로 들였다.

그런데 눈치 빠른 양수가 그 일을 알아채고 곧 조조에게 달려가 일러바쳤다.

"조가(朝歌) 현령 오질이 바구니에 몸을 숨겨 왕자님의 부중을 드나들고 있습니다."

조조는 그 말을 듣자 즉시 사람을 시켜 조비의 집을 살피도록 했다. 조비는 자기가 감시를 받고 있다는 사실을 알게 되자 걱정스런 얼굴로 오질에게 말했다.

"그대가 드나드는 것을 아버님이 아신 모양이오. 집 주위를 살피고 있으니 어찌했으면 좋겠소?"

오질은 조금도 놀라는 기색 없이 태평스럽게 말했다.

"조금도 걱정하지 마십시오. 내일은 광주리에다 잔뜩 비단을 담아서 들여오도록 하십시오. 그러면 지난번의 일도 의심받지 않게 됩니다."

이에 조비는 다음 날 오질의 말대로 광주리에다 비단을 넣어 들여왔다. 조조가 살피러 보낸 사람이 달려와 그 광주리를 뒤져보니 정말 비단만 잔뜩 들어 있었다. 살피러 온 자가 그 사실을 조조에게 말했다.

그 말을 듣자 조조는 양수에게 엉뚱한 의혹을 품고 더욱 미워했다.

'양수가 비(丕)를 모함하려 드는구나.'

조조는 양수에게 아무리 재주가 있다하나 형제간의 세자 책봉 문제에까지 끼어들어 다툼이 일게하는 자라 여겨 그를 언젠가는 죽여 없애야겠다고 작정했다.

하루는 조조가 조비와 조식의 재간을 시험해 보기 위해 업군의 성 밖으로 심부름을 보냈다. 그리고는 즉시 성문을 지키는 문리(門吏)를 은밀히 불러 엄하게 영을 내렸다.

"어느 누구를 가릴 것 없이 오늘은 성문 밖으로 내보내지 말라."

문리가 조조의 영을 받고 나간 후, 큰아들 조비는 성문을 나가려 했으나 문지기가 내보낼 리 없었다. 조비는 끝내 성문 밖으로 나가지 못하고 그냥 조조에게로 돌아왔다.

조식이 그 말을 엿듣고 급히 양수를 불러 이 일을 의논했다. 양수가 조식에게 일러주었다.

"왕자께서 왕명(王命)을 받든 몸인데 어찌 막을 수가 있겠습니까? 만약 굳이 막는다면 두말없이 목을 베도록 하십시오."

조식은 양수의 말을 듣고 성문으로 갔다. 문지기가 가로막자 조식은 양수가 이른 대로 문지기를 꾸짖으며 칼을 뽑아 그의 목을 베어버리고 성문을 나갔다.

조조는 그 얘기를 전해 듣고 조비보다는 조식을 세자 감으로 마음속으로 점찍게 되었다. 그러나 양수가 조식에게 가르쳐준 이 사실은 오래 가지 않아 조조의 귀에 들어가고 말았다.

"그 일은 모두 양수가 일러주었습니다."

누군가가 조조에게 일러바치자 조조는 크게 노했다. 자신은 물론 아들들까지도 양수의 재주에 놀아난 것 같아 더욱 그가 미워졌다.

양수가 왕자들 틈에 끼어들어 조조의 미움을 사게 된 일은 그뿐만이 아니었다. 양수는 조식을 위해 이른바 '답교(答敎)'를 만들어 주었는데 조조가 뭐든 물을 때 그 물음에 따라 대답할 답 열 가지를 마련해 준 일이었다.

조조는 가끔 군사를 부리는 일과 나라 다스리는 일을 조식에게 물어보았는데 그럴 때마다 조식의 대답은 거침이 없었다. 조조가 처음 한두 번은 그런 조식을 어여삐 여겼으나 점차 의심이 들기 시작했다.

그런데 조비는 아우 조식이 아버지의 물음에 거침없이 대답하는 걸 보고 조식의 신하를 매수하여 양수가 가르쳐 준 '답교'를 훔쳐내게 했다.

조비는 양수의 '답교'를 손에 넣자 조조에게 갖다 바쳤다.

조조는 그걸 보자 성이 나 소리쳤다.

"양수 이놈이 어찌 감히 이리도 나를 속이는가!"

이러한 일이 있은 후 조조는 양수를 죽이기 위해 기회를 엿보고 있던 중이었다.

그런데 이번에 또 양수가 나서 군사들의 짐을 꾸리게 하여 조조가 모르는 사이에 전군을 술렁이게 한 것이었다. 이에 조조가 군사들의 마음을 어지럽혔다는 죄목으로 양수를 죽이니 그의 나이 아깝게도 서른세 살이었다.

재주 때문에 스스로 그 무덤을 판다는 말 그대로 그의 죽음은 그 재주가 불러들인 액운이었음에 틀림없다. 그의 재능은 애석한 것이었으나 재사로서의 지모와 함께 슬기로운 처세가 부족했던 양수였다.

특히 조조 아들들의 다툼에 분별없이 끼어들어 그 재기(才氣)를 부리다가 조조에게 결정적인 낙인이 찍힌 점 등은 그가 스스로 불러들인 화였다.

식견이 높은 재사는 안다고 하여 모두를 말하지 않는다.

조조가 세자 책봉을 두고 모사 가후(賈詡)에게 그 일을 물었을 때 가후는 끝내 자신의 생각을 밝히지 않고 다른 일에 비유하여 조조 스스로가 결정을 내리게 한 것만 비교해 봐도 그렇다.

 양수가 부자간의 세자 책봉에 이르기까지 그 재주만을 믿고 끼어들었으나 아무리 재주가 있더라도 뒷날 간신의 문초를 면치 못할 것이리라. 게다가 패전 중인 진중에 미리 회군할 것을 헤아려 채비를 하게 한 것은 군사를 부리는 법도로 봐서도 용납될 리가 없는 일이었다.

 이처럼 조조의 시커먼 속마음이 이루 말할 수 없을 정도로 많았다.

 그리고 다음으로 들 수 있는 사람은 유비라고 할 수 있겠는데 그의 특징은 바보 같은 척하면서도 속내는 보통 뻔뻔한 것이 아니라는 점이다.
 유비는 조조와 쌍벽을 이뤘다고 할 수 있겠지만 마음이 여린 여인네처럼 울기도 잘했다.
 "그는 해결할 수 없는 일에 봉착하면 사람들을 붙잡고 한바탕 대성통곡해 패배를 성공으로 바꿔놓았다(遇到不能解決的事情 對人痛哭一場 立卽轉敗爲攻).

유비의 뻔뻔함과 음흉함

유비는 공손찬의 휘하에 들어 가까스로 18제후들의 회맹에 처음으로 이름을 알린 후 서주의 도겸에게 몸담고 있다가 조조를 비롯해 여포(呂布)와 유표(劉表), 원소(袁紹)와 손권(孫權) 등에게 붙으면서 삼고초려(三顧草廬)로 제갈량, 공명(孔明)을 얻기 전까지 이쪽저쪽을 오락가락한 인물이다.

그러나 그는 남의 땅에 얹혀 살면서도 전혀 부끄러움을 생각지 않았다.

대부분 사람들이 유비를 무능한 인물로 평가한다. 그러나 조조는 자신보다 몇 수 아래인 무능한 유비를 최대의 라이벌로 생각하고 끊임없는 경계심을 늦추지 않았다.

하루는 조조가 유비를 매화숲으로 불러 함께 술을 마시면서 천하의 영웅을 논하고 있을 때 한 사람의 속마음은 새카맣고 한 사람의 얼굴 가죽은 한없이 두꺼웠다.

　유비가 조조의 저택에 이르자 기다리고 있던 조조가 유비를 맞았다.
　"요즈음 집에서 큰일을 하고 계시다고 들었습니다."
　조조의 말에 유비는 가슴이 뜨끔했다. 얼굴색이 변한 채 입을 열지 못하고 있는데 조조는 다정하게 유비의 손을 잡고 안채의 뜰로 이끌었다.
　"요사이 농사일을 하신다고요? 어떠시오. 하실 만하오?"
　유비는 그제야 한숨을 내쉬며 가슴을 쓸어내렸다. 유비도 입가에 웃음을 띠며 말했다.
　"별로 하는 일도 없이 소일삼아 하는 일입니다."
　유비는 새삼 요 며칠 동안 취한 자신의 거동이 현명한 것이었음을 깨달았다. 그가 집안에 틀어박혀 채소밭을 가꾸고 있었음을 조조가 훤히 알고 있기 때문이었다. 그만큼 유비의 움직임을 은밀한 눈과 귀를 통해 살피고 있었음이 아닌가.
　조조는 몹시 유쾌한 듯 입가에 웃음을 머금으며 말했다.
　"실은 매화나무에 매실이 영근 것을 보고 이야기나 나눌까 하여 유공(劉公)을 뵙자고 한 것이오. 이 매실을 보니 문득 지난해 장수(張繡)를 정벌하러 갔을 때의 일이 생각났소. 그때 행군 도중에 물이 모자라 장졸들이 더 이상 행군도 못할 지경에 이르렀소. 그래서 나는 한 꾀를 생각해 냈소. 채찍을 들어

앞을 가리키며 조금만 더 가면 매화숲이 있다고 거짓으로 소리쳤었소. 장졸들이 그 말을 듣자 매실의 신맛을 생각하게 되었고 자연히 입 안에 군침이 가득 돌지 않았겠소? 군침이 입 안에 돌게 되자 잠시 갈증을 잊고 행군을 계속할 수 있었던 것이오. 이제 매화나무에 매실이 탐스럽게 열린 걸 보니 감회가 새롭구려. 마침 담근 술이 잘 익었는지라 매실을 안주로 하여 저 정자에서 귀공과 함께 술잔을 나누고 싶었소."

유비도 이제는 마음을 놓고 조조에게 감사의 예를 표하며 그가 이끄는 대로 따랐다.

두 사람은 술상을 가운데 두고 마주 앉았다. 술이 몇 순배 돌아가고 두 사람은 모두 얼굴에 술기운이 감돌 무렵이었다. 갑자기 하늘이 검은 구름으로 뒤덮이더니 금세라도 소나기가 퍼부을 것 같았다.

"용(龍)이다! 용이 하늘로 오르고 있다!"

술시중을 들던 하인 하나가 놀라 소리쳤다. 그가 가리키는 곳을 보니 검은 구름이 뒤엉켜 먼 산등성이 위로 떠오르는 모양이 마치 등천하는 한 마리 용과 흡사했다. 갑자기 후드득거리며 장대같이 굵은 빗방울이 쏟아지기 시작했다.

"유 공께선 용의 조화를 알고 계시오?"

조조가 유비에게 불쑥 이렇게 물었다. 조조가 무슨 생각에서 이 같은 물음을 던지는지 유비는 그 뜻을 얼른 알 수가 없어 얼버무렸다.

"이야기를 들어본 적은 있으나 자세히는 알지 못합니다."

"용은 본래 크고, 작아지기(能小能大)와 위로 오르기와 아래로 숨기를 자유자재로 하오(能昇能隱). 크게 될 때는 구름을 일으키고, 강물을 뒤집으며 바닷물을 말아 올리기도 하오. 또 작아질 때는 콩알만해지기도 하고, 또 자기 몸을 숨길 때는 콩알 속에 숨을 수도 있소. 그 솟아오름은 대우주(大宇宙)를 종횡하며 날고, 잠길 때는 물 아래 엎드리되 잔물결조차 일으키지 않소. 이제 봄이 완연하니 용도 때를 만나 기지개를 켜며 하늘로 오르는 것이오. 용과 마찬가지로 천하의 영웅도 뜻과 시운(時運)을 얻어 사해(四海)를 종횡함이 이와 같은 이치이오."

"용을 실재하는 것이라 믿고 계십니까?"

유비가 문득 조조에게 물었다.

"있다고 하면 있고, 없다고 하면 없을지도 모르지요. 조금 전 구름기둥이 저 산등성이를 스치며 마치 용이 용솟음치는 듯이 보였소. 변화무쌍한 자연의 변화에 그 누가 흔적을 잡아 실증해 보일 수 있겠소? 현덕공께서는 용을 보셨소?"

조조가 유비를 바라보며 다시 되물었다.

"많은 이야기만 들었을 뿐 아직 이것이 용이다 하는 실물은 보지 못했습니다."

유비는 조조가 이 땅의 영웅을 용에 비유하자 슬며시 딴 곳으로 말머리를 돌리기 위해 그렇게 말했다. 그러나 그런 유비의 속마음을 헤아리지 못할 조조가 아니었다. 유비의 말에 조조가 머리를 가로저으며 말했다.

"나는 보았소."

"용을 보셨다는 말씀입니까?"

"그렇소. 그러나 그 용은 신비의 용이 아니오. 하늘을 나는 용이 아닌 땅 위의 용이오. 풍운을 만나 몸을 일으키는 영웅들 말이오. 유 공도 그중의 한 용이라 말할 수 있겠지요."

유비는 조조가 자신에게 하고 싶었던 말을 꺼내자 속으로 잔뜩 경계했다.

"당치도 않으신 말씀이십니다. 소생은 날아다니는 신통력도 없고, 사물을 파악할 지혜도 없으며 은현자재(隱現自在, 숨었다 나타났다를 자유자재로 함)하는 재주도 없습니다. 만약 용이라 하여도 머리에 토(土)자가 붙는 토룡이나 될까요?"

유비의 말에 조조가 정색을 하며 말했다.

"지나친 겸손이시오. 그러면 유 공께선 천하를 편력하셨으니, 필시 당세(當世)의 영웅이 누구인가 알고 계실 것입니다. 그들이 누구인가 말해 주시오."

유비는 조조의 끈질긴 물음에서 벗어나기 위해 자리에서 일어나 난간에 기대며 말했다.

"오, 이제 비도 멎었군요."

유비가 대답을 하지 않고 딴청을 부리자 조조도 다그쳐 물을 수가 없었다. 이때 유비가 하늘을 쳐다보며 입을 열었다.

"구름을 보니 또 한 차례 비가 올 것 같군요."

유비는 비가 오기 전에 자리를 파하자는 뜻으로 한 말이었다. 그러나 조조 또한 유비처럼 딴청을 피웠다.

"이런 때의 비는 정취가 있어서 좋소. 옛 말에 우정(雨情)이란 말도 있지 않소."

유비가 다시 술상 앞으로 다가갔다. 조조는 유비가 다시 술상 앞에 앉자 기다렸다는 듯 웃으며 말했다.

"대장부가 나아가는 길은 대장부가 아니면 이해하기 어렵소, 유 공께선 대장부시니 이를 잘 알고 계실 거요. 유 공께선 천하의 대장부가 누구라고 여기시오?"

조조는 어느새 앞서 나누던 화제로 다시 말머리를 돌리고 있었다.

"저는 아는 사람이 많지 않습니다. 다만 승상의 은혜로 조정의 벼슬을 받았을 뿐입니다."

"유 공이 천하의 대장부, 즉 영웅을 만나지 못했다면 들은 바는 있을 것이오. 세간에서는 누구를 두고 영웅이라 하는지 말씀해 보오."

끈질긴 조조의 질문이었다. 끝내 유비의 속마음을 캐내고야 말겠다는 태도였다. 유비도 더 이상 피할 도리가 없다고 여기고 물음에 답했다.

"들은 바에 의하면 회남의 원술이 병사(兵事)에도 정통하고 군사와 군량도 넉넉하다 하니 영웅이라 할 만하지 않습니까?"

유비의 말에 조조가 차디차게 웃었다.

"그 자는 이미 살아 있는 용이 아니오. 무덤 속의 백골(白骨)일 뿐이오. 언젠가는 이 조조에게 꼭 사로잡힐 거요."

"그럼 하북의 원소를 꼽을 수 있지 않겠습니까? 4대에 걸쳐 다섯 번이나 3공(公)을 배출하였고, 지금 기주(冀州) 땅에 범처럼 웅크리고 있는 그의 휘하에는 모사용장(謀士勇將)이 헤아릴 수 없을 정도로 많다고 합니다. 그의 가슴속에 어떤 대계(大計)가 들어 있는지 헤아릴 길은 없습니다만 원소야말로 당금의 영웅이라 하여도 무방하지 않을까요?"

"하하하, 유 공께선 그렇게 생각하시오?"

조조는 가볍게 웃고 나서 다시 말을 이었다.

"원소는 겉으로 위풍당당하나 담이 작고 꾀부리기를 좋아하지만 결단성이 없는 필부(匹夫)요, 대사(大事)를 도모하려고 하면서도 몸을 사리며, 소리(小利)에 사로잡혀 목숨까지 바치려는 위인이오. 그런 자가 어찌 당금의 영웅이라 하겠소."

"그렇다면, 스스로 강하팔준(江夏八俊)이라 일컬으며 구주(九州)에 이름을 떨치고 있는 유경승(劉景升)이야말로 영웅이 아니겠습니까?"

"아니오, 유표는 한낱 허명일 뿐이고 실속이 없으니 영웅이 아니오."

유비가 다시 말을 이었다.

"아, 또 한 사람이 있습니다. 강동(江東) 일대를 손아귀에 넣고 있는 혈기 넘친 손백부(孫佰符) 손책(孫策)은 어떻습니까?"

조조는 한마디로 잘라 고개를 가로 흔들었다.

"그 어린것이 무슨 영웅이란 말이오, 다만 제 아비의 이름을 빌렸을 뿐이외다."

"익주(益州)의 유계옥(劉季玉)은 어떻게 생각하십니까?"

"유계옥? 아 유장(劉璋) 말이군. 유장은 비록 황실(皇室)의 혈통이기는 하나 죽어도 주인 곁을 떠나지 않는 충실한 개와 같은 사람이오. 어찌 영웅의 그릇이라 하겠소."

"장수(張繡)·장로(張魯)·한수(漢遂) 등은 어떻습니까?"

"그들은 입에 담을 가치조차 없는 소인배들이오."

조조가 손등을 쓸며 껄껄 웃었다. 누구의 이름을 거명하여도 조조는 일언지하에 그들을 모두 낮춰보았다. 그것도 어정쩡함이 없는 명쾌한 부정이었다. 그러나 그의 날카로운 두 눈은 유비의 얼굴에서 잠시도 떠나지 않았다.

"저는 지금까지 거명한 자들을 빼고는 실로 아는 바가 없습니다."

유비는 집요한 조조의 물음에서 벗어나기 위해 이렇게 말했다. 그러나 조조는 화제가 딴 곳으로 흐르도록 두지 않았다.

"무릇 영웅이란 가슴에 큰 뜻을 품고 머릿속에는 뛰어난 계략을 가득하게 지니고, 우주도 포용하는 호기(豪氣)와 천지를 삼키겠다는 의지를 품은 자를 말함이오."

"당세의 사람 가운데 누구를 그런 사람이라 하겠습니까? 제가 보기에 그런 인물은 없는 것 같습니다만."

유비가 얼핏 조조를 살펴보며 말했다. 조조는 그런 유비를 지켜보더니 결연히 말했다.

"아니 그런 인물이 있소."

조조는 손가락으로 유비를 가리키고 다시 자기의 얼굴을 가리켰다.

"바로 사군(使君)과 나요. 당금 천하의 영웅이라 할 만한 사람은 유공 그대와 나 말고 또 누가 있겠소(天下英雄 惟使君與操耳)?"

천하의 영웅은 그대와 나, 이 한마디에 유비는 깜짝 놀랐다. 지금까지 조조의 물음을 용케 피해 왔다고 생각한 순간이었다. 뿐만 아니었다.

그 동안 농사꾼 흉내를 내면서까지 숨겨 왔던 자기의 속마음을 조조가 이미 헤아리고 있다고 생각하니 놀라움을 넘어 그것은 커다란 충격이었다. 유비는 순간 손에 들고 있던 젓가락을 바닥에 떨어뜨리고 말았다.

이때였다. 푸른빛 감도는 눈부신 광채가 정자 앞 매화나무 숲 위로 번뜩이는가 싶더니 폭포수 같은 소나기와 함께 뇌성이 크게 일었다.

젓가락을 떨어뜨려 자기의 속마음을 내비친 것 같아 가슴을 조였던 유비는 뇌성이 일자 천천히 젓가락을 주우며 말했다.

"우렛소리에 놀라 그만 젓가락을 떨어뜨리는 추태를 보였습니다."

뇌성을 핑계대어 짐짓 자신이 겁쟁이였음을 거짓 고백하였는데, 이는 조조의 판단을 흐려놓기 위해 그렇게 꾸며댄 말이었다.

날카로운 눈길로 유비를 바라보고 있던 조조가 유비의 말에 그만 긴장이 풀렸는지 활짝 웃는 얼굴로 말했다.

"대장부가 우렛소리를 두려워하시오?"

"옛 성인(聖人)들도 사나운 우레와 모진 바람에는 으레 낯빛이 달라진다고 하였는데 어찌 두렵지 않겠습니까?"

유비가 정색을 하며 말했다. 뇌성은 그 동안에도 몇 번인가 크게 일었다. 유비는 그때마다 몸을 떨었다. 때마침 일어난 뇌성을 이용한 유비의 임기응변은 조조의 의심을 풀게 했던 것이었다.

유비의 원모(遠謨, 먼 장래를 위한 계책)까지는 읽지 못한 조조가 마침내 의심을 풀고 자기에게 유리한 쪽으로 헤아렸다.

'우렛소리가 두려워 벌벌 떤다면 그도 별것 아닌 필부가 아닌가.'

조조는 이렇게 생각하며 다시 한 번 껄껄 웃었다. 조조는 내심 한 가지 걱정거리가 줄어든 안도감에 기뻐했다.

후세 사람들은 이때의 일을 시로 남겼다.

어쩔 수 없이 범의 굴에 갔다가
　勉從虎穴暫趨身
영웅을 이야기하며 목숨 잃는가 놀랐는데
　說破英雄驚殺人
우렛소리 맞춰 절묘하게 두려운 척하니
　巧借聞雷來掩飾
놀랍도다, 오히려 믿음 얻은 그 임기응변이여!
　隨機應變信如神

앞서 밝힌 조조와 유비 외에 또 하나 빼놓을 수 없는 인물 손권이 있다. 그는 '면후'와 '심흑'은 유비와 조조에 미치지 못했지만 두 측면을 모두 갖추었다고 평가한다.

손권은 조조와 유비가 중원의 자리를 놓고 다투는 동안 부친과 형, 2대에 걸쳐 쌓았던 기반을 이어받아 비록 수세적이긴 하지만 의리와 체면 따위에 연연하지 않고 상황 변화에 대처하면서 오(吳)나라의 안전을 도모했다.

그는 엄밀히 따져 유비와 동맹관계인 동시에 혼인으로서 맺은 사이였지만 형주 땅을 공격하여 관우(關羽)을 죽여 조조에게 보낸 시커먼 속마음이 조조를 닮았다.

손권은 풍요로운 오(吳) 땅을 차지하고 스스로 영웅을 자처하며 조금도 조조와 유비의 아래에 있기를 거부했다.

그러나 그는 조조와 유비가 죽은 후 위(魏)나라 조비(曹丕)의 발아래 꿇어 신하임을 간청하고 후일 위나라를 배신한 것을 보면 유비의 뻔뻔함과 조조의 음흉함을 겸비한 영웅 중 한 인물로 평가받아 마땅하다.

강동(江東)의 손권

　강동에 자리잡고 있던 손권은 아버지 손견과 형 손책의 뒤를 이어 착실히 그 기업(基業)을 키워가고 있었다. 이때 그의 나이는 조조보다 스물여덟이나 아래였으며 유비보다는 스물두 살이 어린 나이였다.
　손권은 널리 어진 선비를 받아들이며 오회(吳會) 땅에다 모여든 선비가 묵을 수 있도록 큰 집을 짓게 했다.
　모사인 고옹과 장굉으로 하여금 그 집에서 선비들을 대접하게 하고 숨어 있는 인재들을 천거하게 하니 많은 선비들이 줄을 이어 모여들었다.
　그렇게 모인 인재들이 손권을 좌우에서 보좌하니 그 위세가 날로 드높아갔다.

그러나 손권과 조조 사이에는 일찍부터 예사롭지 않은 조짐이 일고 있었다. 그 일은 건안 7년쯤 전에 이미 시작된 것이다. 유비가 초려에서 공명을 데리고 신야로 돌아오기 6년 전의 일이었다.

아름다운 한 척의 배가 허도의 기를 달고 양자강을 내려왔다. 조조가 보낸 사자를 태운 배였다.

사자 일행은 오회의 빈관(賓館)에 들렀다가 손권을 아뢰었다.

"귀공의 아들을 허도로 보내어 조정에서 천자를 모시라는 분부를 내리시었습니다."

말만 들으면 큰 영광이 아닐 수 없었으나 이는 두말할 것도 없이 볼모를 요구한 것이었다. 손권도 이를 모를 리가 없었다.

"곧 문중과 의논한 뒤에 회답을 올리겠소."

손권은 일단 그렇게 말한 후 사자를 돌려보내고 지연책을 쓰고 있었다. 이후에도 손권의 장남을 허도로 보내라는 조조의 독촉이 있었다. 조정을 끼고 있는 만큼 그의 명은 절대적인 것이 아닐 수 없었다.

"어머님 어찌하면 좋겠습니까?"

손권은 마침내 노모 오 태부인(吳太夫人)에게 물었다. 오 태부인은 아들 손권에게 일렀다.

"네게는 이미 어진 신하가 많이 있지 않느냐? 왜 이런 때에 여러 신하를 불러 의논하지 않느냐?"

손권이 생각해 보니 이 문제는 아들 한 사람의 일이 아니었다. 볼모를 거부하면 당연히 조조와는 적이 될 수밖에 없었다.

손권은 오회의 빈관에서 여러 모사와 장수들을 불러모아 의논했다. 장소·장광·주유·노숙 등의 숙장(宿將)을 비롯하여 일찍이 수경 선생이 말한 봉추(鳳雛) 방통(龐統)도 이날의 회의에 참석하고 있었다.

"지금 조조가 오(吳)에 볼모를 요구해 온 것은 제후의 예에 따른 것이오. 볼모를 보내면 조조에게 복종을 맹세하는 것이며, 그것을 물리침은 곧 적대의 표시가 되오. 바야흐로 오(吳)는 중대한 기로에 서게 되었소. 어떻게 하면 좋을지 여러분의 기탄없는 의견을 말해 주길 바라오."

장소(張昭)가 의장격으로 먼저 일어나서 좌중에게 발언을 청했다. 모사와 장수들이 번갈아 일어나 각자가 주장하는 바를 말해 그 의견이 구구했다. 볼모를 보내야 한다는 의견과 안 된다는 의견이 두 갈래로 나뉘어 토론은 언제 그칠지 몰랐다.

"이 주유(周瑜)에게 한마디 말할 기회를 주시오."

오 태부인의 여동생의 아들이자 손권의 형 손책과 동갑인 주유는 이날 좌중의 신하들 중에는 최연소의 나이였다. 그러나 손권은 그가 발언하도록 허락했다.

"우리 주군께서는 부형(父兄)의 업을 이어받아 삼대(三代)를 내려오는 동안 6군(郡)의 백성을 거느리며 정병(精兵)을 길러왔습니다. 양식은 넉넉하고 산을 파서 구리를 얻고 바닷물을 끓여 소금을 만들고 있습니다. 백성은 난리를 근심하지 않고 군사는 용맹스럽습니다."

주유가 유창하게 말을 이어가자 여러 장수들도 모두 고개를 끄덕이며 귀를 기울였다.

"……그렇거늘 무엇이 두려워 이제 조조의 지위와 권세에 눌려 볼모까지 보내가며 아첨할 필요가 있습니까? 볼모를 보내는 것은 속령을 자인하는 것이나 다름이 없습니다. 볼모를 보내면 손 장군이라 하더라도 조조가 부르면 어느 때고 허도로 달려가야 합니다. 그때는 조조에게 허리를 굽히고 위계는 일개 제후를 넘지 못할 것입니다. 그렇게 되면 천하의 패업(覇業)은 생각도 할 수 없게 됩니다. 그러므로 결코 볼모를 보내서는 아니 됩니다. 볼모를 보내지 말고 서서히 조조의 동정을 엿보고 있어야 할 것입니다. 조조가 진실로 한실(漢室)의 충성된 신하로 천하에 임한다면 그때 가서 그의 뜻에 따라도 늦지 않을 것입니다. 그렇지 않고 조조가 찬역을 할 때는 그야말로 대업을 도모할 큰 뜻을 가져야 할 것입니다."

주유의 서슬 퍼런 의기에 모두 위압당한 채 주위는 숙연한 기운이 감돌았다. 손권이 그런 좌중을 둘러보더니 말했다.

"공근(公瑾)의 말이 옳다."

이날 주렴 뒤에서 지켜보던 손권의 어머니 오 태부인도 조카 주유의 도량을 믿음직하게 여겨 나중에 그를 가까이 불러 당부했다.

"너는 손책과는 어릴 때부터 둘도 없는 친구이니 꼭 내 친자식처럼 생각된다. 앞으로도 손권을 잘 도와다오."

이에 손권은 끝내 허도로 아들을 보내지 않았다.

조조는 손권이 자기의 뜻을 거역하자 그때부터 강동을 정벌하기로 작정했다. 그러나 아직 북방 평정이 끝나지 않은 때라 남(南)으로 군사를 낼 수가 없었다. 북방에는 기회를 엿보고 있는 원소의 세력들이 남아 있었기 때문이었다.

손권은 허도로 볼모를 보내지 않는 대신 오(吳)와 가까이 인접해 있는 조조의 장수 황조(黃祖)를 치기로 했다.

조조가 군사를 낼 경우를 대비해 강동부터 평정해 두기 위해서였다.

그동안 손권은 각처에서 출몰하는 산적들을 평정하며 장강(長江)에 있는 병선(兵船) 7천여 척을 조련하여 뒷날에 대비했다. 또한 주유를 대도독(大都督)으로 중용하여 강동의 수륙군마(水陸軍馬)를 총지휘하게 했다. 형 손책의 친구인 주유를 손권은 신하로서보다 스승이나 형님처럼 모셨다. 그러나 주유는 그런 손권에게 신하로서의 예를 깍듯이 지켰다.

그러는 동안 해가 흘러 건안 12년이 되었다. 이해 겨울인 12월, 손권의 어머니 오 태부인은 노환으로 병석에 누워 있었는데 갑자기 병세가 위독했다.

어느 날, 오 부인 스스로도 자기의 최후가 왔음을 깨닫고 방으로 장소(張昭)와 주유(周瑜) 등의 중신을 불러 뒷일을 당부했다.

"내 아들 손권은 이 나라의 기틀을 이어받은 지 아직 몇 해 되지 않거니와 또한 나이도 연소하오. 장소와 주유 두 분은 부디 스승의 마음가짐으로 손권을 가르쳐 주오. 그 밖에 여러분들도 합심하여 오(吳)나라 왕을 도와 어떠한 일이 있더라도 나라를 잃는 일이 없도록 힘을 북돋아주오. 강하(江夏)의 황조(黃祖)는 지난날 나의 남편을 죽인 집안의 원수이니 반드시 원수를 갚도록 해 주오. 그러면 나는 죽어서도 그대들의 은공을 잊지 않을 것이오."

그리고 오 태부인은 아들 손권에게도 일렀다.

"너는 장점도 있지만 단점도 지녔느니라. 아버지 손견, 형 손책은 모두 얼마 되지 않는 군사를 이끌고 전란 속에 몸을 일으켰으며 천신만고의 고초를 겪은 후에야 비로소 오나라의 기업(基業)을 열었다. 그러나 너는 그분들과는 달리 이 성 안에서 태어나 낙원처럼 편안한 곳에서 자라 지금 3대째의 주군이 되었다. 만에 하나 안락에 빠져 아버지와 형의 노고를 잊어서는 안 된다. 명심할 것은 장소나 주유 같은 분들은 어진 신하이니 오나라의 보배라고 여기고 평소 가르침에 귀를 기울여야 하느니라. 또 너의 이모도 후당에 계시니 앞으로는 너의 어머니로 섬겨야 할 것이다."

오 태부인이 가쁜 숨을 몰아쉬었다. 손권이 눈물을 흘리며 고개를 숙이고 있는데 오 태부인은 다시 말을 이었다.

"나는 어려서부터 조실부모하여 동생인 오경(吳景)과 월중(越中)으로 이사해 살다가 너의 아버지에게 시집왔다. 그리하여 4남매를 두었다. 큰아들 책(策)을 낳을 때는 꿈에 달이 내 품에 들었느니라. 둘째인 너를 낳을 때는 꿈에 해와 달이 품속에 들어왔다. 점치는 이가 말하기를 꿈에 해와 달이 함께 품속에 들면 크게 귀한 아들을 둔다고 했다 어찌 된 일인지 맏이인 책도 죽고 셋째인 익(翊)도 얼마 전에 횡사했다. 이제 남은 것은 너와 네 누이뿐이다. 그러니 저 하나뿐인 누이도 극진히 사랑하고 보살피기를 잊지 말아라."

오 태부인은 나라를 일으킨 선주(先主)의 아내답게 나랏일에서부터 집안일에 이르기까지 두루 당부한 뒤 홀연히 눈을 감고 말았다.

오 태부인의 머리맡에 둘러앉은 사람들의 슬픈 통곡 소리가 문 밖에까지 흘러 나왔다. 손권은 어머니를 고릉(高陵) 의금(衣衾)을 아름답게 갖춘 후 정성을 다해 장례를 모셨다.

세월은 흘러 오주(吳主) 손권은 촉(蜀)에게 군사를 내도록 하여 촉과 위가 끝없는 싸움을 벌이며 서로 힘을 축내고 있는 전황을 살피고 있었다. 그런 싸움이 오래 계속되기를 바라고 있는 것은 두말할 것도 없었다.

손권이 어느 날 조회를 열고 있는데 세작이 들어와 아뢰었다.

"촉의 제갈 승상이 두 번씩이나 출병을 하여 위군을 크게 깨뜨렸습니다. 위(魏)의 대도독 조진은 크게 패한 채 많은 군사와 장수를 잃었다 합니다."

여러 관원들이 그 말을 듣고 손권에게 권했다.

"이 틈에 군사를 내어 위를 치고 중원을 도모하도록 하옵소서."

그러나 손권은 함부로 군사를 낼 엄두가 나지 않았다. 위가 싸움에 졌다고 하나 그 군세가 모두 허물어진 건 아니었다. 마음을 정하지 못하고 있는데 어느 날 장소가 들어와 말했다.

"요사이 듣자니 무창(武昌) 동산(東山)에 봉황이 내려와 춤을 추고 대강(大江)에 황룡(黃龍)이 여러 차례 나타났다 합니다. 이는 곧 주공의 덕이 요(堯)·순(舜)과 짝하실 만한데다 아울러 주문왕(周文王)과 무왕(武王)에 견줄 만하시니 당연히 황제위에 오르셔야 할 것입니다. 제위에 나가신 후에 군사를 일으키도록 하십시오.

많은 관원들도 장소의 말을 좇아 손권에게 권했다. 손권도 마음이 움직여 마침내 마지못한 듯 제위에 오르는 것을 허락했다.

그해 4월 병인일(丙寅日)로 날짜를 정하고 무창(武昌) 남쪽 교외에 크고 화려한 단(壇)을 쌓았다. 그날이 되자 신하들은 손권을 단상으로 모셔서 황제의 위에 오르게 하고, 황무 8년을 황룡(黃龍) 원년이라 고쳤다.

이에 손권은 선왕(先王) 손견에게는 무열(武烈)황제, 어머니 오씨에게는 무열황후(武烈皇后), 형 손책에게는 장사환왕(長沙桓王)이라는 시호를 바쳐 올렸다.

사마의(司馬懿)와 제갈공명

　사마의는 제갈량과 오장원(五丈原)에게 지구전으로 버티면서 싸움에 일절 응하지 않았다.
　그러자 제갈량은 사마의의 화를 돋우기 위해 부인들이 머리에 쓰는 두건, '건국(巾幗)'을 선물 받고도 조금도 화낸 일이 없이 제갈량의 사자를 정중히 예를 갖춰 환대했으니 그 뻔뻔함이 유비보다 더했다.
　공명은 오장원으로 진을 옮긴 후 여러 차례 장수를 내보내 싸움을 돋우어 보았으나 위병은 끝내 나오지 않았다. 그런 어느 날 공명은 부녀자들이 머리에 쓰는 건국[巾幗, 여자들이 상중(喪中)에 쓰는 관]과 호소(縞素, 흰 상복)와 글 한 통을 나무 상자에 넣어 가마를 타고 위병의 영채로 가게 하여 사마의에게 전했다.

당시 가마를 타고 가는 자는 공격하지 않는 것이 싸움터의 법도였다.

위의 장졸들은 촉의 영채로부터 온 가마를 보고 의아해 했으나 진문으로 들여보낸 후 사자가 청하는 대로 사마의에게 안내했다. 사마의가 사자한테서 받은 상자를 열어 보니 거기에는 부녀자들이 상중에 쓰는 관(冠)과 옷이 곁들여져 있고 글 한 통이 들어 있었다.

'중달(仲達), 그대는 대장의 몸으로 중원의 대군을 거느리고 싸움터에 나왔다. 그러면서도 어찌하여 갑옷 입고 무기를 들고 나와 싸워 결판을 내려 하지 않는가? 두더지처럼 굴 속에 들어앉아 칼과 화살을 피하려고만 하고 있으니 아녀자와 다를 것이 무엇인가? 내 여기 아녀자들이 머리에 쓰는 관과 옷 한 벌을 보내니 나와 싸우지 않으려거든 감사히 두 번 절을 올리고 받도록 하라. 만약 그대가 부끄러운 마음이 아직도 남아 있고, 사나이로서 기개를 지녔다면 날을 정하여 나와 싸우도록 하라.'

영채만을 굳게 지키고 나와 싸우지 않는 사마의를, 상(喪)을 당해 집만 지키는 아녀자에 비유해 놀린 글이었다. 공명이 사마의를 격동시키기 위해 그런 꾀를 낸 것이었으나 사마의가 그걸 모를 리 없었다. 사마의도 그 글을 읽고 벌컥 화가 치밀었으나 화를 내면 낼수록 그게 바로 공명이 노리는 것이라는 걸 알고, 겉으로는 화를 드러내지 않은 채 껄껄 웃으며 사자에게 말했다.

"공명이 나를 아녀자로 아는 모양이구나."

사마의는 담담히 그 물건을 받아들인 뒤 사자를 후히 대접하며 넌지시 물었다.

"공명은 요즈음 먹는 것과 자는 것이 어떠한가? 그리고 하는 일은 바쁘시지 않은가?"

사자는 자기 주인의 안부를 묻자 술잔을 내려놓고 목소리를 가다듬어 대답했다.

"승상께서는 아침에 일찍 일어나시고 밤에는 늦게 주무십니다. 또 스무 대 이상의 매를 때리는 벌을 몸소 행하시고 잡수시는 양은 매우 적습니다."

그 말을 듣고 난 사마의가 장수들을 둘러보며 말했다.

"공명이 일은 많이 하면서도 먹는 것은 조금밖에 못 먹으니 어찌 오래 살 수가 있겠는가?"

사마의는 그렇게 말한 후 사자를 돌려보냈다. 사자는 촉의 영채로 돌아오자 곧 공명을 찾아가 있었던 일을 모두 말했다.

"사마의는 아녀자의 관과 옷을 받은 후 글을 읽어 보고도 별로 화를 내는 기색이 없었습니다. 다만 승상께서 식사를 어떻게 하시며 일은 얼마나 하시는지에 대해 물을 뿐이었습니다. 제가 잘 주무시지도 않고 많이 잡수시지도 않는다고 하자, '그렇게 많은 일을 하면서도 먹는 것이 적으니 오래 살지 못하겠다' 고 하시더군요."

그 말을 듣고 나더니 공명이 문득 길게 탄식했다.

"중달이 나를 잘 알고 있구나!"

공명은 사마의를 끌어내리려다 자신의 약점만을 드러낸 결과가 되고 만 셈이었다.

그 무렵 위의 장수들은 사마의가 공명으로부터 여자들의 옷과 관을 받고도 싸우려 하지 않자 모두 울분을 감추지 못했다. 여러 장수들이 모두 사마의가 있는 장막 안으로 들어가 항의했다.

"우리들은 모두가 위나라의 이름난 장수들입니다. 어찌 촉나라 놈들에게 그 같은 모욕을 받고도 참고 있을 수 있겠습니까? 바라건대 나아가 싸워 결판을 내도록 해 주십시오."

그러나 사마의는 위주(조예)의 조서 ─ 동오(東吳)가 세 길로 군사를 나누어 쳐들어오니 조정에서는 장수들로 하여금 그들을 막게 하라. 이때에 만약 촉의 계략에 말려들어 싸움을 벌이게 되면 위에 이로움이 없을 터인즉 싸우지는 말고 굳게 지키도록 하라 ─ 를 핑계대며 고개를 가로저었다.

"내가 싸움이 겁이 나서 그런 모욕을 참고 있는 줄 아는가? 천자께서 굳게 지키고 움직이지 말라는 조서를 내리셨으니 어찌 함부로 군사를 낼 수 있겠는가? 만약 내가 마음대로 군사를 움직인다면 이는 천자의 명을 거스르는 일이 된다."

사마의가 천자의 조서를 핑계로 달래보려 했으나 장수들은 여전히 분한 마음을 억누르지 못해 불퉁거렸다. 사마의가 하는 수 없이 그들에게 타이르듯 말했다.

"그대들이 그처럼 싸우기를 원한다면 내가 천자께 아뢰어 허락을 받겠다. 그런 뒤에 나와 함께 싸우러 나가는 게 어떻겠는가?"

장수들은 그 말을 듣고서야 분함을 달래며 사마의의 말에 따랐다. 사마의는 즉시 표문을 써서 합비(合淝)의 군중에 있는 조예에게 바치게 했다. 조예가 표문을 받고 읽어 보았다.

'신이 재주는 적은데 책임만 무거우니, 폐하께서는 우선 굳게 지키며 나가 싸우지 말라는 조서를 내리신 바 있습니다. 이에 조서를 받들어 촉병이 스스로 물러나기만을 기다리고 있었습니다. 그러나 제갈량이 신에게 아녀자 머리에 쓰는 관과 치마저고리를 보내 신을 아녀자로 조롱하니 그 욕됨이 너무 큽니다. 신은 삼가 폐하께 먼저 아뢴 후 죽기로 싸워 폐하의 은혜에 보답하고 아울러 우리 삼군(三軍)의 욕됨을 씻을까 합니다. 신은 실로 치솟는 분을 억누르지 못해 감히 이 글을 올려 군사 낼 것을 청하는 바입니다.'

조예는 그 글을 읽은 후 문무백관들에게 보여 주며 물었다.

"사마의가 지금까지 굳게 지킬 뿐 나가 싸우지 않더니 어찌하여 갑자기 이런 표문을 올려서까지 싸움을 청하는 것인가?"

그러자 위위(衛尉, 궁문 경비대장) 신비(辛毗)가 그 까닭을 말하여 주었다.

"사마의의 본심은 싸우고 싶지 않은 듯합니다. 그러나 제갈량의 조롱을 받자 장수들이 분한 마음을 달래지 못하는 것을 보고 마지못해 표문을 올린 것입니다. 폐하의 조서를 내세워 화가 나서 날뛰는 장수들을 가라앉히기 위해 표문을 올린 것입니다."

신비의 말을 듣자 조예가 머리를 끄덕였다. 곧 신비를 칙사로 삼아 절(節)을 주고 위북의 영채로 가게 했다.

사마의는 신비가 위주의 칙사로 오자 그를 마중나와 맞아들였다. 이에 신비는 여러 장수들 앞에서 천자의 조서를 큰 소리로 읽었다.

"만약 나가 싸우자는 말을 감히 하는 사람이 있으면, 이는 천자의 뜻을 거스르는 자이니 엄히 처벌하리라."

천자마저 그렇게 조서를 내리니 여러 장수들은 더 이상 싸우자고 우겨댈 수가 없었다. 하는 수 없이 분한 마음을 달래며 입을 다물 수밖에 없었다. 사마의가 신비에게 귓속말로 고마움을 표했다.

"공이 참으로 내 마음을 알아주셨구려."

사마의는 이어 널리 군중에 사람을 보내 천자가 조서를 내려 함부로 나가 싸우지 못하게 했음을 전하게 했다. 위병의 영채에서 있었던 이런 일은 오래지 않아 촉장들의 귀에도 전해졌다. 장수들이 그 말을 공명에게 알렸다. 공명이 빙그레 웃으며 그 까닭을 밝혀주었다.

"그것은 사마의가 삼군(三軍)을 달래려는 짓거리일 뿐이다."
"승상께서는 어찌하여 그걸 아십니까?"

강유가 의아스런 얼굴로 물었다. 공명은 여전히 빙그레 웃는 얼굴로 일깨워주었다.

"사마의가 싸울 뜻이 전혀 없음에도 조예에게 싸우겠다고 표문을 올린 것은 장수들에게 짐짓 자기도 싸울 뜻이 있는 것처럼 보여 주기 위해서였다. 예로부터 이르기를 '장수가 밖에 있을 때는 임금의 명도 받들지 않을 수가 있다'고 했다. 그런데 그가 천리 밖에 떨어져 있으면서 굳이 위주에게 표문을 올려 싸움을 허락받고자 한 것은 곧 그 표문을 핑계삼아 장수들을 달래기 위함이었다. 뿐만 아니라 이제 그 말을 우리 군중에까지 퍼뜨려 우리 군사들의 마음을 흩트러 놓으려는 속셈이다."

강유는 사마의의 속셈을 꿰뚫고 있는 공명의 말을 듣고 감탄해 마지않았다.

제갈량은 주(周) 문왕(文王) 때 태공망(太公望)과 유방을 도와 창업한 장자방(張子房, 장량)에 비유하여 불세출의 기재로 알려진 인물이지만 사마의를 만나 중원의 땅을 한 뼘도 차지하지 못하고 피를 토하고 죽었다.

그는 다만 왕을 보좌할 만한 재목이었지만 '후흑' 대가인 사마의한테는 어쩔 수 없었다. 그러나 공명은 마지막 사마의를 대적할 계책을 내었다.

"내가 죽더라도 결코 발상(發喪)을 하지 말라. 다만 큼직한 농(籠)을 하나 만들고 나의 시체를 그 안에 앉혀 두라. 쌀 일곱 알을 내 입에 넣은 후에 그 앞에 등잔불을 환히 밝히도록 하라. 군중을 여느 때와 다름없이 안정시키고 절대로 슬퍼하며 우는 일이 없도록 하라. 그렇게 하면 하늘에서 장성이 떨어지는 것을 막을 수 있을 것이니, 죽은 내 영혼이 일어나 그 별을 붙들고 있기 때문이다. 사마의는 장성이 떨어지지 않으니 함부로 군사를 내몰지 못할 것이다. 그 틈을 타 후군(後軍)부터 물러나게 한 뒤, 한 영채씩 천천히 물리도록 하라. 그때 만약 사마의가 뒤쫓거든 군사들에게 깃발을 돌려 세우고 진세를 벌이며 싸울 태세를 갖추도록 하라. 그런 후 사마의가 말을 달려 오면 전에 내 모습대로 만들어 두었던 목상(木像)을 수레 위에 얹어 두라. 이때 여러 장수들은 모두 수레 좌우에 늘어서 호위해 수레를 진 앞으로 끌어내도록 하라. 그걸 보면 사마의는 아마 깜짝 놀란 나머지 급히 달아나리라."

공명은 하늘을 우러러보다가 북두성 옆의 장성(將星)을 가리켜 자신의 운명임을 알린 후 조용히 숨을 거두었다.

이때 사마의는 천문을 살피다가 공명이 죽은 것을 확신하고 촉군을 공략했으나 공명이 수레 위에 앉아 있는 것을 보고는 소스라치게 놀라 말머리를 돌려 달아났다.

이 일이 있은 후부터 촉나라 사람들 사이에는 '죽은 제갈량이 살아 있는 사마의를 쫓아버렸다'는 말이 퍼졌다.

　제갈공명의 죽음으로 사마의는 장수들에게, '공명이 죽었으니 이제부터는 베개를 높이 베고 편안히 잠을 잘 수 있겠다. 그만 군사들을 돌리도록 하자!'며 군사를 거두어 낙양으로 향했다.
　위·오·촉의 싸움이 끝나자 위주 조예는 향락에 빠져들고, 조예가 죽고 나자 태자 조방이 보위를 이어 받았다.
　병권은 조상이 차지한 채 권력을 이용해 향락만 즐기니 사마의는 병을 칭탁하여 집안에서만 머무르다 조상이 사냥에 나선 틈을 타 권력을 빼앗는다.

　그 내용은 다음과 같다.

　조상은 그동안 사마의를 공경하며 모든 일을 그와 의논해왔다. 그런 조상에게는 5백 명이나 되는 식객이 있었는데 그 중에서 하안·등양·이승·정밀·환범 등 다섯 사람은 특히 조상의 신임을 받고 있었다.
　그 중에서 대사농(大司農) 환범은 지혜와 계략이 뛰어나 사람들은 그를 꾀주머니라 불렀다.
　이들은 조예가 죽고 얼마간 지나자 조상에게 사마의로부터 병권을 빼앗으라고 부추겼다.
　"대장군께서는 큰 권세를 잡고 계십니다. 그런데도 다른 사람과 일을 의논하시는 것은 이롭지 않습니다. 뒷날 변고가 생길까 두렵습니다."

"사마공과 나는 선제로부터 탁고(託孤, 어버이 없는 어린아이의 뒷일을 믿을 만한 사람에게 부탁함)하신 명을 받았소. 그가 어찌 나를 거스를 수가 있겠소?"

"지난날 대장군의 부친(조진)께서는 사마의와 함께 적군을 치러갔을 때 사마의로부터 여러 번 어려움을 겪으시다가 세상을 떠나셨습니다. 공께서는 어찌 이 일을 살피지 못하십니까?"

하안이 거듭 간하자 조상도 마침내 마음이 흔들렸다.

그의 말을 좇아 사마의를 태부(太博, 천자의 스승)로 삼고 병권을 빼앗아버렸다.

조상은 병권을 세 아우에게 나누어 주고 각기 3천의 어림군을 거느리게 했다. 조상은 또 그가 신임하는 하안 등 다섯 사람에게 무거운 벼슬을 내리고 모든 나랏일을 그들과 더불어 의논했다.

일이 그 지경이 되자 사마의는 병이 났다는 핑계를 대고 집안에 들어앉아 바깥에 나오지 않았다. 사마사·사마소 두 아들도 벼슬을 내놓고 초야에 묻혀 지냈다.

위주 조방(曹芳)은 아직 나이 여덟에 지나지 않은 어린애였다.

그렇게 되니 조상은 거리낄 것이 없었다. 조상은 날마다 하안의 무리들과 함께 사치와 향락에 빠져들었다. 나라에 바치는 공물이 있을 때도 언제나 진귀한 물건들은 조상이 먼저 차지한 뒤에야 천자에게 보냈다.

　그뿐만 아니라 아름다운 여자들을 부중에 들끓게 하고 심지어는 선제의 시첩(侍妾)까지 조상의 시중을 들게 했다.

사마씨(司馬氏)의 대진(大晉)

 조상은 권력을 한 손에 잡은 이래로 사마의의 소식을 잊은 채 세월이 어찌 흐르는지 모르고 지내고 있었다.
 때마침 위주가 이승(李勝)을 청주자사(淸州刺史)로 임명했다. 사마의를 두렵게 여기고 있던 조상은 그에게 하직 인사 겸 병문안 구실로 사마의를 찾아가 허실을 살펴보라 했다.
 이승이 사마의의 집에 이르자 문지기가 이 사실을 사마의에게 알렸다.
 "이번에 이승이 인사차 온 것은 내가 정말 병이 있나없나 그 허실을 살피러 온 것이다. 너희들도 그리 알고 실수가 없도록 해야 할 것이다."
 사마의는 두 아들에게 그렇게 말하고 나서 관을 벗어버리고 머리를 흐트러뜨린 채 침상에 누워 시녀들의 부축을 받으며 이승을 맞았다.

이승이 침상 가까이에 다가가 절을 올린 후 말했다.

"오랫동안 뵙지 못했더니 이렇듯 병환이 무거운 줄 몰랐습니다. 이번에 폐하께서 청주자사를 명하시어 하직인사를 올릴까 하여 잠시 들렀습니다."

그러자 사마의가 짐짓 엉뚱한 소리로 대답했다.

"병주(幷州)는 흉노와 가까운 곳이니 항상 경계를 게을리하지 않아야 할 것일세."

"병주가 아니라 청주입니다."

이승은 사마의가 잘 알아듣지 못한 것으로 알고 다시 말했다. 그러나 사마의가 허허거리고 웃더니 다시 말했다.

"그래 병주에서 왔단 말이지?"

"아닙니다. 산동(山東)의 청주에서 왔습니다.

"이승이 그렇게 대답하고 나서 좌우를 둘러보며 안됐다는 듯이 물었다.

"아니 태부께서 어쩌시다가 이 지경에 이르셨는가?"

그러자 좌우 사람들이 대답했다.

"태부께서는 귀가 좀 어두우십니다."

이승이 종이와 붓을 가져오게 하여 글로 적어 내놓았다. 사마의는 그 글을 보고서야 고개를 끄덕이며 말했다.

"나는 병으로 귀까지 나빠졌네. 아무쪼록 몸조심하게."

사마의가 말을 마치더니 손으로 자기 입을 가리켰다. 시녀가 그걸 보고 탕약을 바치자 사마의는 그걸 마시려다가 입가에 질질 흘리며 옷자락을 모두 적셨다.

사마의는 사레들린 사람처럼 기침을 심하게 쿨룩거리더니 숨이 턱에 차서 말했다.

"내가 이제 늙고 쇠약해진데다 병마저 중하니 오래 살지 못할 것 같네. 자식놈들이 다 변변치 않으니 자네가 잘 가르쳐 주기 바라네. 그리고 대장군을 뵙거든 두 자식을 잘 부탁드려 주게."

가까스로 그 말을 마친 사마의가 힘에 부친 듯 침상에 쓰러지더니 숨을 헐떡거렸다. 이 모양을 본 이승은 혀를 끌끌 차며 사마의의 속임수에 고스란히 넘어가고 말았다.

이승은 사마의의 집을 나온 후 조상(曹爽)을 찾아가 아뢰었다.

"사마중달은 이미 병이 깊어 결코 오래 살지 못할 것입니다."

조상이 기쁜 얼굴로 말했다.

"그 늙은이가 죽는다면 나는 마음을 놓고 편안히 지낼 수 있으리라."

한편 사마의는 이승이 떠나가자 자리를 박차고 일어나 두 아들에게 타일렀다.

"이번에 이승이 본 대로 조상에게 전하면, 조상은 이제 더 이상 나에 대한 경계는 하지 않을 것이다. 우리는 저들이 사냥을 가고 없을 때 일을 성사시켜야 한다."

사마의의 헤아림은 어김없이 들어맞았다. 이승이 조상에게 사마의의 소식을 전한 뒤 며칠이 지나지 않아 조상은 천자를 모시고 고평릉(高平陵)을 향해 떠났다. 사냥을 하기 전에 선제의 능에서 제사를 올리기 위함이었다. 조상은 문무관원들뿐만 아니라 병권을 맡고 있는 세 아우와 어림군까지 이끌어 갔다.

그러자 사농(司農) 환범이 걱정스러운 얼굴로 간했다.

"대장군께서 어림군을 모두 거느리고 나가시는 것은 마땅치가 않습니다. 만약 성 안에 변고라도 생긴다면 어찌하시겠습니까?"

그러나 조상은 벌컥 화를 내며 채찍을 들어 그를 꾸짖었다.

"누가 감히 변을 일으킨다는 말인가? 두 번 다시 어지러운 소리는 입에 담지 말라."

조상은 모든 어림군을 거느리며 고평릉을 향해 나아갔다.

사마의는 몰래 숨어 있다가 조상이 성을 떠나는 것을 보자 즉시 두 아들과 심복 장수 수십 명을 거느리고 궁중으로 달려갔다.

사마의는 사도 고유(高柔)에게 거짓 절월(節鉞)을 주어 대장군으로 삼은 뒤, 조상의 군영을 빼앗게 했다. 이어 태복 왕관(往觀)에게는 중령군을 맡게 하여 조상의 아우 조희의 군영을 차지하게 했다.

그런 다음 사마의는 옛 신하들과 함께 후궁으로 들어가 곽태후를 찾아보고 아뢰었다.

"조상이 선제 폐하의 은혜를 저버리고 나라를 어지럽히고 있습니다. 마땅히 벼슬자리에서 내쫓아야 합니다."

곽 태후는 사마의가 그렇게 나오니 놀란 얼굴로 물었다.

"천자께서 밖에 나가 계시니 어찌하면 좋겠소?"

"신이 천자께 표문을 올려 간신들을 없애도록 계책을 세우겠습니다. 곽 태후께서는 조금도 걱정하지 마십시오."

곽 태후는 두려움에 떨면서도 그 말을 따를 수밖에 없었다.

그때 조상은 매를 날리며 개를 풀어 노루와 사슴, 토끼를 잡으며 한창 흥겹게 사냥을 즐기고 있는데 홀연 성 안에서 군관이 달려와 놀라운 소식을 전했다.

"성 안에서 변란이 일어났다고 합니다. 또한 태부(사마의)의 표문이 왔습니다."

그 말에 조상이 크게 놀라 하마터면 말에서 떨어질 뻔했다.

그때 사마의가 보낸 환관이 표를 받들고 위주 조방(曹芳) 앞에 무릎을 꿇었다. 조상이 그 표문을 근신에게 읽게 했다. 근신은 조상이 선제의 당부하심과 은혜를 저버렸으니 그가 가진 병권을 빼앗고자 한다는 사마의의 표문을 읽었다.

위주 조방은 그 표문을 듣고 나자 걱정스런 얼굴로 조상에게 물었다.

"태부가 이런 표문을 올렸는데 경은 어떻게 하시려오?"

조상은 얼굴빛이 달라진 채 두 아우에게 그 일을 의논했다. 사마의가 이미 낙수(洛水)의 부교를 지키고 있다는 걸 알자 두 아우는 겁부터 냈다. 감히 싸울 생각을 못하고 항복하여 죽음을 면할 생각부터 했다.

"나는 군사를 일으키지 않겠다. 모든 벼슬을 내놓고 부잣집 늙은이로 편히 살고 싶을 뿐이다."

그 말을 들은 환범은 통곡하며 밖으로 나와 탄식했다.

"조자단(曹子丹, 조상의 아버지)이 평생 자기 지모가 뛰어나다고 자랑하더니 이제 그 아들 삼 형제는 모두 돼지새끼들과 다름없도다."

허윤과 진태가 조상에게 대장군의 인수(印綬)를 바치라고 엄포를 놓자 조상이 하는 수 없이 인수를 꺼냈다. 주부(主傅) 양종(陽綜)이 눈물을 흘리며 말렸다.

"병권을 버리고 스스로 몸을 묶어 항복하신다면 동시(東市)에서 목이 달아날 뿐입니다."

그러나 조상은 양종의 말에 귀를 기울이지 않았다.

"사마 태부는 그럴 사람이 아니오. 나에 대한 신의(信義)를 저버리지 않을 것이오."

조상이 그렇게 말하며 대장군의 인수를 허윤과 진태에게 넘겨주었다. 군사들이 그걸 보자 모두 조상을 떠나 뿔뿔이 흩어져 달아나버리고 말았다. 조상은 가까스로 몇 사람 남은 수하들을 거느리고 부교에 이르렀다. 사마의는 조상 형제에게 집으로 돌아가 조칙을 기다리게 했다.

조상이 집으로 돌아가자 환범도 하는 수 없이 말머리를 돌려서 성으로 향하였다. 부교 가에 이르자 사마의가 채찍을 들어 환범을 가리키며 나무랐다.

"환 대부(桓大夫)는 어찌하여 그토록 어리석은 짓을 하시오?

조상을 도와 무슨 유익함이 있겠소?"

그 말에 환범은 아무 대꾸도 못한 채 머리를 숙이고 성 안으로 들었다. 사마의는 천자의 어가를 모시고 낙양성으로 돌아간 다음 조상 형제들 집의 문에 큰 자물쇠를 채우고 주민 8백여 명에게 감시하도록 했다. 사마의는 이어 환관 장당(張當)을 잡아들여 엄중히 문초하자 장당이 사실을 털어놓았다.

"저를 비롯하여 하안·등양·이승·필집·정밀 등이 함께 조상을 도와 반란을 일으키기로 했습니다."

사마의는 즉각 그 다섯을 잡아들이고 문초했다. 그들은 3개월 안에 난을 일으켜 조방을 없애고 제위를 빼앗기로 한 계획을 실토했다. 사마의는 그들의 목에 큰칼을 채워 옥에 가두게 했다. 그때 성문을 지키던 장수 사번이 달려와 알렸다.

"환범이 거짓으로 조서를 만들어 군사를 거느리고 나갔습니다. 그런데 성을 빠져 나가면서 태부께서 모반을 일으켰다고 떠들어대었습니다."

사마의가 그 말을 듣고 크게 노했다.

"어서 그 자를 잡아들이라. 사람을 모함한 자는 마땅히 죄를 받아야 한다."

사마의는 환범도 잡아들이고 큰칼을 채워 옥에 가두었다. 사마의는 조상 형제와 그에게 가담한 다섯과 환범을 비롯한 일족 1천여 명을 모두 저잣거리로 끌어내어 목을 베었다.

그들이 권세를 이용하여 모은 재산은 모두 빼앗아 나라에 귀속시켰다.

위주(魏主) 조방은 사마의를 승상에 봉하고 구석(九錫)을 내렸다. 사마의가 사양하였으나 조방이 거듭 권하니 사마의도 마지못한 듯 조방의 뜻에 따랐다. 그렇게 되니 이제 위(魏)의 권력은 사마의의 손에 넘어가게 된 셈이었다.

그 후 사마씨(司馬氏) 부자가 위·오·촉 삼국을 통일하고 진(晉)나라를 세운 그들은, 조조의 후손을 번갈아가며 등극시키고 결국 퇴위시켜 권력을 장악했다. 그 음흉함이 조조와 같고 시커먼 속과 뻔뻔함은 유비와 같았다.

사마소는 유선(劉禪)을 안락공(安樂公)에 봉하고 어느 날 크게 잔치를 열어 후주를 대접했다.
사마소는 위나라 음악을 들려주며 넌지시 후주를 떠 보았다. 위나라 음악이 흘러나오자 촉나라의 신하들은 한결같이 서글픈 얼굴로 슬픔을 감추지 못했다. 그러나 후주는 연신 술잔을 기울이며 기뻐하고 있었다.
사마소는 다시 촉나라 사람들을 시켜 촉나라 음악을 연주하게 했다. 그러자 촉나라의 신하들은 모두 눈물을 흘렸으나 유선은 여전히 얼굴에 기쁜 빛을 띤 채 즐거워만 할 뿐이었다.
모두가 술이 불콰해졌을 때 사마소가 가충에게 말했다.
"사람이 생각이 없다 해도 어찌 저토록 될 수 있겠는가? 만약 제갈공명이 살아 있었다 해도 저런 인품으로는 끝내 나라를 지켜내기가 힘들었을 것이다. 그러니 강유 따위야 말해 무엇 하겠는가?"

그렇게 말한 사마소가 후주를 가까이 불러 물었다.

"서촉이 그립지 않으시오?"

"이토록 즐겁게 지내니 고향 생각이 나지 않습니다."

유선이 그렇게 대답했다. 도저히 한 나라의 임금이었던 사람이라고 믿어지지 않는 언행이었다.

그런 일이 있은 지 얼마 후, 후주가 옷을 갈아입기 위해 밖으로 나가자 극정이 따라나와 눈물을 흘리며 말했다.

"폐하께서는 어찌하여 촉이 생각나지 않는다고 하셨습니까! 만약 다시 묻거든 눈물을 흘리며 '선친의 묘소가 먼 촉 땅에 있으니 서쪽 하늘만 보아도 슬퍼집니다. 하루도 그립지 않은 날이 없습니다' 하고 대답하십시오. 그러면 진공(晉公)은 틀림없이 폐하를 촉으로 돌려보내 줄 것입니다."

후주는 그 말을 가슴에 새기고 다시 잔치 자리로 돌아왔다. 다시 술이 몇 순배 돌고 불콰하게 취했을 때였다. 사마소가 다시 후주에게 물었다.

"촉땅이 생각나지 않는다니, 정말이시오?"

후주는 극정이 이른 대로 눈물을 흘리려 했으나 눈물이 나오지 않아 눈을 감고 극정이 시킨 말을 더듬거렸다.

"……하루도 그립지 않은 날이 없습니다."

그런 유선을 보자 사마소가 다시금 물었다.

"어찌하여 극정이 한 말과 똑같소? 극정이 그렇게 말하라고 일렀소?"

그 말에 유선이 깜짝 놀랐다. 사마소가 후주와 극정이 별실로 들어갔을 때 가만히 사람을 보내 엿듣게 한 것이었다. 후주 유선이 황망히 몸을 굽히며 사마소에게 대답했다.
"네, 실은 말씀하신 바와 같습니다."
 그 말에 사마소와 좌우에 있던 문무백관들이 크게 소리내어 웃었다. 후주 유선의 암우함을 다시 한 번 드러내는 것을 보고 비웃은 것이었다. 그 일이 있고 난 후부터 사마소는 후주를 의심하지 않은 채 내쳐두었으니 유선은 그 뒤로는 평안히 남은 생을 마칠 수 있었다.
 사마소가 서촉을 거두어들이자 조정 대신들은 그 공을 내세워 왕으로 높이려고 위주(魏主) 조환(曹奐)에게 표문을 올렸다. 그때 이미 조환은 이름뿐인 천자였다.
 모든 정사는 사마씨(司馬氏)의 손에 있으니 그 표문에 좇지 않을 수 없어 사마소를 진왕(晉王)으로 삼고 사마소의 아버지 사마의에게 선왕(宣王), 그의 형 사마사에게는 경왕(景王)이라는 시호를 내렸다.

 사마소의 아내는 왕숙(王肅)의 딸로서 아내 왕씨(王氏)와의 사이에 두 아들을 두었다. 큰아들은 사마염(司馬炎)이요, 둘째 아들은 사마유(司馬攸)였다.
 사마염은 원래 기상이나 풍채가 기이한 호걸이었다. 머리칼이 땅에 늘어졌으며, 두 손이 무릎까지 닿을 정도로 팔이 긴데다 총명하고 담이 뛰어났다. 사마유는 그런 형과는 달리 성정이 부드럽고 따뜻할 뿐 아니라, 몸가짐이 공손하며 효성 또한 지극했다.

 그 후 사마소는 어느 날 갑자기 중풍을 맞고 쓰러지면서 여러 대신들을 향해 손가락으로 태자 사마염(司馬炎)을 가리키며 죽었다.

 사마소가 죽자 하증이 태자 세울 일부터 서둘렀다.

 "천하 대사가 모두 진왕(晉王)에게 달려 있소이다. 먼저 태자를 세워 진왕으로 받든 후 장례를 치르는 게 좋겠습니다."

 하증의 말에 조정 대신들은 이의가 없었다. 그날로 사마염을 진왕으로 세웠다. 진왕에 오른 사마염은 아비 사마소를 장사 지낸 뒤 가충과 배수를 궁 안으로 불러들이고 물었다.

 "지난날 조조가 말하기를 '만약 천명(天命)이 내게 있다면 나는 주문왕(周文王)이 될 수 있지 않겠는가?' 하고 말했다 한다. 과연 그런 말을 한 적이 있는가?"

 가충이 그 물음에 대답했다.

 "조조는 대대로 한(漢)나라의 녹을 먹었는데 역적이라는 이름을 면하려 그렇게 말했습니다. 그러나 실은 그의 아들 조비로 하여금 천자를 삼으려고 그렇게 말한 것입니다."

 그러자 사마염이 넌지시 다시 물었다.

 "고(孤)의 부왕(父王)은 조조에 비하여 어떻다 보는가?"

 사마염이 그렇게 물으니 가충이 그 속마음을 알아채지 못할 리 없었다. 듣기 좋은 말로 사마염의 부왕을 치켜세웠다.

 "조조는 비록 공이 화하(華夏, 중원(中原))를 뒤덮었다 하나 백성들은 그 위엄에 눌려 두려워할 뿐 그 덕에 따른 것은 아니었습니다. 뒤에 조비가 그 뒤를 이었을 때 백성들을 끌어다 부려 고초를 겪게 했으며, 밖으로 군사를 내어 싸움을 벌이니 하루도 편안한 날이 없었습니다. 그러나 뒤에 선왕(宣王, 사마의)·경왕(景王, 사마사)께서 여러 번 공을 이루시고 천하에 은덕을 베푸시니 백성들의 마음이 이미 두 분께 기운 지 오래입니다. 문왕(文王, 사마소)께서는 서촉을 거두어 그 공이 온 땅을 뒤덮었는데 조조가 어찌 문왕께 비할 수 있겠습니까?"

사마염은 그 말에 크게 기뻐하며 고개를 끄덕이더니 말했다.

"조비가 한나라의 대통(大統)을 이었는데 어찌 고(孤)는 위의 대통을 잊지 못하겠는가!"

사마염이 그렇게 속마음을 밝히자 가충과 배수가 임금을 대하는 예로 두 번 절을 올린 후 권했다.

"전하께서는 마땅히 조비가 한(漢)을 이어받은 옛 일을 본받도록 하십시오. 수선대(受禪臺)를 쌓아 천하에 널리 알리시고 대위(大位)에 나아가십시오."

사마의는 신하들이 그렇게 권하자 더 이상 머뭇거리지 않았다. 다음 날이 되자, 사마염은 칼을 찬 채 궁궐로 들어갔다.

그 무렵, 위주 조환은 매일 조회도 열지 않고 있었다. 어쩐 일인지 마음이 어지럽고 몸마저 편안치 못했다.

그때 사마염이 칼을 찬 채 성큼성큼 들어왔다. 조환은 황망히 용상에서 내려와 사마염을 맞았다. 사마염은 조환을 보자 대뜸 물었다.

"위(魏)나라의 천하는 누구의 힘으로 이룩되었다고 여기시오?"

심상치 않은 그 물음에 조환이 두려움에 떨며 대답했다.

"모두 진왕(晉王)의 부친과 조부(祖父)의 힘에 의한 것입니다."

그러자 사마의가 까닭 없이 웃으며 물었다.

"내가 보건대 폐하의 문(文)도 도(道)를 말할 만한 정도가 되지 못하며, 무(武)도 나라를 이끌어 갈 만큼 밝지가 못합니다. 그런데도 어찌하여 슬기롭고 덕 있는 이에게 자리를 물려주지 않으시오?"

실로 오만불손하기 짝이 없는 말이었다.

사마염이 천자의 자리를 자기에게 내놓으라고 윽박지르니 조환은 몹시 놀라 몸만 떨 뿐 감히 입을 열지 못하고 있었다. 그러자 그 자리에 있던 황문시랑(黃門侍郎) 장절(張節)이 보다 못해 사마염을 만류했다.

"진왕의 말씀은 옳지 못합니다. 옛날 위무황제(魏武皇帝, 조조)께서 동·서·남을 평정하고 이어 북쪽을 쳐서 이 나라를 일으킨 것입니다. 그러니 이 천하가 결코 쉽게 얻어진 것이 아니었습니다. 거기다 지금의 천자께서는 오로지 덕(德)이 있을 뿐 아무런 허물이 없으신데 어찌하여 자리를 물려주라 하십니까?"

사마염은 크게 노한 얼굴로 장절에게 소리쳤다.

"이 나라는 원래 대한(大漢) 것이었다. 그런데 조조가 천자를 내세워 천하 제후들을 호령하다가 마침내 스스로 위왕이 되어 황실(皇室)을 빼앗은 것이다. 그런데 우리 아버지, 할아버지는 3대에 걸쳐 위(魏)를 보좌하여 오늘이 있게 하였다. 오늘날 위가 천하를 얻게 된 것은 조씨(曹氏)의 힘이 아니라 실은 우리 사마씨(司馬氏)의 힘에 의한 것임을 온 세상이 다 아는 일이다. 그런데 어찌하여 내가 그런 위나라를 물려받을 수 없다는 말인가?"

사마염의 호통에도 장절이 물러나지 않고 맞섰다.

"그런 짓을 한다면 그건 바로 이 나라를 빼앗는 역적이 될 것이오."

사마염은 더욱 화를 내며 외쳤다.

"그렇다면 나는 한(漢)의 원수를 갚겠다. 그런데도 네가 어찌 나를 막을 수 있겠느냐?"

그렇게 외친 사마염은 주위의 무사들에게 명해 장절을 죽이게 했다. 무사들은 사마염의 명을 받자 장절을 끌어내 몽둥이로 때려죽였다.

그 모습을 본 조환은 몸을 떨며 사마염 앞에 무릎을 꿇고 흐느껴 울며 빌었다. 그러자 사마염은 아무 말 없이 벌떡 자리에서 일어나더니 전각 밖으로 나가버렸다.

조환은 그 자리에 있던 가충과 배수를 보며 물었다.

"일이 매우 급하게 되었소. 이제 나는 어떻게 해야 되겠소?"

가충이 조환에게 권했다.

"이제 하늘이 내린 운이 다했으니 폐하께서는 하늘의 뜻을 거스르지 마십시오. 마땅히 한(漢)의 헌제가 그러했듯이 옛 일을 본받아 진왕에게 대위를 물려주십시오. 이는 곧 위로는 하늘의 뜻을 받들고 아래로는 백성들의 뜻을 따름이요, 그것이 곧 폐하께서 앞으로 아무런 근심 없이 편안히 계실 수 있는 길입니다."

이미 허수아비에 지나지 않는 조환이 아닌가, 조환은 가충의 말에 따를 수밖에 없었다. 가충에게 수선대를 쌓게 하고, 12월 갑자일(甲子日)로 날을 잡아 대례(大禮)를 갖춰 제위를 진왕에게 물려주었다.

모든 문무백관들을 모아놓고 수선대에 오른 위주 조환이 몸소 전국(傳國)의 옥새를 사마염에게 바쳤다.

이로써 선대 조비가 죽고 45년 뒤에 그의 손자 조환마저도 마침내 조비처럼 제위의 자리에서 쫓겨나고 말았다.

훗날 사람이 그 일을 시로 지어 탄식했다.

위는 한을 빼앗고, 진이 위를 빼앗으니
魏吞漢室晉吞曹
돌고 도는 하늘의 이치 피할 길 없네.
天運循環不可逃
가련하다. 장절이 충성을 받쳐 죽었으나
張節可憐忠國死
한 손으로 어찌 높은 태산을 막을 수 있으랴.
一拳怎障泰山高

사마염에게 옥새를 바친 조환은 수선대를 내려와 대신들과 같은 옷차림으로 바꿔 입고 문무백관들의 앞쪽에 섞여 서 있었다.

사마염이 수선대 위에 높이 앉아 있는데 가충과 배수가 칼을 짚고 그 좌우에 서 있다가 사마염의 영을 받들게 했다.

"조환은 두 번 절하고 땅에 엎드려 폐하의 영을 받들라."

조환이 영에 따르자 가충이 다시 영을 전했다.

"한(漢) 건안 25년, 위(魏)나라가 한나라로부터 천하를 이어받은 지 이미 45년이 지났다. 이제 위나라는 하늘이 내리신 복록이 다하고 하늘의 뜻은 진(晉)으로 넘어왔다. 사마씨(司馬氏)는 그 공덕이 하늘과 땅에 가득하여 가히 황제의 제위에 오를 만하니 이제 위를 물려받는다. 너는 진류왕(陳留王)에 봉할 터인즉 금용성(金墉城)에 가서 살되 천자의 부름이 없으면 결코 도성에 들어와서는 아니 될 것이다."

이에 조환은 슬피 울며 절을 올리고 물러났다.

태부(太傅) 사마부(司馬孚)가 떠나는 조환의 앞에 엎드려 절하며 통곡했다.

"신은 위(魏)나라의 신하였습니다. 끝내 위를 저버리지 않겠습니다."

사마염은 그를 보자 같은 사마씨(司馬氏)라 그가 더욱 괘씸했다. 그러나 짐짓 천자의 너그러움을 베풀어 그를 안평왕(安平王)으로 봉했다. 그러나 사마부는 두 임금을 섬길 수 없다고 하며 끝내 물리쳤다.

이날 문무백관들은 대 아래서 두 번 절하고 세 번 만세를 외쳐 위(魏)나라를 이은 진(晉)에 충성을 다짐했다.

사마염은 국호를 위 대신 대진(大晉)이라 바꾸고 연호를 태시(太始) 원년이라 삼고 천하에 대사령(大赦令)을 내렸다.

그리하여 위나라는 마침내 종말을 고한 것이었다.

옛사람들이 허망한 위나라의 종말과 조비에게 한(漢)의 헌제가 쫓겨난 일이 되풀이되는 일을 시로 지어 남겼다.

진나라 하는 것 위와 같구나
晉國規模如魏王
진류왕도 끝내 산양공 닮았네
陳留踪跡似山陽
수선대 앞에서 물려줌이 되풀이되니
重行受禪臺前事
되돌아보며 그때의 무상함을 따르네.
回首當年止自傷

※ 산양공〔山陽公, 조비에게 쫓겨난 한(漢)나라의 헌제가 받았던 위(位)〕

항우와 유방의 후흑학

『후흑학』의 저자 이종오는 앞서 열거한 인물들과 관련된 고사를 연구한 끝에 천고에 전해지지 않은 하나의 비결을 찾아냈노라 고백하면서 전 역사를 하나로 꿸 수 있는 것은 '후흑' 뿐임을 밝힌다.

그러면서 그는 '역발산기개세(力拔山氣蓋世)'의 영웅 항우(項羽)가 죽은 후 왜 그는 천하사람들의 웃음거리가 되었을까에 대한 고사를 예로 든다.

"내 한 몸 살기 위해 강을 건너야 한단 말인가? 아, 하늘이 원망스럽다. 하늘이 이미 이 몸을 버렸거늘……, 강동으로 돌아간들 무슨 소용이겠느냐? 지난날 뜻을 세워 이 강을 건널 때는 8천의 군사를 이끌었으나 이제는 다 죽고 나 혼자 돌아간다면 강동의 부로(父老)들이 얼마나 나를 원망하겠느냐? 설사 나를 동정해서 임금으로 섬긴다한들, 무슨 면목으로 그 사람들을 대면할 수 있단 말이냐?"

진시황(秦始皇)이 죽은 후 진나라는 15년 만에 멸망했다. 이때 천하를 양분하여 초나라의 항우와 한나라의 유방이 천하의 패권을 놓고 3년을 싸웠다.

항우는 무용이 뛰어나 전쟁에서 거의 진 적이 없이 싸움에서 이겼으나 지략의 군사 범증(范增) 하나마저 거느리지 못하고 반간계(反間計)에 걸려 내몬 것이 치명타였다.

또 하나는 전력을 보충할 수 있는 후방의 보급망이 확보되지 않아 후반기에 접어들면서 열세에 놓였다. 그러나 가장 중요한 것은 자신의 신분과 역량에 대해 지나치게 과신한 나머지 참모의 의견을 무시하고 항복한 진나라 군사 20만을 몰살시키는 대학살을 저질렀을 뿐만 아니라 변화하는 민심을 제대로 파악하지 못해 백성들이 등을 돌렸기 때문이다.

범증은 행군 도중 항복군의 수효가 많다는 것이 걱정되었다. 이들이 반란을 일으킨다면 걷잡을 수 없으리라는 생각이 든 것이다. 그래서 항복군 속에 첩자를 두어 동태를 살필 것을 항우에게 말했다.

항우 또한 그것을 염려하던 터라 범증의 의견을 받아들였다.

그러면서 그의 머릿속에 순간적으로 파고드는 생각이 있었다.

'이 많은 항복군을 언제까지나 끌고 다닐 수도 없잖은가? 싸움에 투입하는 것도 쉽지 않을 것이다. 그렇다면?'

여기에까지 생각이 미치자 항우는 몇몇 첩자에 은밀히 지시했다.

"너희들은 불순한 자들을 끌어들여 반란을 부추겨라."

첩자들은 항우로부터 지시를 받은 후 항복군 속으로 사라졌다. 그리고 보면 반란 모의가 이들로부터 시작되었다고 할 수 있었다.

마침내 첩자들의 정보가 항우의 귀에 들어갔다.

"우리가 예상한 대로 진병들은 반란의 음모를 꾸미고 있소."

항우가 범증에게 말했다. 이에 범증은 놀라움을 금치 못하며 항우에게 물었다.

"어찌 하시겠습니까?"

"진병을 쓸어 없애야 하지 않겠소?"

범증은 항우의 눈 속에 번뜩이는 살기를 보며 섬뜩함을 느꼈다. 항우는 그럴 수 있을 것이었다. 형양에서도 수천의 포로를 생매장한 항우가 아닌가.

"그렇다면 진병을 몽땅……?"

"장한과 사마흔과 동예만은 살려 둡시다. 그 외에는 아무 쓸모가 없소. 포로가 20만이고 보니 맨주먹이라 하더라도 그 기세는 대단할 것이오. 관중 입성 도중에 그들이 반란을 일으킨다면 우리에게는 치명적이오."

범증은 어떻게 말을 해야 할지 몰랐다. 범증으로서는 투항군을 죽인다는 것은 있을 수 없는 일이었다. 그러나 자기가 반대한다고 해서 항우가 들어줄 것 같지 않았다.

범증은 항우의 몸속에는 바싹 마른 섶이 쌓여 있다고 생각해 왔다. 그 섶에 한번 불길이 당기면 이성이 마비되었다. 오직 포악성만이 불길처럼 타오를 뿐이었다.

항우가 영포 장군을 불렀다.

범증은 앞으로 일어날 일에 아찔함을 느끼며 자리를 피했다.

항우가 영포에게 귀엣말로 명령을 내렸다. 영포의 눈이 휘둥그레지더니 꾹 감겼다.

"알았습니다."

다시 눈을 뜰 때 문신이 새겨진 이마가 꿈틀거렸다. 영포는 문신만으로도 지옥의 사자로 보였다.

진의 항복군 야영지는 황토 골짜기 낭떠러지 위였다. 날씨가 덥기 때문에 바람기가 있는 그곳에 자리잡은 것이다.

밤이 되었다. 하늘에 구름이 끼어 달빛도 별빛도 없는 어둠이 사방에 잦아들기 시작했다. 그 어둠속에서 항복군 몇 명이 모여앉아 수군거렸다.

"연락은 되었나?"

"내일 밤에 모두 일어서기로 했소."

"무기가 문제로군."

"초군놈들이 잠이 들었을 때 일거에 들이닥쳐 죽이면 무기는 우리 것이 될 것이오."

바로 그때 횃불을 든 초군의 장수가 달려와 소리쳤다.

"진의 수비대가 부근에 나타났다는 정보가 있다. 혹시 기습해 올지도 모르니 깊은 잠에 들지 말고 밖이 소란하면 모두 뛰어나와 피신할 준비를 갖추어라!"

초군 장수가 돌아가자 진의 항복군은 더욱 신이 나서 반란 모의를 했다.

한밤중이었다. 갑자기 밖이 소란해지더니 어둠속에서 초군의 고함이 들려왔다.

"진의 군사다! 적이다! 빨리 피신하라."

잠을 자지 않고 있던 진의 항복군은 때가 왔다고 생각했다. 내일 밤까지 기다릴 필요가 없었다. 진의 군사가 습격해 올 때를 기다려 합세하여 초군을 쳐부수면 될 것이다.

"와아……"

함성이 가까이 들려왔다. 그리고 어둠속에 나타난 군사들이 초군 야영지 쪽으로 몰려갔다. 항복군은 그들이 분명 진군이라고 생각했다. 그래서 그들 쪽으로 뛰어가며 소리쳤다.

"우리는 포로로 잡힌 진군이오. 우리도 초군을 치겠소!"

드디어 항복군의 행동이 시작되었다.

그때였다.

달려가던 군사들이 멈춰 서는가 싶더니 갑자기 여기저기에 횃불이 켜졌다. 항복군은 불빛에 드러난 영포의 얼굴을 보았다. 그 뒤와 좌우에는 수많은 초군이 항복군을 향해 창칼을 겨누고 있었다.

"반란자들을 모조리 해치워라!"

영포가 초군을 내몰았다.

"와아!"

초군은 함성과 함께 진의 항복군을 향해 창칼을 휘두르며 밀고 들어갔다. 항복군은 그 창칼을 피해 뒤로 밀렸다. 그러나 그들의 뒤는 천애의 낭떠러지였다.

항복한 군은 지척을 분간할 수 없는 어둠속에서 창칼에 찔려 죽는가 하면, 대부분 뒤로 밀려서 낭떠러지 아래로 떨어져 내렸다.

그 밤의 상황은 문자 그대로 아비규환(阿鼻叫喚)이었다. 20여만 명의 인간이 죽음의 나락(奈落)으로 떨어져 내린 것이다.

날이 밝았다.

항우가 장수들과 함께 낭떠러지 위에 나타났다. 골짜기에서는 아직 목숨이 붙어 있는 자들의 신음소리가 들려왔다.

"남은 놈이 있느냐?"

항우의 목소리는 차가웠다.

"없습니다. 살아 있는 놈은 모조리 낭떠러지 아래로 던져버렸습니다."

영포가 대답했다.

"살아 있는 놈이건 죽은 놈이건 다 묻어라."

항우의 명령이 떨어지기가 무섭게 초군은 돌과 흙을 골짜기 아래로 퍼 쏟아 내렸다.

그렇게 20여만의 목숨은 묻혔다. 그 일은 며칠간이나 계속되었다.

"나는 용맹하다는 장한군을 모조리 쓸어버렸다."

항우는 초군 앞에서 외쳤다.

장한은 며칠 후에야 자신의 군사가 모두 흙 속에 생매장당했다는 것을 알았다. 그는 넋이 나간 얼굴로 칼을 빼들었다. 그러나 그 손은 사시나무처럼 떨리기만 했을 뿐 다음 행동으로 이어지지 않았다. 결국 칼은 바닥에 떨어졌다.

"아, 나는 왜 죽지도 못하는 것이냐."

그것은 자기를 향한 통곡이었다.

그 이후로 장한에게서는 지난날의 패기를 찾아볼 수 없었다. 항우에게 자기 부하를 죽인 것에 대한 항의도 하지 못했다.

사마흔과 동예도 장한이 한 행동과 별로 다르지 않았다. 아니, 자살할 충동마저 느끼지 않은 것 같았다. 오히려 항우에게 더욱 굽실거렸다.

그러나 천하의 인심은 이때부터 항우에게서 등을 돌리기 시작했다. 아무리 그들이 진군이었다고는 하지만 그 야차(夜叉)와 같은 항우의 잔악함에 초나라 사람들마저 고개를 저었다.

"범증이 말렸어야 했는데……."

초나라 사람 중에는 나이 많고 지략 있는 범증을 탓하는 이들도 있었다.

항복군 20여만 명을 생매장한 항우의 잔혹함에 가장 분노한 것은 진나라 사람들이었다. 그러나 항우는 그런 것을 개의치 않았다.

제1편 후흑학(厚黑學) 115

결국 항우는 해하(垓下) 성녀산(聖女山) 기슭에서 한신이 이끄는 백만 대군의 십면매복(十面埋伏)과 장량의 퉁소소리, 사면초가(四面楚歌)에 빠져 사랑하는 애첩 우미인(虞美人)마저 지켜주지 못하고 자결함으로써 파란만장한 생을 마감한다.

그는 한신(韓信)이 지적한 바와 같이 '부인지인(婦人之仁) 필부지용(匹夫之勇)', 한낱 부인네가 가지는 인정과 필부의 용맹에 불과했다.

'항우는 자기 부하를 사랑하는 인정은 있으나 그들이 세운 공에 대해 땅을 주거나 벼슬을 내리는 것에는 주저하고 인색했다. 어차피 내려야 할 인(印)을 내주지 않고 손에 쥐고만 있다가 결국 닳아 못쓰게 만드는 경우와 같다. 사람됨이 그토록 인색하니 어찌 부인의 인(仁)이라 아니할 수 있겠는가?'

'부인지인'이란 불인(不仁)을 참지 못하는 것으로 그 병의 근원은 속마음이 시커멓지 못한 데 있다. '필부지용'은 수모를 참지 못하는 것이니 그 병의 근원은 뻔뻔함과 음흉하지 못한 데 있다.

항우가 '홍문(鴻門)의 회(會)'에서 유방의 목을 쳐 죽였더라면 황제의 자리를 차지할 수 있었을 것이다. 그러나 그는 후세에 욕을 먹을까 두려워 망설이다 유방이 도망치는 것을 방치했다.

이때 항우의 군사였던 범증이 유방을 죽이지 않으면 훗날 화가 있을 것으로 생각하고 그를 제거하기 위해 '홍문의 연회'를 마련했던 것이다.

그러나 항우는 처음에는 유방을 죽일 생각이었으나 후세 사가(史家)들의 비판을 두려워하여 끝내 결정을 못 내리고 실행에 옮기지 못했다. 이틈을 타 유방은 도망을 쳐 훗날 천하를 거머쥐었다.

또한 항우가 해하(垓下)의 싸움에서 패했을 때에도 만일 오강(烏江)을 건너 권토중래(捲土重來)를 노렸다면 천하가 누구의 수중에 떨어질지 모를 일이었다.

여기에서 사마천과 한신, 이종오 등은 항우의 이런 속좁은 태도를 비판하는 것이다.

사마천은 『사기(史記)』에서 '자신의 힘과 지혜만을 믿고 천하를 경영하려다 5년 만에 나라를 망치고 죽게 된 마당에도 항우는 자신 스스로의 잘못을 깨닫지 못하고, '하늘이 자신을 버렸다고 원망한 것은 잘못이다' 라고 지적한다.

"이는 하늘이 나를 멸망시킨 것이지 내가 결코 싸움에 약했기 때문이 아니다(此天亡我 非戰之罪)."

사실 항우는 사마천의 지적대로 스스로 자만에 빠져 최선을 다하지 못한 점을 조금도 반성하지 않았다.

천명은 승자의 것이라는 것이 만고의 진리이다.

사마천은 『사기』에서 유방의 관상을 '융준용안(隆准龍顔)' 이라고 표현했고, 항우는 '중동자(重瞳子)' 라고 표현했다. 여기에서 융중용안은 콧날인 준두(準頭)가 오뚝하고 얼굴이 용의 형상처럼 훤칠한 것을 말하고, 중동자는 눈동자가 두 겹인 경우를 말한다.

한 번은 항우가 '천하가 어지러운 지 오래 되었다. 이제 세상은 나와 당신 두 사람뿐이니 우리 둘이서 장웅을 겨루어 결판을 내자!'고 했다. 그러자 유방은 '나는 지혜를 겨룰지언정 힘으로 다툴 생각은 없소이다.' 하였다.

그리고 항우가 자신의 처와 부친을 인질로 잡아 큰 가마솥을 걸어놓고 삶아 죽이겠다고 하자, 오히려 유방은 태연하게 '그 국 한 사발을 나누어 달라'고 요청했다.

항우는 태공을 태운 수레를 앞세우고 한(漢)의 진영으로 나아갔다. 그리고 소리쳤다.

"유방, 이번이 마지막 기회임을 명심하라. 군사를 물리지 않으면 너의 아비를 가마솥에 처박을 것이다."

한왕은 태공이 묶여 있는 옆에 기름이 끓는 가마솥이 있는 것을 보자 가슴이 미어지는 듯했다.

장량이 그런 한왕에게 말했다.

"너무 상심하지 마십시오. 얼굴빛 하나 변치 말고 태연하게 제가 말씀드리는 대로만 하옵소서."

장량이 계책을 일러주자 한왕은 다시 마음을 굳힌 듯 말을 몰아 군사들 앞으로 나서며 항우에게 소리쳤다.

"초패왕은 지난날 회왕 앞에서 나와 '형제의 의'를 맺은 일을 진정 잊었는가? 나의 부친은 곧 그대의 부친이기도 하다. 그러니 그대의 마음대로 하라. 일찍이 나는 누구도 자기 부친을 가마솥에 삶아 죽였다는 말을 들어본 적이 없다. 만약 삶아 죽인다면 그 국물이나 한 사발 나에게 보내주기 바라노라."

한왕의 말에 항우는 어이가 없었다.

"저런 금수만도 못한 놈을 보았나. 여봐라, 어서 태공을 가마솥에 처넣어라!"

초패왕이 화가 나 가마솥 옆에 있는 군사들에게 명했다. 그러자 항백이 황급히 나섰다.

"폐하! 태공을 삶아 죽인다 하여 대세가 달라지지는 않나이다. 지난날 대우(大禹)라는 성인이 있었나이다. 그의 아비는 곤(鯀)으로, 요(堯)임금의 명을 받들어 치수(治水) 공사를 했으나 공을 세우지 못해 마침내 임금께서 그를 죽이라 했나이다. 그러자 그의 아들 대우가 아비의 업을 이어받아 큰 공을 세워 하(夏)나라의 토대를 쌓았나이다. 대우는 공을 세우는 삼 년 동안 세 번이나 자기 집 앞을 지나면서도 집에 들르지 않았나이다. 큰일을 이루려면 그와 같은 대범한 인내가 필요하나이다. 지금 폐하께서 천하를 다투고 계시는 터에 태공을 죽이신다 하여 무슨 이로움이 있겠나이까. 세상 사람들은 오히려 의부(義父)를 죽였다 하여 수군거릴 것이니, 이는 곧 폐하의 이름만 해칠 뿐입니다. 폐하께서 천하에 용맹을 떨치시는 마당에 굳이 한왕 한 사람만을 상대로 이 같은 방법을 택해야 할 까닭이 있나이까? 잠시 군사를 물리시어 본진으로 돌아가 후일을 도모하시는 것이 나을 것입니다."

초패왕은 한동안 입을 다물고 있더니 이윽고 고개를 끄덕이며 말했다.

"백부의 말씀이 옳은 것 같습니다."

초패왕 항우는 군사들을 되돌렸다.

한왕 유방은 어찌해야 할지를 망설였다.

"초패왕의 퇴로를 막고 치면 그를 사로잡을 수 있을 것입니다."

"번쾌가 말했다.

"그렇게 하면 항우는 틀림없이 내 부친을 죽일 것이다."

한왕의 말에 누구도 더는 입을 열지 않았다. 그사이 초군은 광무산 본진으로 돌아갔다.

태공이 다시 항우에게 끌려가는 것을 보며 본진으로 돌아온 한왕은 장량을 향해 목을 놓아 울었다.

"오늘은 무사히 넘겼지만, 언제 항우의 손에 변을 당할지 알 수 없는 일이오. 그런데 나는 그 삶은 국물이나 한 사발 보내달라고 하다니, 이게 어찌 자식된 자가 할 수 있는 소리란 말이오. 나는 이제 천하에 둘도 없는 죄인이 되고 말았소."

그런 한왕을 옆에서 지켜보던 장량이 입을 열었다.

"폐하께서는 진정하십시오. 태공을 구할 방책을 찾고 있습니다. 틀림없이 그 방책이 있을 것입니다."

그 말에 한왕은 귀가 번쩍 뜨이었다.

며칠 후 황우와 유방은 홍구(鴻溝)를 경계로 하여 천하를 나누자는 화친을 맺어 초패왕에게 억류되어 있던 태공과 유방의 아내 여후를 비롯한 그 일족을 인도받게 된다.

그리고 팽성에서 유방은 또 초나라 병사에게 쫓길 때 수레의 무게를 덜기 위해 자신의 친자식인 효혜(孝惠)와 노원(魯元)을 세 번이나 마차에서 떠밀어낸 적이 있었다.

하후영이 말에 연신 채찍질을 해댔다. 말들은 가쁜 숨을 몰아쉬며 헉헉거렸다. 먼 길을 오느라 지칠 대로 지친데다 수레 위에 탄 사람도 넷이나 되지 않는가.
　말의 속력이 점점 느려질 때였다. 유방이 갑자기 아들 효혜를 발로 차 수레 밖으로 밀어냈다. 이어 딸 노원도 수레 밖으로 밀쳤다.
　"주상! 왜 이러시는 것이옵니까?"
　하후영이 깜짝 놀라 소리치며 수레를 세우고는 두 아이를 끌어올려 수레에 태웠다.
　"내가 살지 못하면 이 아이들도 죽는 것이 아닌가?"
　"하지만 아니 되옵니다."
　하후영이 다시 말을 몰자 유방이 또 아이들을 밀쳐냈다.
　"큰일을 도모하기 위해서는 작은 것을 버릴 줄 알아야 한다."
　"그래도 이러시면 아니 되옵니다."

하후영은 다시 아이들을 끌어올렸다. 그러기를 또 한 번. 아이들은 울면서 수레에서 떨어지지 않으려고 버둥거렸다. 한왕 유방이 화가 난 목소리로 소리쳤다.

"하후영, 나를 거역할 셈인가?"

하후영은 그 말에 대꾸도 하지 않고 말을 몰았다.

"아이들이라도 버려야 수레가 더욱 가벼워지지 않겠는가?"

"아무리 위급한 지경이기로서니 어찌 공자와 공주를 버리고 갈 수 있겠사옵니까?"

하후영은 두 아이를 한쪽 팔로 끌어안고 말에 채찍을 휘둘렀다. 아이들은 겁에 질려 더는 울지도 못했다. 효혜의 이마에서는 피까지 흘러내렸다.

"내가 하는 일에 상관치 마라. 또다시 말을 세운다면 그때는 네 목을 베겠다."

말이 달리자 또다시 한왕은 두 자식을 수레 밖으로 밀어 떨어뜨렸다. 하후영은 말을 멈추고 다시 그들을 태우면서 단호히 말했다.

"제 목이 날아간다 해도 다시 태우겠사옵니다!"

한왕은 결국 두 자식을 밀어내는 일을 그만두었다. 그렇다고 하후영을 벨 수도 없었다. 그의 목을 베면 누가 말을 몰 것인가.

한신과 범증의 어리석음

그 후 유방은 항우를 격파하고 천하를 평정하는데 결정적인 공헌을 한 한신(韓信)과 팽월(彭越)을 죽였다.

곧 '새를 잡으면 활을 광 속에 넣어두고 토끼를 잡고나면 사냥개를 삶아 먹는다(鳥盡弓藏 兎死狗烹)'였다.

한신과 팽월의 죽음도 개국 후에 흔히 나타나는 '토사구팽'의 전형적인 실례였다.

일찍이 한신은 제왕(齊王)이었을 당시, 그의 참모인 괴통(蒯通)의 진언을 거부한 채 태연히 대처하다가 결국 모반죄에 걸려 비참한 최후를 맞이한다.

한신이 제나라를 평정하여 왕이 되었을 때 괴통이 찾아와 천하의 삼분지계(三分之計)를 논하며 독립할 것을 권유하였다.

"대왕께서 한나라를 택한다면 한이 승리할 것이고, 초의 편에 서면 초나라가 이깁니다. 결론적으로 말하면 대왕께서는 초(楚)든 한(漢)이든 어느 편을 들어서도 안 됩니다. 대왕은 영민하시며 대군을 거느리고 계십니다. 이곳 제나라에서 연나라와 조나라를 장악하고 더 멀리 주인 없는 땅으로 나아가 한과 초의 후방을 제압하시면, 자연히 초와 한의 전쟁도 끝이 나고 천하는 3분(三分)됩니다. 이러한 솥발(鼎足) 같은 형세는 어느 누구도 감히 움직이지 못하게 되는 모양새입니다. 이것은 대왕께 하늘이 준 기회입니다. 하늘이 주는 것을 받지 않으면 도리어 벌을 받고, 때가 주어졌는 데도 실행치 않으면 화가 미친다고 들었습니다. 대왕께서는 이를 잘 판단해야 하옵니다."

한신은 괴통의 말이 옳을지도 모른다고 생각했다. 그러나 선뜻 받아들일 수는 없었다. 한신은 잠시 눈을 감고 생각한 후 입을 열었다.

"한왕(漢王)은 지금까지 나를 후하게 대접했네. 내가 들어 알기로는 남의 수레를 타는 자는 그의 근심을 제 몸에 싣고, 남의 옷을 입은 자는 옷 주인의 걱정을 자기의 가슴에 품으며, 남의 밥을 먹는 자는 밥의 주인과 죽음을 같이한다 했네. 한왕이 지금 곤경에 처해 있는데 어찌 나만의 유익을 생각하여 의리를 저버릴 수 있겠는가?"

"그것은 잘못된 생각입니다. 사람의 의리가 영원불변하리라고 생각하는 것은 착각입니다. 근자에 있었던 위나라 출신 장이와 진여의 경우만 보아도 그렇습니다. 그들의 문경지교(刎頸

之交)는 세상에도 널리 알려져 있었습니다. 그들이 벼슬을 가지지 않았을 때는 서로를 위해 목숨을 받쳐도 후회하지 않을 정도로 막역한 사이였습니다. 그런데도 이해가 얽히게 되자 서로를 원망하며 죽이는 일을 서슴지 않았사옵니다."

"어찌 나와 한왕 사이를 그리 보는가?"

"부디 깊이 생각하여 판단하셔야 합니다. 옛적 대부 문종(大夫文鍾)과 범려(范蠡)라는 자는 망해가는 월나라를 구해 월왕 구천을 패자(覇者)로 만드는 공을 세웠으나 결국 그들은 죽임을 당했습니다. 자고로 토끼를 잡고 나면 사냥개를 없앤다[兎死狗烹] 했으며, 적국을 치고 나면 모신은 버림을 받는다[敵國破謀臣亡] 했습니다. 그뿐입니까? 용기와 계략이 주인을 능가하면 신상이 위태로워진다[勇略震主者身危]는 옛글도 있습니다. 대왕과 한왕의 관계가 친밀하다 하나 우정으로 치자면 장이와 진여보다 못할 것이며, 충성과 신의를 말한다 해도 대부 문종과 범려가 월왕 구천에게 했던 것만은 못할 것이옵니다."

"그럴까?"

한신의 머릿속은 혼란스러웠다.

"지금까지 쌓아온 대왕의 용략과 세력은 한왕이나 초패왕에 못지않습니다. 그런 대왕께서 초에 귀속한다 할지라도 초패왕은 마음속으로 믿지 못할 것이며, 한에 귀속해도 한왕은 은근히 두려워할 것입니다. 그런 대왕께서 누구 밑에 있을 수 있겠습니까. 신하의 위치에 있으면서도 군주를 떨게 하는 위력을 지닌 데다 명성까지 천하에 드높으니 한과 초가 겨루다가 그

중 하나가 망하고 천하가 통일된다면 그 후 대왕의 운명은 아무도 점칠 수 없사옵니다."

한신은 자신의 앞날을 내다보는 것 같아 가슴이 철렁 내려앉는 것 같았다.

"그대의 말이 내 가슴속에 와 닿네. 그러나 좀더 생각해 볼 시간을 주게."

"그러나 괴통은 물러가지 않고 결단을 촉구했다.

"망설임과 의심은 대사를 이루는데 방해가 됩니다. 결단을 내려야 할 때임에도 이를 미루면 백사(百事)의 화근이 되옵니다. 그래서 맹호라 해도 어물대고만 있으면 벌이나 전갈만큼의 위력도 없으며, 준마라 해도 주춤거리고 있으면 느릿느릿 걷는 늙은 말보다 못하다 했나이다. 또한 요순과 같은 성군의 지혜가 있다 해도 입을 다물고 있으면 벙어리의 손짓이나 발짓만도 못하다 했나이다. 이 모든 것들이 생각보다 실행의 중요성을 말해주고 있사옵니다. 대왕의 망설임은 소신의 마음까지 답답하게 하여 드리는 말씀이옵니다."

"그만. 그대의 말이 틀리지 않네. 하지만……."

한신의 머릿속에 한왕 유방이 떠올랐다. 한때 자기에게서 대장군의 인부를 거두어들이기는 했으나 항상 믿어주었으며 대군까지도 서슴없이 맡긴 한왕이었다.

결국 한신은 망설이다가 기회를 잃고 천하가 통일된 후 모반죄에 걸려 유방이 아닌 여황후에 의해 죽음을 맞이하여 후회

한들 소용이 없었다.

"역적 한신은 듣거라. 황제께서 하찮은 너에게 대원수의 큰 벼슬을 내려 따르게 하셨다. 그리하여 네가 공을 세우자 제왕(齊王)에 봉하신 후 다시 초왕(楚王)에 봉하시는 큰 은혜를 베푸셨다. 그런데도 너는 황제를 거스르려 했고, 황제께서는 운몽(雲夢)까지 납시어 너를 사로잡아 오셨다. 황제가 너의 죄를 다스려야 마땅함에도 지난날의 공을 참작해 죽이지 않고 회음후에 봉해 편히 쉬게 하며 근신토록 하지 않았는가. 그런데 너는 황제의 성은에 보답하기는커녕 진희와 내통하여 또다시 모반을 꾸몄으니 하늘도 너의 죄를 용서치 않으리라!"

추상같은 여황후의 호령이었다.

한신은 정신이 아득했다. 지난날의 일을 시시콜콜 모두 들추어내자 변명할 여지도 없었다.

한신이 말없이 고개를 떨어뜨리자 여황후는 그가 정말로 모반을 꾀했음을 알고 불같이 노하여 소리쳤다.

"어서 저놈을 끌어내 목을 베고, 저 자의 삼족(三族)도 모두 잡아들여 목을 베도록 하라!"

한신은 하늘을 우러러 탄식했다.

'아! 내가 괴통의 계략을 쓰지 않아 마침내 목숨마저 잃게 되는구나. 이것이 천명인가.'

지난날 백만 대군을 거느리고 천하를 호령했으며 항우마저도 벌벌 떨게 했던 명장 한신이었다. 그러나 후회하기에는 이미 때가 너무 늦었다!

　유방의 속마음이 시커멓고 뻔뻔함과 음흉함은 다른 사람과는 천양지차로 달랐다.
　'태어날 때부터 자연스러워 마음내키는 대로 해도 결코 시커먼 속마음의 법도를 어긋난 적이 없다.'
　그의 뻔뻔함을 말하려면 그의 내력을 살펴볼 필요가 있다.
　유방이 패(沛) 땅에서 건달노릇을 할 때 현청에서 거부이자 세력가인 여공(呂公)의 환영연을 열었다.
　그 환영연에는 지방의 인사들을 초대하였는데 유방은 초대장도 없이 빈털터리인 주제에 떡하니 일만 전을 선물로 내겠다며 목간에 적고 제일 상석에 앉아 환영연 주인공인 여공의 환대를 받았다.
　여공은 유방을 본 후 자신의 딸과 혼인하게 하고 행정구역의 말직이나마 정장(亭長)자리에 앉혔다. 이로써 온 마을사람들과 집안 식구들로부터 백수건달이라고 눈총을 받던 유방이 관리가 되었다.
　'용이 하늘로 올라가기 위한 발판이다.'
　유방은 자신에게 주어진 직책을 놓고 도약을 위한 발판이라 여겼다. 그리고 후일 천하의 기재(奇才) 장량(張良)을 만나게 된다.

　장량의 선조는 전국시대 한(韓)나라의 재상이었다.
　장량은 젊은시절 다리 위에서 노인을 만나 여러 차례 모욕적인 언사와 주문을 끝까지 참아내는 인내심을 보여 그 노인으로부터 병법서인 『삼략(三略)』을 받고 가르침을 받았다.

그 병법서는 주(周)나라 무왕을 도와 주나라를 개국하는데 결정적인 공헌을 한 태공망(太公望) 여상(呂尙)이 지은 책이었다.

장량은 빼어난 재주로 하나를 가르치면 곧바로 깨달았다. 그 노인은 장량이 앞으로 '제왕의 스승'이 될 것임을 믿어 의심치 않았다.

사마천의 『사기』에도,

'장량은 모든 사람들이 자신의 말을 귀담아 듣지 않았는데 오직 유방만 그를 높이 평가하고 따르자, '패공은 하늘이 내린 인물이다'라고 했다.'

고 기록되어 있다.

장량(張良), 자(字)가 자방(子房)인 그는 진(秦) 시황제(始皇帝)에게 망한 한(韓)나라의 오랜 명문 집안에서 태어났다. 조부 장개지(張開地)는 재상이었고, 부친 장평(張平) 또한 재상을 지낸 집안이었다.

한 말기에 도혜왕(悼惠王)을 모셨던 장평은 진에 대해 화전(和戰) 양면책을 쓰다가 과로로 죽었다. 그가 죽은 뒤 한나라는 최후의 왕인 안(安)이 진에 사로잡힘으로써 멸망했으며 진 제국의 영천군(穎川郡)에 속하게 되었다.

'진나라 놈들이 우리나라와 우리 집안을 집어삼켰구나!'

한나라가 진나라에 망했을 때 장량은 아직 어려 관직에 나아갈 나이는 아니었다. 그러나 장량은 진군(秦軍)이 국토를 짓밟는 모습을 두 눈으로 똑똑히 보았다.

당시 그의 집안은 부리는 사람만도 3백여 명이 넘었으며 재산도 많았다.

어린 장량은 진에 대한 증오심이 불같이 타올랐다. 그래서 5대의 선조에 걸쳐 재상을 맡았던 한왕가(韓王家)를 다시 일으키고 조상의 원수를 갚겠다고 결심했다.

'내가 꼭 진을 멸할 것이다!'

그는 복수심을 키워 나갔다.

장량의 외모는 대장부의 기질과는 거리가 멀었다. 병약(病弱)해 보이는데다가 생김새도 고와 여장(女裝)을 한다면 아리따운 소녀로 보일 정도였다.

그러나 장량의 기개만은 누구도 따를 수 없었다.

그에게는 동생이 하나 있었는데 그가 죽자 발상(發喪)조차 하지 않고 많은 재산을 아낌없이 처분하여 자객(刺客)들을 모아들였다.

'진왕을 없애자!'

장량은 자객을 이용하여 진왕을 암살하자고 생각했다. 유사(遊士)들 중에는 명분만 뚜렷하다면 목숨을 걸고 뛰어드는 자들이 많아 장량의 시도가 황당무계한 것만은 아니었다. 그러나 진왕에게 접근한다는 것은 결코 쉬운 일이 아니었다.

결국 장량은 자신의 계획을 실현하기가 힘들다는 것을 깨닫고 일단 진왕 암살 계획을 포기한 후 회양(淮陽)으로 갔다. 그리고 그곳에서 고매한 스승을 만나 예(禮)를 배웠다.

이 예라는 것은 단순히 유교적인 예가 아니라, 귀인을 대할 때의 몸가짐 같은 것이었다. 그가 예를 배운 것은 자기의 나약한 외모를 예를 배움으로써 지적(知的)인 모습으로 바꾸기 위해서였다.

'계략으로 시황제에게 접근하여 그를 제거하자!'

오로지 시황제를 암살하기 위해 예를 배울 만큼 장량의 복수심은 집요했다.

계략에는 반드시 속임수가 있어야 했다. 어떻게 하면 상대방을 속일 수 있는지가 장량이 혼신(渾身)을 다해 풀어야 할 과제였다.

장량은 어릴 때 노자(老子) 사상에 심취한 적이 있었다. 그래서 내면(內面)을 극복하는 훈련을 쌓을 수 있었다. 세속적(世俗的)인 야망이라든가 출세욕과 명예욕 따위는 그에게 그리 중요하지 않았다.

장량은 도인(道引, 도가(道家)에서 행하는 일종의 수행법)이라는 도가(道家)의 호흡법도 익혔다. 이 호흡법은 대기(大氣)를 몸속에 받아들여 그것에 의해 우주와 합일(合一)을 꾀함으로써 마음을 다스리는 것이었다.

장량은 도가를 행함으로써 지적인 남자로 돋보일 수 있는 품위도 갖추어 갔다.

노자는 '유아(幼兒)가 가장 우주에 가깝다'고 했다. 장량은 일상의 생활 태도에서 유아를 이상(理想)으로 하여, 유아와 같이 유약하게 도인을 거듭해 나아가면, 자신은 유아와 닮은 투명상태(透明狀態)로까지 갈 수가 있다고 믿었다.

그러는 동안에도 장량은 '진에 대한 복수심'을 한 순간도 버리지 않고 있었다. 오직 그 목적을 달성하기 위해 자기 수련을 쌓았다.

어느 날 누군가가 장량에게 살짝 귀띔을 했다.

"동이(東夷)에 가서 그곳 우두머리를 찾으시오. 그러면 당신의 일에 뜻을 같이하는 남자를 만날 것이오."

동이는 동방의 만지(蠻地)로서 멀리 떨어진 곳이었다.

장량은 창해군(倉海君)이라는 동이의 우두머리를 만나기 위해 먼 길을 떠났다. 창해군 밑에는 담력무쌍(膽力無雙)한 장사가 있었다.

"저 장사를 저에게 주십시오."

창해군은 장량의 청을 들어주었다.

장사와 장량은 언어가 틀려 말이 잘 통하지 않았다. 이것이 도리어 장사가 장량을 하늘같이 떠받드는 계기가 되었는지도 모른다.

장사는 만지(蠻地) 땅의 야만인이었지만 어지러운 천하에 대한 울분과 정의감을 지닌 자였다. 그래서 자신이 받들 만한 사람만 있다면 언제든지 목숨까지도 바칠 수 있는 의협심도 가지고 있었다.

장사는 장량의 단식 광경을 종종 지켜보았다. 도인의 호흡법도 보았다. 한낱 힘만 쓰는 씨름꾼에게는 상상할 수도 없는 신기한 것들이었다.

'며칠씩 먹지 않고 저렇게 살 수 있단 말인가?'

장사에게는 장량의 인품이 하늘처럼 우러러보였다. 그리고 높은 뜻과 그 고고한 인품에 반했다.

장량이 장사를 데리고 회양 땅에 돌아왔을 때 그가 뿌려놓은 첩자로부터 시황제가 산동반도를 돌아보기 위해 순행길을 떠났다는 소식이 들려왔다.

'하늘이 준 기회다.'

장량은 시황제를 죽일 기회라고 생각했다. 그래서 그 뜻을 장사에게 말하자 장사는 자기가 나서서 시황제를 죽이겠다고 했다. 장량은 장사의 의견에 따라 쇠몽둥이를 준비했다. 1백20근이나 나가는 쇠몽둥이였지만 장사는 그것을 나무토막처럼 쥐고 휘둘렀다.

"시황제는 온량거라는 수레에 탔을 것이네. 단숨에 그것을 부수고 시황제 놈을 죽여야 하네."

"이 쇠몽둥이에 맞으면 철갑 수레라도 박살이 날 것입니다."

장량은 시황제의 순행 행렬이 박량사를 지난다는 것을 알고는 열흘 전쯤에 그곳으로 갔다. 그리고 순행 행렬이 지나갈 길가의 나무 밑에 장사가 숨어 있을 장소를 마련했다. 그러나 장량은 장사와 함께 그곳에 있을 수는 없었다. 계획이 성사되어 시황제가 죽게 된다할지라도 장사는 죽게 될 것이며 잘못하면 자기도 죽음을 당할 위험이 있었기 때문이었다.

그래서 장량은 시종 하나를 장사와 함께 보내고는 마을의 주막에서 소식을 기다리기로 했다. 시종이 숲속에서 지켜보다가 가부간 소식을 가지고 오기로 한 것이다.

그러나 거사는 수포로 돌아가고 시종도 잡혀 죽고 말았다.

그것을 모른 장량은 주막에서 시종을 초조하게 기다렸다. 그러던 중 마을에 시황제의 철기병이 나타나 수색을 벌이자 거사가 실패했음을 직감한 장량은 신속히 몸을 피해 그곳을 떠났다.

장량이 유방과 처음 인연을 맺은 것은 유방이 장초의 상주국 항량을 찾기 이전이었다. 그리고 그 뒤로 유방의 참모가 되어 많은 활약을 했다. 그러한 그가 한나라로 간 것은 유방이 허락해서였다.

그는 시황제의 시살(弑殺)이 실패하자 몸을 피해 여러 곳을 전전하다가 하비(下邳) 땅에 숨어들었다. 그곳은 옛날 하비국의 수도여서 꽤 번화했다. 강줄기가 도시 한가운데를 그물처럼 흘렀으며 그 위에 다리가 무지개처럼 걸쳐 있었다.

장량이 이 다리 주위를 할 일 없이 서성이고 있는데 의복이 남루한 노인 하나가 다리 저쪽에서 걸어오고 있었다. 그 노인은 장량 앞에서 신발을 벗어 다리 밑으로 떨어뜨리고는 장량을 불러 세웠다.

"젊은이, 내려가서 내 신발을 좀 주워 오게나."

노인의 행동이 의도적이라 장량은 화가 났지만 꾹 참았다.

'다투다가 사람들의 눈에라도 띄면 안 되지.'

더욱이 나이 많은 노인과 티격태격 한다는 것은 남이 보기에도 흉할 것 같았다.

노인을 유심히 본 장량의 얼굴이 더욱 일그러졌다. 남루한 의복은 제쳐 두고라도 용모마저 볼품이 없었기 때문이었다.

그러나 장량은 아무 말 없이 다리 밑으로 내려가 신발을 가지고 올라왔다.

"신발을 가져왔으면 신겨줘야지."

신발을 내밀자 노인은 아예 신겨달라는 것이었다.

'뻔뻔스럽기 그지없는 노인네군!'

장량은 화가 치밀었지만 문득 '버드나무 가지가 바람에 살랑거리는 것 같이 무심한 태도를 취하라'는 노자의 말이 떠올랐다. 그러자 치밀어오르던 화가 누그러졌다.

장량은 기왕에 참기로 한 이상 별수없다며 공손히 신을 신겨주었다.

노인은 신을 신겨주자. 알 듯 모를 듯한 미소를 짓더니 돌아섰다. 장량은 어처구니가 없어 노인의 뒷모습만 멀건이 바라보았다. 그런데 저만큼 걸어가던 노인이 장량에게 되돌아오더니 말했다.

"보아하니 장래성이 있어 보이는군. 내가 그대에게 줄 것이 있으니 닷새 후에 이곳에서 만나세."

장량은 문득 범상한 노인이 아니라는 생각이 들어 '네' 하고 대답했다.

노인은 훌쩍 그 자리를 떠났다.

장량이 닷새 후에 그 다리로 가보니 먼저 와 있던 노인이 고함을 질렀다.

"노인을 기다리게 하다니 무슨 버르장머리냐?"

장량이 당황하여 사과를 하려고 하는데 다시 내뱉는 노인의 말이 뒤통수에 떨어졌다.

"닷새 뒤에 다시 와."

노인은 장량이 뭐라고 대꾸할 사이도 없이 떠나버렸다.

닷새 후 장량은 첫닭 우는 소리가 들리자 다시 그곳을 찾았다. 그런데 그날도 노인이 먼저 와 있었다.

"또 늦었군. 닷새 후에 다시 오게."

이번에도 노인은 돌아가버렸다.

장량은 오기가 났다. 그래서 그 뒤 닷새가 되는 날에는 차라리 한밤중에 일어나 그곳으로 갔다. 그러자 잠시 후에 노인이 나타났다.

"이제 됐군. 사람이란 마음씨가 중요하지."

노인은 싱긋이 웃더니 품속에서 책 한 권을 꺼냈다.

"이 책을 열심히 읽게. 그러면 후일에 반드시 왕자(王者)의 군사(軍師)가 될 수 있을 거네. 나는 제북(齊北) 땅 곡성산(穀城山)의 황색 바위네. 그게 바로 나야. 언젠가 다시 만날 수 있을걸세."

노인은 장량이 머뭇거리며 다른 말을 물어보기도 전에 어둠 속으로 사라졌다.

장량이 날이 밝아 책을 열어보니 『태공병법(太公兵法)』이라는 병서였다.

태공은 낚시질로 이름난 태공망 여상(太公望呂尙)으로 주(周)의 문왕(文王)에게 발탁되어 이름을 남긴 병법의 대가가 아닌가. 장량의 머릿속에서는 노인의 말이 떠나지 않았다.

장량은 문고리를 잠근 채 밤낮으로 노인이 준 병서를 읽기에 열중했다.

그 무렵, 장량은 항우와 인연을 맺을 뻔한 기회가 있었다. 우연히 한 도망자의 목숨을 구해주게 되었는데 그가 바로 항우의 숙부인 항백(項伯)이었던 것이다. 그러나 아직 병서를 통달치 못했던 때인지라 장량은 세상에 나가려 하지 않았다.

그 후 장량이 패땅과 가까운 유(留)라는 곳에 머물게 되었는데 유방은 몇천 명의 군사를 모아 패땅에 머물고 있었다.

이때 장량이 유방의 진지를 방문하여,

"저의 두 손바닥 안에는 수십만 대군이 있습니다."고 말하자,

"손바닥에 군사를 감추고 다니는 사람도 다 있군. 하하하."

하며 유방이 말을 받았다. 장량은 자신의 말을 아무런 사심 없이 받아들이는 유방을 보자 마음이 움직였다.

그 후로 유방은 장량을 가까이 하며 그가 하는 말에 귀를 기울였다. 그런데 장량은 유방과 이야기를 나누는 동안 큰 샘물

속에 두레박으로 물을 쏟아 넣고 있는 듯한 느낌이 들었다. 유방은 대체로 장량의 이야기를 듣다가 이따금 한마디씩 던졌다. 그런데 그 한마디가 자신의 여러 말을 덮어버리는 듯했다.

'역시 패공은 큰 그릇이구나.'

장량은 유방을 잘 찾아왔다고 생각했다.

유방은 이때만 해도 아직 체계가 잡히지 않은 작은 무리의 우두머리에 불과했다. 때문에 장량이 이끌고 온 1백여 명의 군사도 그에게는 감지덕지(感之德之)였다.

유방은 장량에게 은근히 끌렸다. 앞으로 자기를 도와 큰일을 할 인물이 될 것 같았다. 그즈음 유방도 사람을 보는 지혜를 터득해 가고 있었다.

'눈동자가 맑고 깊다. 어쩌면 그 속에 온갖 지략이 내재되어 있을 것이다.'

유방은 장량의 말보다도 용모가 맑고 깨끗한 것에 마음이 끌렸다. 그가 장량을 그렇게 보게 된 데는 소하의 조언이 한몫을 했다고 할 수 있었다.

여기에서 한 가지 눈여겨볼 것은 '현명한 스승을 얻기도 힘들지만 좋은 제자 만나기도 역시 힘든 법이다' 였다.

제(齊)나라를 평정한 한신이 제나라 왕에 봉해 줄 것을 청하는 사신이 한신의 편지를 가지고 왔을 때, 유방은 항우와의 결전을 앞두고 있는 이즈음 제 욕심만 채우려 한다고 격노하여 편지를 집어던지고 큰소리로 호통치려 했다. 그러자 그 옆에 있던 장량과 진평 등이 유방의 발을 밟으며 눈짓으로 자제를 당부하고 귓속말로 '허락하지 않으면 한신이 반역할 것이다' 라고 충고하자, 유방은 천연덕스럽게 그 충고를 받아들여서 한신의 요구를 들어주었다.

이 행실은 마치 어려운 문제를 풀고 있는 학생에게 선생님이 옆에서 직접 답을 가르쳐준 것과 같은 것이다. 제아무리 천부적인 자질을 지닌 유방일지라도 때로 실수가 있었지만 곧바로 스승의 충고를 받아들였으니, '후흑학'의 능통한 면모를 짐작할 수 있겠다.

이처럼 천부적인 자질과 훌륭한 스승을 두어 경륜이 깊은 유방은 한걸음 더 나아가 우리가 흔히 말하는 군신과 부자, 형제, 부부, 붕우의 오륜은 물론 예의염치까지 깨끗이 모른 척했기 때문에 능히 여러 영웅호걸들을 평정하고 천하를 통일할 수 있었다.

그러나 한신은 남의 가랑이 밑을 기어가는 모욕도 잘 참아냈지만 유방의 뻔뻔함과 음흉함을 이기지 못했을 뿐만 아니라 얄팍한 온정에 이끌려 괴통의 충고조차 듣지 못하고, '옷을 벗어 입혀주고 밥을 먹여준' 유방의 은혜가 마음에 걸려 망설이다 '토사구팽' 당한 것이다

"한왕이 나를 대우하기를 심히 후하게 하여 자기 수레에 나를 태웠고, 자기 옷을 나에게 입혀주었으며, 자기가 먹을 것을

나에게 먹여주었소, '남의 수레에 타는 사람은 함께 그 사람의 걱정을 태우고, 남의 옷을 입은 사람은 함께 그 사람의 근심을 안으며, 남의 먹을 것을 먹은 사람은 함께 그 사람과 죽는다'는 말을 들었는데, 내가 어찌 이익을 좇아 의리를 저버릴 수 있겠소."

결국 한신은 지략이 뛰어난 백전백승의 전과를 올렸지만 우유부단한 모습으로 뻔뻔함과 음흉함을 제대로 터득하지 못하여 스스로 대세를 그르치고 실패한 것이다.
곧, '새를 잡으면 활을 광 속에 넣어두고 토끼를 잡고나면 사냥개를 삶아먹는다' 였다.

그 당시 또 한 사람 음흉하기는 했으나 뻔뻔하지 못해 실패한 인물 범증(范增)이 있다. 그는 자신보다 한발 앞서 함양을 깨뜨리고 진나라의 항복을 받아낸 유방을 어떻게든 온갖 꾀로 사지로 몰아넣으려고, 항우를 설득하고 어리석음을 깨우쳐 '홍문의 회'를 열어 함정을 팠다.

범증은 유방이 홍문(鴻門)에 도착하기 전부터 항우를 만나 유방을 죽일 것을 간했다.
"몇 번이나 말씀드렸지만 유방을 살려두면 큰 화근이 될 것입니다."
항우도 범증의 끈질긴 채근에 꼬투리가 잡히면 이를 빌미로 유방을 죽이리라고 생각했다.

"알겠소. 죽일 것이오."

"죽일 기회를 잘 잡아야 합니다."

범증은 자기가 허리에 차고 있는 옥결(玉玦)을 치켜들면 그때 유방을 치라고 당부했다.

홍문은 황토 지대였다. 온통 황토로 뒤덮인 길이 언덕으로 이어져 있었다. 항우가 있는 본진은 그 언덕 위에 있었다.

수레가 군문(軍門) 앞에 이르렀다. 이미 항우군은 철통같이 군문까지 설치해 놓고 유방을 기다리고 있었다.

"너희들은 여기서 기다려라."

유방은 수레에서 내려 장량만을 데리고 범증이 파놓은 덫, 군문 안으로 들어갔다.

"모시라는 분부가 계셨습니다."

항우의 근위병이 나타나서 장막을 향해 성큼성큼 걸었고, 유방과 장량은 그 뒤를 따랐다.

장량이 말했다.

"결코 두려워하는 기색을 보여서는 안 됩니다. 의연히 앞으로 나아가시면 길이 열릴 것이고, 그렇지 않으면 이들에게 목숨을 잃게 됩니다."

항우의 장막 앞으로 다가간 유방은 안으로 발을 들여놓지 않고 그 자리에 넙죽 엎드려 예를 올렸다. 휘장이 걷히어 올려졌다. 항우가 침상 위에 칼을 집고 앉아 있다가 크게 소리쳤다.

"그대의 대죄를 알고 있는가?"

이에 유방은 얼른 관을 벗었다. 그리고 놀란 눈으로 사방을 둘러보며 어찌할 줄을 모르고 쩔쩔맸다.

항우는 그러한 유방을 지켜보다가 어이없다는 얼굴로 다시 크게 소리쳤다.

"그대의 죄를 알겠는가?"

"저는 패현의 한낱 무지렁이로 요행히 정장 노릇을 하다 난이 일어나 장군의 휘하에 들었을 뿐입니다."

"무슨 소릴 하는가? 너의 죄를 묻고 있는 것이다."

그 말에 유방은 몸을 움찔해 하며 입을 열었다.

"항장군과 저는 회왕의 지시로 다같이 진(秦)을 공격하는 일에 나서서 항장군께서는 황하의 북쪽을, 저는 남쪽을 공격해 왔습니다. 그러나 저는 제 자신도 예측하지 못한 채 제가 먼저 관중에 당도하여 이 자리에서 항 장군을 뵙게 되니, 이 기쁨 비길 데 없습니다. 그런데 어쩌다 경망한 자들로 인하여 항 장군과 저 사이에 불신이 생긴 것 같아 참으로 안타깝기가 그지없습니다."

유방은 목소리를 떠듬거리며 지난밤 항백에게 통사정 했던 말을 되뇌었다.

항우가 보니 유방의 인물됨이 하찮기 그지없었.

범증이 왜 저런 볼품없는 인물을 화근이니 어쩌니 하고 말했는지 알 수 없었다.

항우는 짚고 있던 칼을 내려놓고 꾸짖듯이 말했다.

"당장 목을 칠까 했으나, 네 죄를 네가 아는 것 같아 일단 참노라."

그때 장막 밖에서는 범증과 범증이 숨겨 둔 자객들이 장막 안의 동정을 살피고 있었다.

장막 안으로 항백이 들어오기를 기다려 항우가 유방에게 다시 물었다. 일종의 대질 신문이었다. 전날 밤 유방은 장량이 이끌고 온 항백을 만나 형제의 의를 맺고 서로 입을 맞추었던 것이다.

"네 죄를 다시 한 번 고할 수 있는가?"

"함곡관으로 마중 나가지 못한 것은 흉노의 침입이라고 잘못 전달받았기 때문입니다. 그 말을 믿고 저는 성을 굳게 지키라 하였고……."

유방은 항백과 미리 입을 맞춘 대로 말했다. 또 함양의 재물과 미인들도 항우 장군께 드리기 위해 그대로 둔 채 패상에서 기다렸다고 했다.

항우가 듣기에 어느 것 하나 항백의 말과 다르지 않았다.

"관중왕이 되려고 원로들을 소집했다 하던데?"

"관중의 왕이 될 마음이 있으면 그때 되었을 것입니다. 관중왕이 되실 분은 따로 계시다고 하며, 그들의 추대를 물리쳤습니다."

"관중왕이 될 자가 누구인가?"

"바로 항 장군님이십니다!"

이것도 항백의 말과 일치했다. 항우의 가슴속에서는 그때까지 도사리고 있던 모든 의혹이 봄눈 녹듯이 풀리고 있었다.

'항우의 어리석음이 저 정도였던가!'

범증은 화가 났다. 어젯밤만 하더라도 유방을 한방에 가루로 만들겠다며 총공격 어쩌고 하던 항우가 아닌가? 그런 그가 저들의 간교에 넘어가 껄껄 웃고 있는 꼬락서니를 보니 마치 철없는 어린애를 보는 것 같아 더욱 울화통이 치밀었다.

그래서 항우의 조카 항장으로 하여금 칼춤을 추면서 유방을 제거하려 했으나 그 또한 실패하고 유방은 속이 거북하다며 자기의 막사로 줄행랑을 쳤다.

그 일이 있은 후부터 범증은 항우가 하는 일마다 어리석게만 보여 짜증이 나고 화를 참지 못해 조갑증이 났다.

한나라 유방편에서는 진평의 계책을 이용해 항우와 범증 사이를 갈라놓기 위해 유언비어를 퍼뜨리고 범증이 유방과 내통하는 것처럼 이간질시켜 놓았다.

곧 반간계(反間計)를 쓴 것이다. 그러자 자연 항우의 의심을 받게 된 범증은 벌컥 화를 내며 물러나겠다고 청하니, 항우 또한 사사건건 간섭하려 드는 범증이 귀찮게 여겨져 그렇게 하라고 가볍게 응수하였다.

여기에서 항우의 옹졸한 마음이 또다시 나타난다.

항우의 진영에서 쫓겨난 범증은 하늘을 우러러보며 크게 탄식했다.

"잘못을 저지르고도 고치지 않고, 남의 말에 귀를 기울이지도 않으며, 오히려 더한 잘못을 저지르니 이는 교만이요, 남의 생각이 자기와 다르다는 이유로 그르다 함은 오만이 아니던가. 또한 큰일을 이루기 위해 법을 폐하고 자신의 공명만을 내세운다면 이는 외람됨이라. 비록 꾀가 있으나 그 꾀로 남을 침범하고 제 이익만을 도모한다면 이는 탐함이라 했던가. 그러니 이제 무슨 미련이 있겠는가……!"

범증의 탄식은 초패왕 항우를 향한 것이라기보다 자기자신을 향한 것인지도 몰랐다.

그 길로 고향에 돌아온 범증은 등이 쑤시고 아프기 시작했다. 자기의 감정을 삭이지 못해 등창이 난 것이다.

"어리석은 기계(奇計)로 세상을 어지럽히고, 난폭한 군주를 받들되 수십만 군사를 땅구덩이에 학살한 그를 말리지 못했으니, 어찌 그 죄가 가볍겠는가!"

범증은 이러한 탄식과 함께 숨을 거두고 말았다.

무릇 큰일을 하고자 하는 사람은 자신의 화를 참을 줄도 알아야 한다.

"무릇 범증이 떠나지 않았다면 항우는 망하지 않았을 것이다(增不去 項羽不亡)."

후세 사람들은 그렇게 말했다.

그 당시 유방은 항우보다 열세에 놓였기 때문에 범증이 조금만 참을 수 있었더라면 얼마든지 유방을 쉽게 공략할 수 있었다. 그렇지만 그는 자존심 상하는 일이라 여겨 자신의 화를 다스리지 못해 자신의 남은 목숨은 물론 항우의 명성과 영토까지 한꺼번에 날려 대사를 그르치고 말았다.

  이와 같이 '후흑학'의 방법은 간단한 듯하나 현실에 적용해 보면 신묘하기 그지없어, 작게 쓰면 효과가 미미하지만 크게 쓰면 엄청난 효과를 얻을 수 있다.
  그러한 점에서 천하를 평정해 한(漢)나라를 세운 유방과 위·오·촉 3국을 통일해 진(晉)나라를 세운 사마의는 후흑학을 완전히 터득해 천하를 얻은 사례가 될 것이다.
  그에 비해 삼국시대 위나라 조조와 촉나라의 유비는 각각 한 가지 면모만을 갖추어 한 나라의 왕위로서 천하를 3분해 자웅을 다투었을 뿐이다.
  한신과 범증 역시 제각각 섬긴 주군은 다르긴 하지만 마찬가지로 두 사람은 후흑을 겸비한 유방과 함께 태어났기에 둘다 때를 잘못 타고 난 실패자였다.
  그렇지만 그들은 자신들이 지닌 한쪽 수단과 방법을 마음껏 발휘함으로써 역사의 한 자리를 차지했을 뿐만 아니라 왕후장상의 지위와 명성을 얻고 일세를 풍미하며 살아왔다. 그러기에 그들의 행적은 후세 사람들의 입에 흥미진진한 이야깃거리로 거론되고 있음은 '후흑학'이 결코 그들을 저버리지 않고 있기 때문이다.

후흑학의 연마과정

　사람 겉모습의 낯가죽은 불과 몇 밀리의 두께에 불과하고 속마음은 한줌도 안 되는 것이어서 별로 기이할 것도 없을 듯하지만 그 속을 자세히 들여다보면 낯가죽이 무한정 두껍고 속마음 또한 끝없이 깊다는 것을 알 수 있다.
　그리고 또한 이로부터 이 세상 온갖 미천한 것에서부터 부귀영화 등 나오지 않은 것이 없다.
　어쩌면 하늘이 사람을 낼 때 낯가죽 속에 뻔뻔함을, 마음속에는 온갖 음흉함을 감출 수 있게 해주었는 데도 어리석은 중생들이 몸에 지니고 있는 귀한 보물을 쓸 줄 몰라 헤매고 있으니 얼마나 어리석은 일이겠는가?

후흑학은 다음의 세 단계로 연마과정을 나눌 수 있겠다.

첫째는, '후여성장(厚如城墻) 흑여매탄(黑如煤炭)'의 단계이다.

곧 '낯가죽이 성벽처럼 두껍고 속마음이 숯덩이처럼 시커멓다.'

낯가죽이 처음에는 종잇장처럼 얇았으나 점차 부피를 늘려 마침내 성벽처럼 두꺼워지고, 처음의 얼굴빛은 우윳빛으로 흰색이었으나 점차 검게 변하여 마침내 숯덩이처럼 시커멓게 되는 단계를 뜻한다.

그렇지만 제아무리 낯가죽이 성벽처럼 두껍다고 하나 포탄 한 방이면 무너질 수 있고, 속마음이 숯덩이처럼 시커멓다하나 얼굴빛이 혐오스러워 사람들이 꺼릴 것이므로 아직은 초보적 단계라 할 수 있다.

둘째는, '후이경(厚而硬) 흑이량(黑而亮)'의 단계이다.

곧 '낯가죽이 성벽처럼 두꺼우면서도 단단하고 속마음이 숯덩이처럼 시커멓지만 맑으며 밝다.'

"심자칠흑(心子柒黑) 초패투량(招牌透亮), 속마음은 칠흑같이 어둡고 시커멓지만 얼굴빛은 투명하리만큼 맑고도 밝게 내비친다."

속마음을 시커멓게 하는 데 통달한 사람은 마치 빛바랜 칠흑 간판이 소중한 대접을 받는 것처럼 다른 사람들로부터 인정을 받는다.

삼국시대 조조가 바로 이런 부류에 속한다. 그는 좀처럼 속마음을 열지 않아 시커멓기로 소문이 자자했지만 중원의 이름난 호걸들이 모두 그에게 마음을 빼앗겨 그의 깃발 아래 모여들었다.

조조 등은 삼가 대의(大義)를 받들어 천하에 고하고저 한다. 동탁은 하늘을 속이고 땅을 어둡게 하여 임금을 시역하고 나라를 위태롭게 했다. 그는 궁금(宮禁)을 더럽히고 어지럽히며 사납고 어질지 못한 죄악은 날이 갈수록 쌓이기만 한다. 지금 천자의 밀조(密詔)를 받들어 의병을 크게 일으켜 천하를 소탕하고 흉적을 무찌르려 한다. 원컨대 인의(仁義)의 군(軍)을 이끌고 충렬(忠烈)로 맹세한 진영에 이르러 위로는 황실을 받들고 아래로는 만백성을 구제하라. 이 밀조를 받는 즉시 지체없이 봉행(奉行)하라.

조조는 동탁을 치기 위해 조정의 밀명을 받았노라, 격문을 돌려 18제후국과 군사 20만을 끌어모았다. 이에 조조가 전국 각처에서 몰려든 제후들을 맞이하며 진영을 배치하니 길게 줄을 이은 대열이 3백 리나 이어졌다.
이때 유비는 북평태수 공손찬의 부대에 소속되어 있었다.

이 단계에 들어서면 제1단계와는 천양지차가 나지만 조조의 전력에서도 알 수 있듯이 조금만 관심 있게 들여다본다면 시커먼 속마음의 자취가 점차 드러나 알아챌 수가 있다.

왜냐하면 그 자취를 드러내는 형체와 색채가 나타나기 때문이다.

셋째는, '후이무형(厚而無形) 흑이무색(黑而無色)'의 단계이다.

곧 '낯가죽이 성벽처럼 두껍고 단단하면서도 형체가 없고, 속마음이 숯덩이처럼 시커멓고 밝으면서도 색체가 없다.'

한마디로 이와 같은 경지에는 다다르기 어려워 옛 대성현 중에서 찾아볼 도리밖에 없을 것이다.

왜냐하면 이 단계에 이른다면 하늘은 물론이고 후세사람들마저 그 사람을 '불후불흑(不厚不黑)', 후흑과는 완전히 정반대의 인물로 여기게 되기 때문이다.

어떤 사람이,

"후흑의 학문이 이다지도 깊고 세말할 수 있습니까?"

하고 묻자, 저자 이종오가 결론지어 말하였다.

"『중용(中庸)』은 '무성무취(無聲無臭), 하늘의 도는 알기 어려워서 들어도 소리가 없고 맡아도 냄새가 없다'의 단계에 이르러서야 비로소 그것을 완성했다고 할 만하다.

그리고 불도를 닦는 사람은, '보리무수 명경비대(菩提無樹 明鏡非臺, 보리는 원래 나무가 아니고 명경 또한 원래 누각이 아니니 본래 아무 것도 없는데, 어찌 때가 묻을 이유가 있겠는가)'의 단계에 이르러서야만 진정한 깨달음의 경지에 도달했다고 할 수 있다.

그런데 후흑학은 수천 년 동안 전해지지 않은 비전(秘傳)으로 마땅히 '무형무색(無形無色)'의 단계에 이르러서야 비로소 그 경지에 도달했다고 할 수 있겠다."

여기에서 『중용(中庸)』의 내용을 한마디로 요약한다면,

'천인합일(天人合一)을 설하고 과불급(過不及)이 없고 불편부당(不偏不黨)한 중용의 덕(德)과 덕의 도(道)를 강조한 유교의 종합적인 해명서(解明書)'이다.

『중용』에서 말하는 도덕론은, 곧 극단에 치우치지 말고 과불급이 없는 평범한 곳에 진실이 있다고 강조함이다.

후흑학은 결론적으로 말해 중국 역사를 통틀어 왕후장상과 호걸들, 그리고 성현들이 무수히 많았지만 그들 중 후흑학을 통해 성공하지 못한 사람은 단 한 명도 없었다.

독자들 스스로 역사를 통틀어 후흑학 이론이 모두 사리에 들어맞는다는 사실을 확인할 수 있으리라 믿는다.

제2편

면후심흑(面厚心黑)

후흑의 도는 높고 아름답다

▶ 무릇 기울지 않는 것을 중(中)이라 하고 변하지 않는 것을 용(庸)이라 한다. 사람들은 중용의 덕(德)을 중요한 것으로 생각하나 좀처럼 중용을 지키려고 하지 않는다.

그리고 중은 정도(正道)고 용은 천하의 정리(正理)다. 도(道)는 사람에게서 멀지 아니하니 사람이 도를 행하되, 사람에게서 멀리한다면 도가 될 수 없는 것이다. 즉 정도(正道)를 밟으며 행한다고 말하면서도 너무나 인정에서 먼 행동으로 나오면 정도라고 말할 수 없다.

정도란 인정에 입각한 것이다.

가령 부모를 섬기려면 자기가 아이 때부터 어떻게 대우를 받고 싶은가를 생각하면 된다. 그리고 나아가 군주(君主)를 섬기려면 자기가 손아랫사람으로부터 어떤 대우를 받고 싶은지를 생각하면 좋다는 것 등을 말하고 있다.

이렇게 하면 중용을 벗어나지 않게 된다.(『중용(中庸)』에서)

◆ 이종오는 말한다.

얇지 않은 것을 두껍다 하고 희지 않은 것을 검다고 한다. 두껍다는 것은 천하의 두꺼운 낯가죽을 일컫고 검다는 것은 시커먼 속마음을 일컫는다.

이종오는 후흑학이 잘못 전달될까 염려하여 올바로 세상에 전하기 위해 책을 펴내게 되었다.

▶ 무릇 하늘이 명한 것을 성(性)이라 하고, 성에 따르는 것을 도(道)라 하며, 도를 닦는 것을 교(敎)라 한다. 그리고 정성이란 하늘의 도요, 정성되게 하는 것은 사람의 도이다.

정성되므로 말미암아 밝아지는 것을 성(性)이라 말하고, 밝으므로 말미암아 정성되어짐을 교(敎)라 한다. 정성되면 곧 밝아지고 밝으면 곧 정성되어지는 것이다.

도라는 것은 잠시도 떠날 수가 없는 것이다. 떠날 수 있다면 도가 아닌 것이다. 그러므로 군자는 그가 보이지 않는 바를 삼가며, 그가 들리지 않는 바를 두려워하는 것이다.

또한 희노애락(喜怒哀樂)이 나타나지 않는 것을 중(中)이라 하고, 나타나 모두 절도에 맞는 것을 화(和)라고 한다. 중이라는 것은 천하의 대본(大本)이고, 화라는 것은 천하의 달도(達道)인 것이다.

그리고 중(中)과 화(和)에 이르게 하면 천지가 자리잡히며 만물이 화육(化育)되는 것이다.

공자께서 군자는 중용이고 소인은 중용에 반(反)한다고 말하였다. 그러므로 군자의 중용은 군자로서 때에 알맞게 하고 소인의 중용은 소인으로서 기탄없는 것이다. 곧 군자는 그 자리에 따라서 행하고, 그 밖을 바라지 않는다.(『중용(中庸)』에서)

◆ 희로애락을 드러내지 않는 것을 '후(厚)'라 하고, 한번 터지면 거리낌이 없는 것을 '흑(黑)'이라 한다. 그러므로 뻔뻔한 것은 천하의 대본이며 음흉한 것은 천하의 달도(達道)이다.

또한 천명을 '후흑'이라 하니 후흑을 이끄는 것은 도(道)이다. 그리고 후흑을 닦는 것을 교(敎)라고 한다. 후와 흑의 두 글자는 잠시라도 서로 떨어질 수 없는 것이니 떨어질 수 있는 것은 후흑이 아니다.

그렇기 때문에 군자는 늘 낯가죽이 두껍지 않을까 경계하고, 속마음이 시커멓지 않을까 두려워한다. 그리고 얇은 것처럼 위험한 것이 없고 흰 것처럼 위태로운 것이 없다.

이로 인해 군자는 반드시 뻔뻔하고 음흉하지 않으면 안 된다. 결국 지극한 후흑의 단계에 이르면 천하가 두려워 떨고 귀신마저 무서워 떤다.

▶ 무릇 군자의 도(道)는 광대하면서도 겉으로 드러나지 않아 알기 어렵다.

평범한 사람의 어리석음으로도 가히 함께하여 알 수 있는 것이지만, 그 지극함에 이르러서는 비록 성인이라도 역시 알지 못하는 바가 있는 것이다.

평범한 사람의 불초(不肖, 못나고 우둔함)함으로도 가히 행할 수 있는 것이지만, 그 지극함에 미쳐서는 비록 성인이라도 역시 할 수 없는 바가 있는 것이다. 그런데 하물며 세상 사람들이야 어떠하겠는가.(『중용(中庸)』에서)

♦ 후흑의 도는 쉽기도 하고 어렵기 때문에 평범한 사람의 어리석음으로도 가히 쉽게 알 수 있다. 그렇지만 후흑의 지극한 경지에 이르면 비록 삼국시대 조조와 유비라 할지라도 알지 못하는 바가 있다.

평범한 사람의 불초함으로도 능히 행할 수 있는 것이지만 지극한 경지에 이르면 조조나 유비라 할지라도 행할 수 없는 바가 있다.

후흑의 대단한 경지에 이르면 조조와 유비라 할지라도 불만족스러워하는데 하물며 세상 사람들이야 더 말해 무엇하겠는가?

▶ 무릇 사람들은 모두 나는 지혜롭다고 말하나 그를 몰아 그물이나 덫이나 함정 가운데로 넣어도 그것을 피할 줄 모른

다. 사람들은 모두 지혜롭다고 말하나 중용을 택하여 한 달 동안도 지켜내지 못한다.(『중용(中庸)』에서)

♦ 사람들은 모두 자신의 속마음이 시커멓다고 여기지만 막상 숯덩이 속에 들어가도 그와 같을 수가 없는 것이다. 또한 사람들은 자신의 낯가죽이 두껍다고 여기지만 한 발의 폭탄에 깨지지 않을 수 없을 것이다.

▶ 무릇 군자의 도는 자신에 근본을 두어 백성들에게 징험으로 그것을 나타나게 하고, 하나라 우왕과 은나라 탕왕, 주나라의 문왕과 무왕인 삼왕에 견주어 생각하여 보아도 그릇됨이 없으며, 천지에 세워놓아도 거슬리지 아니하고, 귀신이 물어보아도 의심이 없으며, 백세(百世)를 두고 성인이 나오기를 기다린다 하더라도 미혹되지 않는 것이다.(『중용(中庸)』에서)

♦ 후흑의 도는 자신에게 근본을 두어 백성들에게 징험으로 그것을 나타나게 한다. 곧 삼왕에게 견주어 생각해 보아도 그릇됨이 없으며, 천지에 비춰보더라도 거슬리지 아니하고, 귀신에게 물어보더라도 의심할 바가 없으며, 백세를 두고 성인이 나오기를 기다린다 하더라도 미혹되지 않는 것이다.

▶ 무릇 군자는 근본에 힘써야 한다. 근본이 서야 도가 생긴다. 부모에 대한 효도와 형제에 대한 공경이 바로 인(仁)을 이

룩하는 근본이다.(『논어(論語)』학이편에서)

◆ 군자는 근본에 힘써야 한다. 근본이 서야 도가 생긴다. 그러므로 후흑이란 인간이 되는 근본인 것이다.

▶ 무릇 세 사람이 함께 길을 가면, 그 중에 반드시 나의 스승이 있다. 그 가운데 나보다 나은 사람의 좋은 점을 따르고, 나보다 못한 사람의 좋지 못한 점을 보고 거울삼아 고치도록 한다.(『논어(論語)』 술이편에서)

◆ 세 사람이 함께 길을 가면, 그 중에 반드시 나의 스승이 될 만한 사람이 있다. 그 가운데 낯가죽과 속마음이 두껍고 시커먼 자를 택하여 그를 따르고, 그렇지 않은 경우 그를 거울삼아 자신을 고치도록 한다.

▶ 무릇 하늘이 선천적으로 덕을 나에게 부여해 주었거늘, 환퇴(桓魋, 공자를 괴롭힌 송나라의 관리)가 나를 어떻게 해치랴?(『논어』 술이편에서)

◆ 하늘이 나에게 선천적으로 후흑을 주었거늘, 세상 사람들이 나를 어떻게 해칠 수 있겠는가?

▶ 무릇 성인을 내가 만나볼 수 없다면, 군자라도 만나볼 수 있으면 좋겠다. 그리고 또 선한 사람을 만나볼 수 없다면, 한

결같은 마음을 지닌 사람이라도 만나볼 수 있으면 좋겠다.(『논어』 술이편에서)

♦ 유방을 만나고 싶지만 만나볼 수 없다면 조조라도 만나볼 수 있으면 좋겠다. 그리고 또 조조조차 만나볼 수 없으니 하다못해 유비나 손권이라도 만나볼 수 있으면 좋겠다.

▶ 무릇 군자는 밥 한 끼 먹는 짧은 시간에도 인(仁)을 어기지 말아야 하고, 아무리 다급한 때라도 반드시 인에 근거해야 하며, 넘어지고 뒤집히는 매우 위태롭고 위급한 순간에도 인에 근거해야 한다.(『논어』 이인편에서)

♦ 나는 밥 한 끼 먹는 동안에도 후흑의 도를 잊은 적이 없고, 아무리 다급한 때라도 후흑의 도에 근거했으며 매우 위급한 순간에도 후흑의 도를 잊는 일은 없을 것이다.

▶ 무릇 만약 주공(周公)처럼 훌륭한 재능을 지니고 있다 하더라도, 남에게 교만하거나 혹은 인색하다면 그 나머지는 볼 것도 없다.(『논어』 태백편에서)

♦ 만약 항우처럼 뛰어난 기질을 타고 났으면서 낯가죽이 두껍고 속마음까지 시커멓다면 유방 정도는 안중에도 두지 않았을 것이다.

▶ 무릇 이름 얻기를 좋아하는 사람은 천승(千乘)의 나라를 사양하는 척할 수도 있다. 그러나 진정으로 사양하는 자가 아니면, 한 그릇의 밥이나 국에도 욕심의 빛을 내보일 것이다.(『맹자』 진심 하, 호명장편에서)

♦ 후흑의 도를 터득한 사람은 천승의 나라를 얻을 수 있다. 그러나 진정으로 후흑의 도를 얻지 못하면 밥 한 그릇과 콩국 한 그릇도 얻어먹지 못할 것이다.

▶ 무릇 향원(鄕原) 사람들은 덕(德)을 해치는 사람이다. 그들은 세상의 습속(習俗)과 하나 되고, 오염된 세상과 합치고 사이비 충신에 몸을 담고 사이비 청렴을 행한다. 그러므로 대중들이 좋아하고, 또 자신도 옳다고 생각하고 있다. 그러나 그들과 더불어 요순(堯舜)의 도리를 펴는 덕(德)의 경지에 들어갈 수 없다. 그래서 그들은 덕을 해치는 자들이라고 말한 것이다.(『맹자』 진심 하, 재진장편에서)

♦ 도학(道學)하는 사람들은 후흑을 해치는 사람들이다. 그들은 충성과 신의 등을 내세우고 청렴결백한 것처럼 유세하니, 사람들이 모두 좋아한다. 그래서 조조와 유비의 도를 따를 수 없을 것이므로 후흑을 해치는 자들이라고 말한 것이다.

▶ 무릇 제(齊)나라 임금의 지혜롭지 못함을 의아하게 여기

지 말라.

　비록 천하에서 가장 쉽게 잘 살고 자라는 식물일지라도, 하루만 햇볕을 쪼이고 열흘을 차게 얼린다면 절대로 살고 자랄 수 없다. 그와 마찬가지로 내가 제나라 임금을 만나는 것은 극히 드물거늘, 내가 물러나면 임금을 차게 만드는 자들이 많이 달려든다. 그러니 설사 내가 만나서 왕도덕치의 싹을 돋아나게 한들 무슨 소용이 있겠는가?

　바둑은 그 술수가 작은 것이다. 그러나 그것도 '전심치지(專心致志, 한결같이 일체의 잡념을 끊고 오직 그 일에만 마음을 바쳐 뜻한 바를 이룸)'하고, 배우지 않으면 터득할 수 없다.

　혁추(奕秋)는 전국에 알려진 바둑의 명수이다. 혁추로 하여금 두 사람에게 바둑을 가르치게 했다.

　한 사람은 전심치지하여 혁추의 말을 열심히 듣고 배웠다. 다른 한 사람은 듣기는 들었으나, 마음 한 구석으로는 '홍곡(鴻鵠)이 날아오면 활에 주살의 줄을 매어 잡아야지' 하고 생각했다.

　그러니 같이 배우기는 해도 바둑의 수가 같지 않았으니, 그 이유는 지혜가 같지 않아서이겠는가? 나는 '아니다'고 말하리라.(『맹자』고자 상, 무혹장편에서)

　◆ 사람들이 후흑을 멀리하여 지혜롭지 못함을 의아하게 여기지 말라.

　비록 천하에서 가장 잘 자라는 식물일지라도 하루만 햇볕을 쪼이고 열흘을 차게 얼린다면 절대로 살고 자랄 수 없다.

나는 여러 사람들이 후흑을 일컫는 것을 보았으나 내가 물러나자, 도학하는 사람들이 나타났다. 그렇다고 내가 도학하는 사람들과 같아서야 되겠는가. 이제 후흑은 도가 되었는데 전심치지로 공부하지 않으면 얻을 수 없다.

후흑학을 공부할 학생 둘을 찾아내 가르치게 할 경우, 한 사람은 정신을 집중해 나의 가르침을 잘 따랐지만, 또 한 사람은 비록 듣기는 들었으나 장차 도학하는 사람이 나타나리라 여겨 성현들을 염두에 두었다면, 두 사람은 같이 배웠다손 치더라도 실력은 다를 수밖에 없다. 그 이유는 지혜가 같지 않아서이겠는가? 그것은 그렇지 않다.

▶ 무릇 가령 어떤 사람이 나에게 포악하고 무도한 태도로 대하면, 군자는 반드시 스스로 반성해야 한다.

'내가 그에게 어질지 않게 했겠지, 혹은 무례하게 했겠지. 그렇지 않고서야 이 자가 어찌 이와 같이 나에게 대할 수 있겠는가?'

스스로 반성해 보고 자기는 어질게 했으며 예를 지켰는데도, 그 자는 여전히 포악무도하게 행한다. 그래도 군자는 다시 스스로 반성해 본다.

즉, '아마 내가 충실하지 못했겠지.' 하고 또 반성한다. 그래도 그 자가 여전히 나에게 포악무도하게 행하면 군자는 말한다. '결국 이 자는 허망한 자다. 이와 같은 자는 곧 금수와 다

를 바가 없다. 그러니 금수와 어찌 상관하겠느냐.'(『맹자』 이루 하, 이어장편에서)

♦ 어떤 일에 실패했을 경우, 군자는 반드시 스스로 자신의 낯가죽이 두껍지 못한 것이라고 반성해야 한다. 그러나 자신의 낯가죽이 두껍다고 여기는 데도, 또 이와 같이 실패했다면 군자는 스스로 자신의 속마음이 시커멓지가 못하여 그럴 것이라 반성해야 한다.

그러나 자신의 속마음이 시커멓다고 여기는데도 실패했다면 군자는 다음과 같이 말할 수밖에 없다.

"결국 이 자는 허망한 자다. 이와 같은 자는 곧 금수와 다를 바가 없다. 후흑을 이용해 금수를 죽인들 무엇이 그리 대수이겠는가?"

▶ 무릇 도(道)는 높고 아름답습니다. 그러나 도를 터득하는 것은 마치 하늘에 오르는 것 같아서, 좀처럼 미치기 어렵습니다.(『맹자』 진심 상, 공손장편에서)

♦ 후흑의 도는 높고 아름답습니다. 그러나 후흑의 도를 터득하는 것은 마치 하늘에 오르는 것과 같지만 다다를 수 없는 것도 아니다. 이는 멀리 가려는 자는 반드시 가까운 곳에서부터 시작하고, 높이 오르려는 자는 반드시 낮은 곳에서부터 오르는 것에 비유할 수 있다.

▶ 무릇 갈아도 닳아지지 않으니 굳다고 아니 말하랴! 아무리 물들여도 검어지지 않으니, 희다고 아니 말하랴! 또한 내가 어찌 바가지처럼 공중에 매달린 채로 먹지 않고 살겠느냐?(『논어』 양화편에서)

◆ 『후흑학』을 쓰게 된 것은 누구나 쉽게 배워 잊어버리는 일이 없도록 하기 위해서이다. 그렇지만 어떤 부분은 이해하기 어려워 보충 설명을 삽입했다.

나는 처음에 두껍다고 하는 것은 갈아도 얇아지지 않는 것이고, 검다고 하는 것은 씻어도 하얗게 되지 않는 것이라고 설명했었다.

그러나 후에 나는 그 말을 이렇게 고쳤다.

'두껍다는 것은 갈아도 닳아지지 않으니 두꺼워지는 것이고, 검다고 하는 것은 씻을수록 까맣게 되는 것이다(不曰厚乎 越磨越厚 不曰黑乎 越洗越黑).'

그러자 어떤 사람이,

"세상에 그런 것이 있습니까?"

라고 물어,

"손과 발바닥의 굳은살은 쓰면 쓸수록 두꺼워지고 진흙과 먼지로 뒤덮인 숯덩이는 씻으면 씻을수록 시커멓게 된다."

본시 사람의 낯가죽은 얇았으나 서서히 연마할수록 두꺼워진다. 이에 반해 사람의 속마음은 본시 태어날 때부터 시커멓다. 그런데 인과응보를 일컫고, 성리학을 일컫는 사람의 영향을 받아서 인의도덕의 색깔을 덧씌우면 그 검은 빛깔을 알 수 없게 된다. 그러나 만일 그 표면을 씻어내면 시커먼 본색이 자연스럽게 드러나게 마련이다.

▶ 무릇 인의예지(仁義禮智)는 나를 외적으로 구속하고 장식한 덕(德)이 아니다. 인의예지는 본성 속에 굳게 있는 덕이다. 그것이 내재하고 있음을 생각하지 못하고 알지도 못한다. 그러므로 스스로 생각하고 구하면 얻고, 반대로 생각하지 않고 내버려두면 잃고 만다.

또한, 하늘이 백성을 낳으시고, 또 만물과 모든 법칙을 있게 하셨다. 이에 백성들은 하늘의 변치 않는 도를 따르고 지켰으며, 착하고 아름다운 덕을 좋아했노라. 그런고로 모든 사물에는 반드시 법칙이 있고, 또 모든 사람은 하늘의 변치 않는 도를 따르고 지키며, 착하고 아름다운 덕을 좋아하는 것이다.(『맹자』 고자장구 상에서)

♦ 후흑은 외부로부터 말미암은 것이 아니라 본래 자신이 지니고 있는 것이다. 곧 사람들은 선천적으로 후흑의 자질을 갖추고 있는 것이다. 사람들이 본능적으로 가장 좋아하는 것 역시 후흑이다.

▶ 무릇 사람은 배우지 않고도 할 수 있는 능력이 있다. 그것이 양능(良能)이다. 또 생각하지 않고도 아는 능력이 있다. 그

것이 양지(良知)이다.

어린아이는 다 자기 친부모를 사랑하지 않는 법이 없다. 차츰 자라면 다 자기 형을 공경하지 않는 법이 없다.

부모를 친애하는 친친(親親)이 곧 인(仁)이고, 연장자를 공경하는 경장(敬長)이 곧 의(義)이다.(『맹자』 진상장구 상에서)

◆ 한 어머니가 자신이 낳은 어린아이를 안고 밥을 먹일 때, 어린아이는 어머니가 쥐고 있는 밥그릇을 보고 잡아당기려 할 것이다. 또 어머니가 떡을 들고 있다가 먹으면 어린아이는 손을 뻗어 어머니 입 속에 있는 떡을 꺼내 자신의 입으로 가져갈 것이다.

그리고 또한 어린아이가 어미의 품에서 젖을 먹거나 떡을 먹을 때 형이 다가오면 그를 밀치거나 때리려 할 것이다. 이와 같은 일들은 누가 가르쳐주거나 배우지 않고도 능히 할 수 있고, 생각지 않아도 알 수 있는 것이다. 이를 양지양능(良知良能)이라 한다.

이러한 양지양능을 늘리고 넓히어 확충할 수 있으면 하늘과 땅을 놀랠 일도 능히 해낼 수 있다.

당(唐)나라 태종 이세민(李世民)은 고조(高祖) 이연(李淵)의 둘째아들로서 형인 건성(建成)과 동생인 원길(元吉)뿐만 아니라 그들의 아들까지 모두 죽이는 일을 저질렀다. 그리고 동생 원길의 처를 후궁으로 삼고 아버지 이연을 압박해 나라를 물려

받았다.

 당태종의 이와 같은 처사는 모두 어렸을 때 어머니 입 속의 떡을 빼앗고 형을 밀쳐내면서 때리는 등 양지양능을 확장한 것과 다름없다. 일반 백성 모두는 이와 같은 양지양능이 있는데도 불구하고 이를 확충할 줄 몰랐는데 당태종 이세민은 그것을 확충할 줄 알았기 때문에 천하의 영웅이 되었다.

▶ 무릇 모든 사람은 입과 맛에 있어 미각적 기호가 같으며, 또 귀와 소리에 있어서도 청각적 기호가 같으며, 또 눈과 미색에 있어서도 시각적 기호가 같다.
 그러하거늘 유독 마음에 있어서만 같은 바가 없겠는가?
 모든 사람은 마음에 있어서도 그 기호나 성향이 같다. 마음에 있어 같다고 함은 무엇을 말하는가, 마음으로 깨닫고 아는 바 천리(天理)와 도의(道義)를 말한다.
 성인은 일찍이 우리 모든 사람 마음속에 한결같이 있는 '천리와 도의'를 터득한 사람이다. 그러므로 우리가 마음으로 천리와 도의를 좋아하는 것은, 마치 입으로 고기요리를 좋아함과 같으니라.(『맹자』고자장구 상에서)

◆ 모든 사람들은 입으로 맛을 느낄 때 좋아하는 맛이 있고, 귀로 소리를 들을 때 좋아하는 소리가 있고, 눈으로 아름다운 색깔을 볼 때에도 좋아하는 아름다움이 있다.
 그러므로 유독 얼굴과 마음에 있어서만 같은 바가 없겠는가.

모든 사람은 얼굴과 마음에 있어서도 똑같이 가지고 있는 것은 무엇인가. 그것은 곧 두꺼운 낯가죽과 시커먼 속마음이다.

무릇 영웅이라 함은 바로 이 뻔뻔함과 음흉함을 특별히 확장한 사람이다. 이와 같은 후흑의 이치는 아주 분명히 우리 눈앞에 있으므로 모든 사람들이 다 볼 수 있는 것이다.

▶ 무릇 "우산(牛山)의 수목은 원래 '울창하게 우거져' 아름다웠다. 그러나 제(齊)나라의 큰 국도(國都) 교외에 있었기 때문에 도끼로 마구 벌목했다. 그러니 어찌 아름다울 수 있었겠느냐. 그러나 밤낮으로 숨을 쉬고, 또 비나 이슬이 적셔주었으므로 새싹이 돋아나지 않은 것도 아니다. 그러나 다시 소나 양들이 와서 뜯어먹었다. 그래서 그와 같이 뻔질뻔질한 벌거숭이가 된 것이다. 사람들은 그 뻔질뻔질하게 헐벗은 모양만을 보고 전부터 재목이 없었다고 생각하지만, 어찌 그렇게 헐벗은 모양이 그 산의 본래 모습이겠느냐?"

마찬가지로 "사람에게 있는 '본성'에 어찌 인의의 마음이 없겠는가. '본성 속에 인의의 마음이 다 있다.' 사람들이 '본성 속에 있는' 착한 마음을 내버리는 것은 마치 도끼로 나무를 잘라버리는 것과 같다. 매일 자르고 버리니 '어찌' 아름다울 수가 있겠느냐.

하지만 사람의 착한 마음도 낮과 밤으로 더욱 자라나고자 하며, 새벽녘 청명한 기를 받고 새싹이 돋아나게 마련이다. 그런데도 좋아하는 바와 싫어하는 바가 사람의 본성과 가까운 점이 거의 없으니, '그렇게 되는 까닭은' 즉, 낮에 하는 '세속적인 일 때문에 밤에 자라나고, 또 새벽에 돋아난 새싹이' 구속되고 스러지기 때문이다.

'양심의 싹이' 구속되고 스러지는 일이 반복되면, 결국에 가서는 '양심의 싹을 키워주는' 야기(夜氣, 밤의 차고 눅눅한 기운)가 부족해지고 '양심의 싹'을 살아나게 하지 못하게 된다.

야기가 부족하여 '양심의 싹이' 더 살아나지 못하게 되면, 즉 금수와의 거리가 멀지 않게 된다.

'그와 같이 동물적 존재로 떨어진 다음에' 사람들은 그를 금수로만 보고 본래부터 '인간적인' 재질(才質)이 없었다고 생각하겠지만 어찌 그것이 인간의 실상이라 하겠는가?"

그러므로 잘 맞게 배양하면 자라지 않는 사물이 없다. 만약에 배양하지 못하면 소멸하지 않는 것이 없다.(『맹자』 고자장 상에서)

◆ 본래 우산(牛山)의 수목은 원래 울창하게 우거져 아름다웠으나 도끼로 마구 벌목했다. 물론 그 후로 새싹이 돋아나지 않은 것도 아니지만 소나 양들을 몰아다 뜯어 먹인 까닭에 벌거숭이가 된 것이다.

이와 마찬가지로 사람에게 본시 두꺼운 낯가죽과 시커먼 속마음이 사라진 것은 도끼로 나무를 베어버리는 것처럼 날마다 그것을 베어냈기 때문에 결국은 존재할 수 없는 것이다.

무릇 뻔뻔함과 음흉함이 없다면 영웅을 바라기 어렵다. 세상 모든 사람들은 영웅이 없는 것을 보고 이 세상에는 뻔뻔함과 음흉함이 있을 수 없다고 여기는데 어찌 후흑이 없다는 것이 인간의 본래 모습이겠는가?

그러므로 후흑을 잘 맞게 배양하면 후흑은 날로 함양될 것이고 만약에 배양하지 못하면 후흑은 날로 소멸될 것이다.

▶ 무릇 사단(四端, 측은 · 수오 · 사양 · 시비)은 선천적으로 니에게 있는 것이며, 또 그것을 확대하면 알차게 됨도 알 수 있다. 흡사 불이 처음에는 작지만 차차 크게 타오르거나, 샘물이 처음에는 작지만 나중에는 멀리 뻗어 흐르는 것과 같다. 만약 능히 확대하고 알차게 하면 족히 사해(四海)를 간직하고 다스릴 수 있으나, 만약에 확충하지 못하면 자기 부모도 제대로 섬기지 못할 것이다.(『맹자』 공손추 상에서)

▶ 무릇 어른은 어린아이 때의 마음을 잊지 못한다(『맹자』 이루 하).

▶ 무릇 스스로 자신을 해치는 사람과는 함께 '인(仁)의 도덕'을 말할 수 없다. 스스로 자신을 포기하는 사람과는 함께 '왕도 인정'을 행할 수 없다. 예의를 비난하고 부정하는 것을 자포(自暴)라 한다. 자신이 인도(仁道)에 깃들지 않고, 또 도의(道義)를 따르지 않는 자를 자기(自棄)라 한다.(『맹자』 이루장 상에서)

* 자폭자(自暴者, 스스로 자신을 해치는 사람). 자기자(自棄者, 스스로 자신을 포기하는 사람)

♦ 어린아이가 어머니 입 속에 있는 떡을 보고 빼앗을 줄 알듯이, 사람은 누구나 어머니 입 속의 떡을 뺏을 마음이 있고 그렇게 할 줄을 안다. 그러므로 이를 확충할 줄 안다면 영웅이 될 수 있겠다. 흔히 이를 보고 '대인은 어린아이의 마음을 잃지 않는 자'라고 말하는데, 자기 몸 하나 보전할 수 없다면 이를 두고 '자포자기'라고 한다.
　스스로 천부적인 자질을 지닌 이들은 이런 이치를 터득하여 힘껏 노력하고, 우둔한 자질의 소유자들은 미처 깨닫지 못하는 경우가 있다.

▶ 무릇 지금 행하면서도 그 당연한 바를 밝게 알지 못하고, 이미 익숙하게 행하면서도 그 이유를 알지 못하고, 또 평생을 따라 행하면서도, 그 도리를 알지 못하는 사람이 많다.(『맹자』 진심 상에서)

♦ 후흑을 행하면서도 그 당연한 바를 알지 못하고, 이미 몸에 배어 익숙하게 행하면서도 그 이유를 알지 못하기 때문에 평생을 행하면서도 후흑을 알지 못하는 사람이 많다.

▶ 무릇 진실로 나를 등용시키는 사람이 있다면 일 년이면

나라를 바로잡고, 어느 정도 기강을 잡을 수 있을 것이고, 3년이면 치적을 이룰 수 있을 것이다.(『논어』 자로편에서)

♦ 만약에 후흑학을 배우려는 사람이 있다면 일 년이면 겨우 이를 운용할 수 있을 것이고, 3년이면 후흑학을 훌륭하게 이룰 수 있을 것이다.

왕후장상의 씨가 따로 있나

 '오(吳)나라 사람과 월(越)나라 사람은 서로 상대방을 싫어했으나 같은 배를 타고 강을 건너다 풍랑을 만나게 되면 두 사람은 서로 도왔다.'
 서로가 원수처럼 여기는 두 나라의 사람들은 배가 침몰하려 하자 우선 배를 살리기 위해 힘을 합친 것이다. 그러므로 평상시의 원수 사이도 어려울 때는 서로 돕는 좋은 친구로 변할 수 있는 것이다.
 대체로 역사상의 일들은 모두 이와 같은 법칙에서 어긋나지 않았음을 다음과 같이 살펴볼 수가 있다.

첫째 진(秦)나라 말기 온 천하가 학정(虐政)에 시달릴 때 진승(陳勝, 涉)이 군사를 일으켰다.

진승(陳勝)은 북방 국경 경비를 서기 위해 징발된 9백여 명의 병졸을 인솔하여 어양(漁陽) 땅으로 가고 있었다. 그런데 그들이 대택향(大澤鄕)이라는 곳에 이르렀을 때 큰 장맛비가 내리기 시삭했다.
　진승과 병졸들은 계속 내리는 폭우로 길까지 끊기자 오도가도 못하는 신세가 되었다. 비가 그치고 물이 빠지기를 기다릴 수밖에 없었다.
　비는 며칠이 지나도록 그치지 않았다.
　"큰일이군."
　진승이 친구인 오광(吳廣)에게 말했다.
　"이러다가 우리 모두 죽는 게 아닌가?"
　오광도 안절부절못했다. 정해진 날짜까지 목적지에 도착하지 못하면 목이 날아갈 판이었다.

〈징발된 병사나 토목공사에 임하는 인부가 소정 기일 안에 지시한 목적지에 도착하지 못할 시에는 전원 사형에 처함!〉

이것은 진나라의 법으로 모든 백성들은 어린아이들까지 달달 외우고 있었다.
　"오늘 밤에라도 비가 그친다면 어떻게 해서라도 도착할 수 있을 텐데."
 진승이 이렇게 중얼거렸을 때 이를 비웃기라고 하듯 번개가 치며 우렛소리가 요란했다. 그리고 폭우는 하늘이 구멍난 듯 밤새 그치지 않았다.
 "다 틀렸네. 어떡해야 하지?"
 진승이 오광에게 말했다.
 "늦게 가서 개죽음을 당하느니 차라리 도망칠까?"
 "도망친들 살 수 있겠는가. 고생만 더 하다가 잡혀 죽게 되겠지."
 병졸들도 이곳저곳에 웅크리고 앉아 웅성거렸다. 그러면서 절망의 눈으로 진승과 오광을 바라보았다.
 진승은 가난한 집에 태어나 어느 부잣집의 머슴살이를 하며 자랐다. 그러나 그는 힘도 세고 의리도 있었다. 그래서 머슴들은 그를 우두머리로 여겼고 그의 말을 잘 따랐다.
 병사(兵士)가 된 그에게는 꿈이 있었다. 군에서 출세하여 장군까지는 아니더라도 부장(副將)이 되는 것이었다. 그러나 폭우는 그 꿈까지 떠내려 보낸 것이다.
 진승이 한참을 숙고하다가 오광을 바라보았다. 그 눈빛이 야릇하게 번뜩였다.
 "오광, 우리는 살아야 한다."
 "어떤 방법이라도 있나?"
 "어차피 사람은 한 번 태어나 한 번 죽는다. 불로초를 구해 영생불사하려던 시황제도 죽지 않았느냐, 난 이대로 죽고 싶지 않다."

"나도 죽고 싶지 않다."

"그렇다면 나와 함께 손을 잡고 일어서자. 여기 9백여 명이 우리와 뜻을 함께하고 일어선다면 무서울 것이 없을 것이다."

"도대체 무슨 말을 하는 거냐?"

"반란을 일으키자는 것이다. 만약 우리가 일어선다면 압정(壓政)에 시달리고 있는 많은 사람들이 우리를 호응할 거다."

오광은 진승의 반란이라는 말에 처음에는 주저했지만 결국은 그를 따르기로 했다.

진승은 9백여 병졸들을 한자리에 모이게 한 후 그들을 향해 소리쳤다.

"우리는 도저히 조정이 정한 기일 내에 어양까지 갈 수 없습니다. 그 뒤에 도착한다고 해도 죽습니다. 그렇다면 도망쳐야 하는데 잡혀 죽기는 마찬가지로 가족까지 몰살당합니다. 이제 우리는 한 가지 길을 선택해야 합니다. 나는 그 한 가지 길을 여러분에게 제시하겠습니다. 우리 모두 진나라의 폭정에 항거하여 일어서자는 것입니다. 그러면 하늘이 돕고 천하가 우리를 따를 것입니다. 그러나 제 말을 따르지 않아도 좋습니다. 도망치려는 자는 도망치십시오."

병졸들은 처음 아무 말이 없었다. 빗소리만 들렸다. 그때 누군가가 큰 소리로 말했다.

"반역입니까?"

"그렇습니다. 반역입니다."

그러자 병졸들이 웅성대기 시작했다. 다시 진승이 큰소리로 외쳤다.
"왕후장상(王侯將相)의 씨가 어찌 따로 있겠습니까?"
이 소리는 병졸들의 가슴속에 우렛소리처럼 부딪쳤다.
"따르겠습니다. 죽기 아니면 살기로요."
병졸들은 열광하기 시작했다.

비가 그치고 있었다.
마침내 진승과 오광은 중국 천지에 반란의 불길을 당기는 첫 발자국을 내딛게 되었다.
진승은 우선 굶주린 병졸들을 배불리 먹여야 한다고 생각했다. 그래야만 병졸들이 힘을 얻어 자기를 따를 것이었다. 그래서 진승은 밤을 이용하여 그 중 가까운 현청으로 잠입했다. 현청은 아직 진승이 반란을 일으킨 것을 모르고 있었다. 진승은 새벽녘에 현령의 관저를 급습했다. 아직 자고 있던 현령은 소리 한 번 지르지 못하고 목이 날아갔다.
현청을 손쉽게 점거한 진승은 앞으로 어떻게 할지를 오광과 의논했다. 이곳에서 어물대다가는 언제 군(郡)에서 군사들이 들이닥칠지 몰랐다.
"일단은 산동(山東) 쪽으로 가서 좀더 때를 기다리는 것이 어떨까?"
오광은 자기들이 벌인 일이 아무래도 두려운 모양이었다. 그래서 산동 방향의 산 속으로 들어가자는 것이었다.

"무슨 소릴. 나는 비적(匪賊)이나 되려고 거사를 한 것이 아니네. 함양을 목표로 진군해야 하네. 2세황제의 폭정에 시달리고 있는 백성들은 분명 우리 편이네."

진승은 단호했다.

결국 오광은 진승의 말을 따르기로 했다. 진승은 병졸들을 배불리 먹인 후 무리들을 진나라 군사편제로 만들었다.

"우리는 군청을 공격하여 짐거해야 한다. 그래야만 더 많은 군량을 확보하고 공적에 따라 전리품을 나눠 가질 수 있다. 그러나 절대로 백성들에게 피해를 주어서는 안 된다. 그런 자는 그 자리에서 처형할 것이다. 만약 백성 중 장정이나 진나라 군사 중에서라도 우리의 거사에 함께하겠다는 자가 있다면 무조건 받아들인다."

병사들은 진승의 말에 환호성을 지르며 죽기를 각오하고 충성할 것을 맹세했다.

진승의 군사는 하루가 다르게 그 수를 더해 갔다.

진승과 오광의 거사 소문은 금세 진나라 전국으로 들불처럼 퍼져나갔다. 사람들은 폭정 진나라에 항거하여 반란을 일으킨 진승과 오광이라는 자가 어떤 사람이냐며 수군거렸다. 소문은 항상 부풀리게 마련이었다.

"초나라 부추(負芻) 왕이 살아 돌아왔다."

과거 초나라 사람 중에는 이렇게 말하는 사람도 있었다.

"항연(項燕) 장군이 일어났다."

어떤 사람은 이렇게 말했다.

이제 반란의 불길은 막을 수 없는 활화산처럼 터져 올랐다. 고된 노역에 징발된 부역자나 강제 징집된 진나라 군사들도 진승과 오광의 반란군에 몰려들었다. 반란군의 사기는 진나라 철기병도 두려워하지 않을 정도로 높았다. 그들은 그러한 기세로 서쪽으로 진격해 나아갔다.

세상은 물처럼 들끓었다.

이를 계기로 중국 대륙 각지에서 야망을 품고 때를 기다리던 자들이 꿈틀대기 시작했다.

이와 같이 중간에서 연락하는 이가 없어도 모두가 한결같이 호응하여 하나로 결합한 것이다. 이는 백성들이 오랫동안 진나라의 학정에 시달려온 탓에 저마다 마음속으로 진나라를 타도하고 싶었기 때문에 빚어진 현상이다.

이처럼 이해관계가 같고 마음이 같기 때문에 모두 힘을 하나로 합칠 수 있는 것이다.

또한 한신(韓信)의 배수진(背水陣)은 자신을 사지에 몰아넣은 뒤 비로소 삶을 도모한 좋은 예이다.

한신은 진여(陳餘)가 군사를 이끌고 성을 나와 싸우기로 했다는 소식을 첩자들로부터 듣자 무릎을 치며 기뻐했다. 만약 이좌차의 계책대로 정형성(井陘城)으로 향하는 좁은 길을 끊는다면 한신군은 군량을 보급하지 못해 곤경에 처하지 않을 수 없었을 것이다.

한신은 곧 장수들에게 면만강(綿蔓江)을 등지고 진을 치게 하는 한편, 부장에게 군사 2천을 주어 성 가까이 매복해 있다가 조나라 군사가 성을 나오면 그 틈을 타 성 안으로 쳐들어가게 했다.

한신의 명이 떨어지자 장수들은 놀란 얼굴로 물었다.

"강을 등지고 진을 치면 물러날 길이 없게 됩니다. 병법에서도 배수진(背水陣)은 꺼리는 법인데, 어찌 강을 등지고 싸우라는 것입니까?"

그러자 한신은 노한 얼굴로 장수들에게 말했다.

"군사를 부리는 내가 어찌 그만한 병법을 모르겠는가? 그대들은 여러 말 말고 내 말에 따르라."

한신의 질책에 장수들은 더 이상 입을 열 엄두도 내지 못하고 군령에 따랐다.

이윽고 성문이 열리며 조나라의 대군이 밀려나왔다.

진여는 한신군이 면만강을 등지고 있자 기뻐 소리쳤다.

"어리석게도 적은 배수진을 쳤다. 일거에 달려나가 적을 강물에 밀어 처박아라!"

이에 조나라 군사들이 파도처럼 닥치자 한신군도 죽음을 무릅쓰고 싸웠다. 그러나 수가 적은 한신군이라 점차 강 쪽으로 밀렸다. 한신군이 바로 강기슭에까지 밀렸을 때였다. 한신이 칼을 치켜들고 적진으로 뛰어들며 외쳤다.

"이제 등 뒤에는 강이다. 더 이상 물러설 곳이 없다. 군사들은 죽기를 다하여 싸워라!"

 한신은 순식간에 조군 수십 명을 베었다. 그러자 한신군은 목숨을 돌보지 않고 적진으로 뛰어들어 닥치는 대로 찌르고 베었다.

 조나라 군사들은 처음 한신군의 수가 자기들보다 적다고 가볍게 여겼다. 그러나 오랫동안 싸움터를 누벼온 한신군의 용맹은 자기들에 비할 바가 아니었다.

 조나라 군사들은 크게 당황한 나머지 우왕좌왕하며 밀리기 시작했다.

 "물러서지 마라. 도망치는 자는 내가 죽일 것이다."

 진여는 소리치며 군사들을 독려했다.

 그러나 한번 무너지기 시작한 조나라 군사들은 걷잡을 수 없었다. 진여는 어찌할 바를 모르고 발만 동동 구르다가 군사를 돌려 달아나기 시작했다

 진여가 뒤도 돌아보지 않고 달려 성 앞에 이르렀을 때였다. 문득 성루를 바라보니 그곳에는 수많은 붉은 기가 펄럭이고 있지 않은가. 붉은 기는 곧 한나라의 기였다.

 한신군의 복병이 진여가 군사를 이끌고 성을 빠져나가자 그 틈을 타서 군사를 휘몰고 들어가 성을 빼앗아버린 것이다.

 진여는 아연실색했다. 이제 물러날 곳도 없었다. 진여는 남은 군사들과 함께 뒤쫓아온 한신군을 맞아 싸웠다. 그러나 이미 승패는 결정나 있었다.

 한신의 장수 관영이 달려와 허둥대고 있는 진여를 한칼에 목

을 베어버렸다.

대장의 목이 떨어지자 초나라 군사는 뿔뿔이 흩어졌다. 미처 달아나지 못한 자들은 칼과 창을 버리고 땅에 엎드려 항복했다.

결국 10만의 조나라 군사들은 한신의 2만 군사에게 힘없이 무너지고 말았다. 한신은 조나라 왕을 사로잡은 후 정형성에 들어가 군사들에게 백성들을 해치거나 약탈하지 못하게 했다.

한신은 장수들에게 말했다.

"내가 배수진을 친 것은 곧 '사지에 빠져야만 목숨을 구할 수 있다(陷之死地而後生)'는 병법에 따른 것이었소. 이는 물러날 길이 없을 때 힘을 다해 싸워 이길 수 있다는 뜻이오. 그러니 배수진을 꺼리는 것은 하나만 알고 둘은 모르는 격이오."

장수들은 고개를 끄덕이며 감탄해 마지않았다.

한신의 한나라 병사가 진여(陳餘)의 군사들에게 내몰렸을 때 앞에는 큰 강이 가로놓여 있는 막다른 길이었다. 오로지 몸을 되돌려 진여의 병사들을 물리쳐야만 비로소 활로를 찾을 수 있는 상황이었다.

한나라 병사들은 모두가 같은 생각으로 힘을 합쳤다. 그래서 오합지졸인 무리가 하나로 단결할 수 있었기에 성공한 것이다.

본래 진여(陳餘)와 장이(張耳)는 생사를 같이하는 절친한 친구였으나 원수 사이가 된 것은, 거록성에서 진(秦)나라 장한군과 싸울 때 장이가 위급한 상황에 처했는데 진여가 돕지 않았기 때문이다. 결국 장이는 한신을 도와 진여를 죽였다.

 장한은 초나라의 주력인 항량군을 정도에서 섬멸(殲滅)했기 때문에 초나라는 이제 재기 불능이라고 단정했다. 그래서 팽성으로 퇴각하는 항우군보다는 한단(邯鄲)의 조나라를 먼저 치기로 결정한 것이다. 조나라를 섬멸하면 남쪽의 초군은 자연히 지지멸렬하게 되거나 설사 항거한다고 해도 적수가 되지 않으리라고 판단한 것이다.
 장한은 곧장 군사를 몰아 조나라로 쳐들어갔다.
 "한단부터 친다!"
 진나라의 장한은 대군을 몰아치며 외쳤다. 그러나 한단은 두터운 성벽이 안팎으로 여러 겹 둘러싸여 있었기 때문에 함락이 쉽지 않았다. 그 때문에 장이와 진여는 적은 병력으로도 진나라 대군을 몇 달 동안 막아낼 수 있었다.
 기동력을 작전의 생명으로 삼는 장한은 초조했다. 주력군을 한단에 못박아둔다는 것은 위험한 일이었다.
 장한군은 계속 공격하면서 포위망 한 쪽은 비워놓게 했다. 조나라 군사에게 탈출구를 주지 않는다면 사생결단으로 버틸 것이기 때문이었다.
 장한의 이러한 계략은 적중했다. 진여가 자기 예하부대를 이끌고 빠져나갔다. 장한군은 이들을 공격하지 않았다.

그러나 장이는 수비대를 지휘하며 성 안에서 계속 버텼다. 그러면서도 오래는 버티지 못하리라는 것을 알았다. 그렇다면 한단을 탈출하는 길밖에 없었다.

'장한은 탈출할 길을 터주지 않았는가. 어쩌면 탈출하기를 바라고 있는 것이다. 장한군은 진여가 빠져나갈 때도 공격하지 않았다.'

장이는 이렇게 생각했지만 탈출이 그리 용이할 것 같지는 않았다. 자기 혼자 탈출한다는 것은 쉬운 일일 것이다. 그러나 조왕을 옹위하여 많은 군사가 움직여야 했다. 장한군은 틀림없이 조왕을 노릴 것이었다.

장이는 군사 작전에 대한 경험이 별로 없었다. 원래가 책사였기 때문이다. 무(武)보다는 정략(政略)과 논쟁이 그들의 자랑거리였다. '싸우지 않고 우리는 옛 조나라의 삼십여 성을 회복했다'는 식으로 자랑하는 그였다.

한단성은 갈수록 위기에 처해갔다. 장한군의 공격이 거세진 것이다. 그러면서도 조군의 탈출구는 계속 터놓고 있었다.

장이는 마침내 조왕과 함께 한단성을 탈출했다. 그들이 향한 곳은 한단에서 북쪽으로 몇십 리 떨어진 거록이었다.

진나라 장한은 조나라 장이군을 뒤쫓게 했지만 곧 되돌렸다. 일단 한단부터 완전히 수중에 넣은 후 장이를 공격해도 늦지 않으리라고 생각한 것이다.

장한군은 성으로 겹겹이 둘러싸인 한단에 입성했다.

"백성들을 모두 하내(河內) 땅으로 이주시켜라."

한단의 주민은 20여만 명이나 되었다.

장한은 이틀 만에 도시를 텅 비우고는 수만의 군사와 인부로 하여금 모든 성벽을 부수게 했다. 이는 진나라 군이 다른 곳으로 이동해 갔을 때 어떤 반란군이 다시 한단에 들어온다면 이를 물리치기가 쉽지 않으리라고 생각했기 때문이었다.

장한은 그토록 도시를 파괴하면서도 군사들에게 엄명을 내려 백성들을 해치는 일은 없도록 했다. 그래서 백성들은 불안에 떨지 않고 고스란히 성을 비울 수 있었다. 그러나 성벽을 부수는 일에 동원된 인부들은 뼈와 살을 깎는 중노동에 시달려야만 했다.

"진나라는 오나가나 사람들을 노역으로 말려 죽이는구나."

"시황제는 온갖 공사를 벌여 사람들을 끌어들이더니, 장한은 부수는 일에 동원하는군."

동원된 인부들은 이렇게 투덜거렸다.

장한은 성벽을 완벽하게 파괴시켰다. 이제 어떤 적이라도 한단을 근거지로 사용할 수는 없을 것이었다.

"이제 마음이 놓이는군."

장한은 그제야 장이가 조왕과 함께 도망쳐간 북쪽의 거록으로 군사를 돌렸다.

진나라 북상군의 상장군은 왕리(王離), 중군장은 소각(蘇角), 그리고 전군(殿軍)은 섭간(涉間)이 거느렸다.

장한은 거록 점령쯤은 쉬우리라고 생각했기 때문에 본진과 함께 한단에 머물렀다.

거록은 화북 평야 중앙에 위치하고 있었다. 토지가 비옥하여 농산물이 넉넉했다. 진나라는 이곳에 군(郡)이라는 치소(治所)를 두었다. 자연 거록은 광역지방구로서의 중요한 역할을 하며 날로 번영해 왔다.

문경지교(刎頸之交)의 장이와 진여

장이는 조왕과 거록에 숨어들었으나 얼마 가지 않아 첩자로부터 진나라 상장군 왕리가 이끄는 군사가 거록을 공격해 올 것이라는 첩보가 들어왔다.

조왕이 한탄했다.

"탈출하자마자 또 장한군이 공격해 온다니……."

"성문을 굳게 닫았으니 염려 마십시오. 거록에는 한단 못지 않게 군사와 식량이 많습니다."

장이는 조왕을 일단 안심시켰다.

장이는 성을 굳게 지키는 한편, 사방 제후들에게 구원을 요청하는 밀사를 파견했다. 책사인 장이의 수완이 발휘되기 시작한 것이다.

조나라 주변에는 진나라 외에 이렇다 할 큰 세력은 없었다. 그러나 과거 왕국의 복구를 노리는 제후들은 나름대로 세력을 모으고 있었다. 장이는 진에 대항할 방도로 이들과 공수동맹(攻守同盟)을 맺을 계략을 짜낸 것이다. 주위의 제후들은 망설이면서도 장이의 제안을 거절할 수 없었다. 장이가 거록마저 진나라에 짓밟힌다면 주위 어느 제후도 진나라 군대로부터 살아남지 못할 것이라고 엄포까지 놓았기 때문이었다.

장이는 이 동맹을 들먹이며 조왕을 달랬다.

"여러 왕과 제후들이 우리 조나라와 동맹을 맺었으므로 원군을 보내줄 것입니다. 진나라는 모두의 적입니다."

장이는 그렇게 확신하고 있었다.

"두고 보십시오. 그들이 원군을 보내주기만 하면 기필코 진나라와 싸워 이길 수 있습니다. 그러면 우리 조나라는 강대한 나라로 자리를 굳힐 것입니다."

책사다운 장이의 논리였다.

장이는 동맹국들이 한가지로 분기충천(憤氣沖天)하여 하루속히 거록 평야에 원군이 집결해 주기를 바랐다. 비록 조나라는 약체이지만, 싸움이 길어지더라도 성이 튼튼하여 몇 개월은 버틸 수 있으리라고 생각했다.

"장한이 곧 쳐들어오지 않을까?"

하루하루를 불안에 떠는 조왕이 또 장이에게 물었다.

"진나라의 대군을 유인하는 미끼가 바로 이 성입니다. 장한은 대군으로 집중 공격하는 전술을 사용하기 때문에 이번에도 이곳에 전군을 투입할 것입니다."

이렇게 말하면서 장이는 불원간 거록 평야가 진나라 장한군과 자기가 이끄는 원군과의 격전지가 될 것이라고 생각했다.

'여기서 장한군을 이긴다면……'

장이는 머릿속에 한 가지 생각이 스쳐 지나갔다.

'장한군이 무너지면 우리가 승전의 여세를 몰아 관중(함양) 땅으로 진격해 갈 수 있지 않을까? 그렇게 된다면 진나라를 멸망시킬 수 있을 것이다.'

장이는 흥분으로 가슴까지 떨렸다. 그래서 조왕에게 이렇게 말했다.

"장한군만 궤멸시키면 함양까지 밀고 들어가지 않아도 진나라는 그대로 무너질 것입니다."

"그럴까?"

"진을 무너뜨리기 위해 조나라가 용감하게 나선 것입니다!"

조왕은 장이의 말에 한 가닥 희망을 갖는 것 같았다. 장이는 장차 거록은 후세에 그 이름을 떨칠 것이라며 자못 뽐내기까지 했다.

장이의 이러한 논리는 각처에서 원군이 충분히 와주어야 성립되는 것이었다. 그렇지 않으면 거록은 한낱 고립된 성에 지나지 않을 것이다.

장한은 장이가 각지의 지원군을 모으고 있다는 것을 미리 간파했다.

제2편 면후심흑(面厚心黑) 191

'잘 되었다. 거록에 모든 반란군이 집결만 해준다면 일거에 쳐부술 수 있다.'

장한은 오히려 좋은 기회라고 생각했다.

그렇게 한다면 진나라의 화근(禍根)이 일소되어, 2세황제 호해는 시황제가 이룩한 천하통일의 황제가 될 것이었다. 백 번 질질 끄는 것보다 한 번의 싸움으로 끝내는 게 백 번 유리했다. 이 불 저 불 끄러 넓은 땅을 정신없이 헤맬 필요가 없이지는 것이다.

거록성을 왕리가 포위하자 장한은 주력군을 이끌고 거록 남쪽의 극원성(克冤城)에 진을 쳤다.

장한은 느긋했다.

"한단을 가루로 만들어 놓았으니 뒷문은 염려할 것 없이 당분간 푹 쉬어도 된다."

"쉬다니요?"

왕리가 물었다.

장한은 거록성을 공격해 싸우기에 앞서 기아 작전을 펴기로 한 것이다.

"그저 우리는 쉬는 거야. 그러면 거록성은 굶주리게 된다."

"아무 일도 하지 않고 쉬기만 하면 군사들은 좀이 쑤실 텐데요."

"심심풀이 삼아 할 일은 있다. 성 주위에 곁성을 쌓아라!"

왕리는 서둘러 장한의 명을 따랐다. 그러자 얼마 되지 않아 거록성 주위에는 많은 성이 생겨났다. 또 장한은 병사들에게

도로 양측에 높은 축지(築地)를 기다랗게 쌓는 용도(甬道)를 만들게 했다. 혹시라도 있을지 모를 적의 습격을 막는 방패로 삼기 위해서였다.

예전에 시황제는 이와 같은 용도를 여기저기에 만들어 황제 전용도로로 이용했다. 용도 안으로 움직이는 것이 안전했기 때문이었다. 용도를 통하면 누가 가고 오는지를 밖에서는 모른다. 일반 사람들의 눈에 띄지 않아 병력 수송은 물론 보급의 안전도 도모할 수 있었다.

장한은 곁성의 축조와 용도공사 현장에 종종 나타나 땀 흘리는 병사들을 독려했다.

"일하면서 쉬어라. 작업을 하면서 부상당하지 않도록 조심하라!"

군사들이 부상당하는 것을 막기 위해 장한은 입버릇처럼 '쉬면서 일하고, 일하면서 쉬라'고 했다. 신병(新兵)의 충원이 적은 것이 장한군의 약점이었다.

장한은 외성과 외성을 잇는 기나긴 용도로 성 밖을 온통 요새화시켜 놓았다.

조왕은 성 위에 올라가 장한의 군사들이 용도를 만들고 있는 것을 보며 장이에게 물었다.

"저 진나라 군사들이 무슨 일을 하고 있는 것인가?"

"용도라는 숨겨진 도로공사를 하고 있습니다. 군사들의 이동을 숨기고 군량미 보급의 안전을 위해서겠지요. 그리고 외부에서 거록성에 식량이 들어오는 것을 막자는 어리석은 수작입니다."

장이의 대답이었다.

"왜 그것을 어리석다고 하는가?"

"우리가 굶어 죽을 때까지 기다리자는 것이니까요. 그러나 우리는 가지고 있는 식량만으로도 몇 달은 버틸 수 있으며 그 안에 구원군이 몰려올 것입니다. 장한이 쓸데없는 짓을 잘 하고 있지 않습니까?"

"심심해서 쓸데없는 짓을 한다?"

"그렇습니다! 시황제란 자도 심심해서 순행을 하다가 죽었습니다."

조왕은 고개를 갸웃거렸다. 장이의 말이 어쩐지 믿어지지 않았지만 그렇다고 믿지 않을 수도 없었다. 장이 또한 큰소리는 쳤지만 장한군의 움직임에 더욱 불안해지는 것은 사실이었다.

거록 평야에 겨울은 빠르게 찾아왔다. 곡식을 심지 않은 들판에 우거진 잡초는 바람이 불어올 때마다 슬픈 울음처럼 서걱거렸다.

장한의 작전은 특이했고, 적이 볼 때에는 해괴했다. 그러나 장한은 보급선 확보와 거록성 기아 작전에 만전을 기하고 있었다.

한편 조나라 우승상 장이는 밀사를 대(代)나라에도 급파하여 구원군을 청했다. 대는 북방에 있는 아주 작은 나라로 장이의 입김이 잘 먹혀들었다.

전국시대 조나라에 인접해 있었던 대나라는 조나라에게 병탄(併吞)되어 무너졌다가 장이의 책략으로 다시 소생한 나라였다. 즉 장이가 아들 장오(張敖)에게 군사를 주어 대나라에 주둔시키면서 그곳 사람들을 군사로 끌어모아 재건한 것이다.

그 대나라에서 장오가 군사를 이끌고 거록성으로 왔다.

"장오가 일만 군사를 이끌고 왔다!"

거록성은 가뭄에 단비를 만난 듯했다.

장이는 '작은 대나라도 거록성의 조나라를 구원하러 왔다'는 격문을 만들어 사방 제후들에게 보냈다. 이것은 상당한 효과를 거두었다.

대나라 군사들은 거록성 가까이 왔지만 성에 들어오지는 못했다. 성 주위에 진나라 군사들이 깔려 있기 때문이었다. 다만 먼 곳에서 진나라 진영을 지켜보며 누(壘)를 짓고 소라가 뚜껑 속에 숨듯 숨었다. 그렇지만 대나라가 구원군을 보냄으로써 다른 주변 제후들의 마음을 움직이는 구실을 한 것은 사실이었다.

"대나라가 원군을 보냈는데 우리도 가만히 있을 수는 없지."

이곳저곳에서 원군을 보내왔다. 북쪽의 연나라가 군사들을 보내왔으며 제나라도 군사를 보냈다.

그러나 이들 또한 진군이 거록성을 포위하고 있었기 때문에 접근하지 못하고 전황이 바뀌기만을 기다렸다. 그러한 구원군은 대규모로 축성도 할 수 없었다. 다만 대나라 군사들처럼 여러 곳에 간이(簡易) 성루를 쌓고 때를 기다릴 뿐이었다.

이들의 출병은 장이와의 의리 때문이었기 때문에 누구도 앞서서 진나라와 싸우기 위해 나서려 하지 않았다. 또한 이들은 조나라가 진나라 장한군을 쫓아낼 수 있으리라고는 생각지 않았다.

"거록성이 진에 함락되는 것은 자명한 일이다."

그들 중에는 조나라가 장한군에 패하리라는 것을 공공연히 말하는 자도 있었다.

"여기까지 왔으니 싸움 구경이나 하고 가자."

그러다보니 원군들은 싸우려 하기보다 그 싸움터에서 빠져나갈 궁리만 하는 꼴이 되어 조나라에 실질적인 도움이 될 것 같지 않았다.

장이도 그 낌새를 알아차렸다.

'싸움을 도와주러 온 게 아니라, 구경만 하다가 도망치려고 온 게 아닌가?'

장이는 울화통이 터졌지만 어쩔 도리가 없었다.

장이가 이처럼 위기에 빠져들 즈음에도 죽마고우 친구인 진여조차 거록성으로 오려 하지 않았다. 그는 진나라 장한군이 한단을 공격할 때 자기 예하의 군사들과 함께 북쪽의 상산(常山)이라는 곳으로 탈출하여 그곳에서 꿈쩍도 하지 않았다.

하지만 거록성의 장이는 진여가 자기에게로 곧 오리라고 믿었다. 그러면서도 마음 한구석에 회의가 일기 시작했다.

거록성에 양식이 떨어지면서 군사와 백성들이 굶주릴 정도로 다급해지고 있었다.

장이는 장염과 진택, 두 사람을 은밀히 밤을 틈타 상산의 진여에게로 보냈다. 그들은 가까스로 진군의 포위망을 뚫고 진여에게로 가 거록성의 위급한 상황을 알렸다.

"우승상께서 말씀하시기를 진여 장군과는 형제보다 우의가 더 두터운 생사를 함께하는 매우 친한 벗, 문경지교(刎頸之交)의 사이라고 하셨습니다. 그런데 우승상의 목숨이 경각에 달린 때에 장군께서는 북쪽에 군사를 멈추어 놓고 바라보고만 계시니, 이는 곧 우의를 저버리는 것이 아닌가 여쭈라고 하셨습니다."

장염과 진책은 장이의 말을 전했다. 그러나 진여의 대답은 냉랭했다.

"지금 우리 군사는 2만이고 적군은 30만이오. 그 중 20만이 거록성을 포위하고 들판에 있소. 이런 상황에서 군사를 그쪽으로 움직인다는 것은 마치 화약을 지고 불더미에 뛰어드는 것과 같을 것이오. 무모하게 밀고 들어가 몰살을 당하느니 우승상 장이와 구원군이 싸울 때 뒤에서 치는 것이 효과 있는 작전일 것이오. 그러나 당장 장이가 위급하다 하니 그대들에게 먼저 5천의 군사를 떼어주겠소."

그들은 하는 수 없이 5천의 군사만을 받아 거록성으로 향했다. 그러나 거록성에 들어가기가 쉬울 리 없었다.

"어떡하지?"

장염이 말했다.

"밤에 허술한 쪽을 뚫고 갑시다."

진택도 그럴 수밖에 없다며 고개를 끄덕였다.

밤이 되어 그들은 장한군을 공격하며 한쪽을 뚫으려 했다. 그러나 장한군은 그들을 기다렸다는 듯이 삼면에서 치고 나왔다. 장염과 진택은 몇 발자국 나가지 못하고 죽고 말았다. 그와 함께 5천의 군사들도 몰살당했다.

가까스로 도망친 군사 하나가 진여에게로 돌아가 그 상황을 알렸다. 그러나 진여는 손바닥으로 얼굴을 쓸어내렸을 뿐 아무런 말도 하지 않았다.

진여는 내심 조왕과 장이가 차라리 장한군의 공격을 받아 하루빨리 죽기를 바랐다. 거록성이 함락되리라는 것을 기정사실로 여기고 있었기 때문이다. 그러고 보면 진여와 장이의 문경지교도 빛좋은 개살구일 뿐이었다.

대나라와 연나라, 제나라의 원군 장수들도 날이 갈수록 불평이 잦아졌다.

"조나라의 군사들은 왜 싸우려 나서지 않지?"

"대장군이라는 진여조차 나타나지 않는데 왜 우리가 여기에 있어야 한담."

진여는 구원병들의 고조되는 불만이 자기를 향하고 있음을 알았다. 잘못하다가는 천하에 의리 없는 놈으로 알려질 것이 두려웠다.

진여는 거록성이 함락되기를 끝내 기다리지 못하고 군사를 슬슬 움직이기 시작했다. 그러나 거록의 북쪽인 요해(要害)까지 남하한 후 다시 그곳에 주저앉았다.

"장이와 진여는 문경지교의 사이가 아닌가?"

"그런데 왜 도중에서 진여는 움직이지 않지?"

원군들은 여전히 진여의 행동을 못마땅하게 여겼다.

지난날 장이와 진여를 일컬어 생사를 같이 하기로 한 벗, 의리의 대명사로 사람들의 입에 오르내리고도 남음이 있었다. 일찍이 조나라에서는 우정의 표본으로 두 사람 이름이 나란히 언급될 정도로 사이가 좋았기 때문이었다.

그들은 의형제라고는 했지만, 나이 차 때문에 진여는 장이를 아버지로 받들었다. 장이 또한 진여를 아들처럼 여겨 그들 개인적으로는 부자의 의를 맺었으나 세상 사람들의 눈에는 그들이 더없이 가까운 친구로 보였다.

사실 그들에게는 부자(父子) 같은 정보다는 의기투합하는 동지의식이 더 강렬했다. 멸진(滅秦)이라는 대명제 앞에서 그들의 만남이 이루어졌기 때문이었다.

하지만 껍질을 벗겨 보면 그 속에는 각자의 이해관계가 도사리고 있었다. 그 이해관계란 장이가 조나라의 우승상이 되고, 진여가 대장군의 자리를 차지한 때부터라고 할 수 있었다. 중요한 관직에 앉고 보니 이해타산이 앞설 수밖에 없었는지도 모른다.

사람들은 그것을 알아채지 못했을지 몰라도 당사자들은 은연중 느끼고 있었다. 그러다가 위기에 처하자 이해타산이 드러난 것이다.

제2편 면후심흑(面厚心黑) **199**

진여는 요해처의 앉은 자리에서 움직이지 않았다.

'내가 조왕이 될 날도 멀지 않았다!'

진여는 다른 나라와 합병하여 진과 싸우는 것보다 왕이 될 욕망에 사로잡혔다. 지금의 조왕은 자기와 장이가 길에서 데려다가 왕관을 씌운 자였다.

언젠가는 지금의 조왕을 쫓아내거나 죽여야 했다. 스스로 죽어주지 않으면 그렇게라도 해야 했다.

그 다음에 등장할 왕은 당연히 장이와 진여 두 사람 중의 하나였다. 그러나 왕의 자리는 하나이기 때문에 두 사람은 경쟁자라고 할 수 있었다.

'장이가 제 차례라고 주장하겠지?'

장이는 연장자인 동시에 진여 자신이 양아버지로 받드는 인물이 아닌가. 그러니 왕의 자리는 장이가 먼저 따놓은 것이나 다름없었다. 때문에 진여는 조왕이나 장이가 차라리 거록에서 죽어주기를 바란 것이다.

진여는 탐욕이라는 마술에 단단히 사로잡혀 있었다. 거록의 급박한 사태가 진여에게는 자신의 야욕을 채우기 위한 더없는 기회로 여겨졌다.

초패왕 항우의 죽음

항우와 유방은 서로 자신의 근거지, 항우는 숙부인 항량(項梁)과 함께 강남 땅 회계군 오중(吳中)에서 군사를 일으키고 유방은 패현(沛縣)에서 말단 정장(亭長)의 신분으로 군사를 일으켰다.

항우와 유방이 제각각 군사를 일으켰을 때 모두 진나라를 멸망시키는 데 뜻을 두었기 때문에 서로 협력할 수 있었다.

장한군이 조나라 거록을 점령하고 나면 곧바로 팽성으로 쳐들어올지도 모른다는 위기감을 느낀 초나라의 군사회의는 언제 티격태격했느냐는 듯 모두가 머리를 맞대고 이 위급을 돌파할 계책을 짜내기에 골몰했다.

회의는 휴식을 거듭하면서 진지하게 계속되었다.
"초군은 병력면에서 진군에 열세니 장한이 공격해 왔을 때 정면으로 맞서 싸운다 해도 승산은 없소."
이 점에는 모두의 의견이 일치했다.
회의는 난항(難航)에 부딪쳐 좀처럼 가닥이 잡히지 않았다.
잠시 회의가 중단된 틈에 유방은 소하에게 계책을 물었다.
"어찌하면 좋겠소?"
"항우와 조정이 알아서 할 문제입니다. 섣불리 나서면 물러서기가 어렵습니다. 그저 지켜보기만 하십시오."
소하의 말에 유방은 고개를 끄덕였다.
회의가 공전(空轉)을 거듭하자, 항우는 화가 나서 꿀 먹은 벙어리처럼 앉아만 있는 자들에게 소리쳤다.
"발언을 안 하고 앉아만 있는 분들은 장한이 공격해 오면 달아나겠다는 거요?"
그래도 어느 누구 하나 입을 열려 하지 않았다. 그때 회왕이 느닷없이 한마디 했다.
"우리의 최종 목적은 관중(關中)을 무너뜨리는 데 있소!"
좌중은 어리둥절했다. 회왕의 말은 꼭 자다가 깬 사람이 엉겁결에 지껄인 말 같았기 때문이었다. '장한을 어떻게 물리쳐야 하느냐'는 위급한 명제를 놓고 토의하는데, 침묵을 깨뜨린 회왕의 뚱딴지 같은 말은 좌중을 실소하게 만든 것이다.
항우도 기가 막히다는 듯 반문했다.
"관중이 문제가 아니라 우리가 팽성을 어떻게 지켜야 하느냐가 문제요! 그런데 어째서 관중을 쳐야 한다는 말이 나오는 것입니까?"

그러나 회왕은 항우의 말에 신경을 쓰지 않는 듯 주위를 둘러보며 가라앉은 목소리로 말했다.

"우리 것을 지키려면 적의 땅을 치는 게 가장 좋은 방법이오. 과인은 과거에 양을 칠 때 이리떼의 습격으로 골머리를 썩인 적이 있었소. 아무리 경계를 해도 이리의 출몰을 막을 길이 없었소. 하루는 양을 모두 가두어 놓고 내 친구들과 이리의 굴을 찾아내어 불을 질러버렸소. 굴 속에 있는 이리떼가 타 죽었는지 어쨌는지는 모르겠지만, 그 이후로는 이리떼가 습격해 오지 않았소. 다른 곳에서 이리떼가 출몰했다는 소문이 들려온 것으로 본다면, 아마 이리떼는 우리 양들을 다시 습격했다가는 또 불 공격을 당할 것이 두려워 얼씬도 하지 않는 게 분명하오."

좌중이 조용해졌다. 모두들 회왕의 말이 어쩌면 맞을지도 모른다는 생각을 한 것이다.

관중을 공격해야 한다는 발상은 순전히 회왕의 머리에서 나온 것이었다. 송의가 귀띔해 준 것도 아니었다. 과거 양치기 경험에서 자연스럽게 나온 말이었다. 회의에서 자신도 무슨 말인가 해야겠다고 생각하고 있는데 항우가 노기를 띠자 불쑥 입을 연 것이다.

그렇지만 관중을 이리떼의 소굴로 비유할 수 있을까.

관중은 곧 관소(關所)의 안쪽이라는 뜻이었다.

제2편 면후심흑(面厚心黑)

관중을 에워싸고 있는 관문은 무관(武關), 산관(散關), 소관(蕭關), 함곡관(函谷關)으로 그곳은 진나라 군대가 각각 방위에 철벽이나 다름없이 지키고 있었다. 관문 중에서도 대표적인 곳이 함곡관인데, 그 안쪽을 관중이라 불렀다. 즉 관중은 중국 대륙의 안방인 셈이다.

함곡관을 통해 관중으로 들어가면 광대한 분지(盆地)가 나타났다. 이곳은 관동보다 고지대에 위치하면시도 수리(水利)가 발달되어 있었다. 위수(渭水)로 옥토가 형성되어 있어 많은 인구의 식량문제를 너끈히 해결했다.

진나라 외에도 주(周)나라가 일찍이 관중에 있는 함양에 수도를 정했다. 외부의 세력이 쉽게 넘겨다볼 수 없는 요충지였다. 장초의 진승도 무모하게 함곡관을 넘보았다가 나라까지 없어진 것이다.

그런 터에 회왕이 느닷없이 관중을 들먹거리자 항우를 비롯하여 모두가 입을 딱 벌릴 수밖에 없었다.

그러나 송의의 생각은 달랐다. 굼벵이도 뒹구는 제주가 있다고 회왕의 말이 문제의 정곡을 찔렀다고 생각한 것이다.

송의가 나섰다.

"장한의 전술은 결집 강타 작전 한 가지밖에 없습니다. 그는 대군으로 거록성을 치는 데에만 정신이 팔려 있습니다. 관중으로 가는 길목은 지금 텅텅 비어 있을 것입니다."

그 말에 좌중은 물을 끼얹은 듯 조용해졌다. 회왕은 더욱 신바람이 나서 이렇게 선언했다.

"여러 장수들은 앞다투어 진나라와 싸우시오. 누구든지 관중에 가장 먼저 들어간 장수를 '관중의 왕'으로 삼겠소!"

가장 먼저 함양에 들어가는 자가 관중왕(關中王)이 된다면, 결국은 그가 이 대륙의 주인이 된다는 것이었다.

물론 회왕이 관중왕을 약속할 만한 그릇이거나 또한 그 위치에 있는 것도 아니었다. 항우나 유방, 그리고 송의도 그쯤은 알고 있었다. 회왕은 엉겁결에 군사들이 목숨을 돌보지 않고 싸우게 하기 위해 포상(褒賞) 이야기를 꺼낸 것이다.

내막이야 어떻든지 회왕의 말을 들은 장수들의 가슴은 설레었다.

'관중왕이라.'

항우와 유방이 더욱 그랬다.

"그렇다면 쉴 동안 그에 대한 구체적인 계책을 다시 세워 보시오!"

항우는 회왕에게 이렇게 말한 후 휴식을 선언했다.

회왕과 송의는 휴식 시간에 관중 공격의 구체적인 안을 마련하기 위해 머리를 맞댔다. 노회하고 머리가 잘 돌아가는 송의가 회왕에게 속삭였다.

"초군의 주력을 북방의 조나라 거록성으로 향하게 해야 합니다."

"그런 다음에 어떻게 한다는 말인가?"

"주력군이 장한군을 공격하기 위해 나서게 하면서 별동대(別動隊)를 만들어 관중을 치게 한다면 당황한 장한은 그 별동대를 치기 위해 자기의 대군을 쪼갤 것입니다. 그 반으로 나뉜 군사가 별동대를 치려고 나서면 초의 주력군이 거록성의 진나라 본대를 공격하는 것입니다."

송의의 계책은 그럴듯했다. 그러나 여기에는 그의 시커멓고 음흉한 음계(陰計)가 숨겨져 있었다. 그것은 항우와 유방을 갈라놓고 항우보다 만만하게 느껴지는 유방을 유리한 쪽으로 두자는 것이었다.

"오오, 그대는 과연 천하의 군사 전략가요!"

회왕은 감탄했다.

"회의가 열리면 대왕께서는 칙명을 발하셔야 합니다. 그래야만 조정의 권위가 서게 됩니다. 칙명을 내리시어 주력군은 항우 장군에게 맡기고, 별동대는 유방 장군에게 맡기는 것입니다. 대왕께서는 친히 전군을 지휘하십시오."

"하지만 나는 병법에 대해 아는 바가 없지 않소?"

"그렇다면 한 가지 방안이 있습니다만……, 제게 총사령관직을 기회를 보아 다시 맡겨 주시면……."

결국 군 지휘를 송의 자신이 맡겠다는 꿍꿍이속까지 드러냈다. 그렇게 되면 실질적인 총사령관은 자신이고, 항우는 총사령관이라고는 하나 자신의 명을 받드는 일개 장수에 지나지 않을 것이었다.

"그러나 항우 장군이 들어줄까?"

회왕은 걱정스런 얼굴로 물었다.

송의가 그런 회왕을 안심시켰다.

"항우에게 별도로 노공(魯公)이라는 칭호를 하나 더 덧붙여 주면 됩니다."

송의의 머리는 획획 돌아갔다.

"그러면 되겠구만."

회왕은 송의의 말에 금세 얼굴이 밝아졌다.

송의는 휴식 시간을 이용하여 바쁘게 장수들을 한 명씩 만나 자신의 구체적 방안을 그럴듯하게 설명했다. 몇 명으로부터라도 사전 승낙을 받아놓아야 칙명을 발할 때 동의를 얻을 수 있기 때문이었다.

일이 잘 되느라고 그런지, 그럴 때 항우는 보이지 않았다. 유방도 보이지 않았다.

그때 두 장수는 남의 눈에 띄지 않는 곳에서 밀담(密談)을 나누고 있었다.

"회왕의 말은 일고의 가치도 없다고 나는 생각하오. 아직 우리는 약세인데 어찌 진나라 군사와 겨룬단 말이오? 유방 장군은 어찌 생각하오?"

항우가 물었다.

"글쎄요, 조금은 허무맹랑한 것 같지만 그 다음의 계책까지 들본 후에 정하기로 하죠. 그리고 여러 장수들의 의견 또한 어떠할지……."

유방은 두루뭉술하게 대답했다.

"만약의 경우 내가 주력을 이끌고 장한의 배후로 나아갈 테니, 유방 장군은 팽성을 사수하시오."

"장군께서 아니, 총사령관께서 명령을 내려주신다면 이를 기꺼이 수행하겠습니다."

"그리고 또 한 가지 할 말은……."

항우는 말을 하다말고 머뭇거렸다.

"무슨 말씀이라도 하시지요."

"나는 회왕을 왕으로 여기고 싶지 않소. 숙부님이 세운 왕을 조카가 꼭 받들 필요는 없지 않겠소?"

그렇게 말하면서도 항우는 회왕보다도 송의가 더 싫었다. 송의를 제거하기 위해서라도 회왕의 존재를 무시해야만 했다.

"그 문제라면 차후에 의논하시지요."

유방은 항우가 서두르는 일일수록 좀처럼 자신의 생각을 드러내지 않았다.

"다시 은밀히 만나서 의논합시다."

다시 회의가 시작되었다.

송의가 종이에 쓴 것을 읽어 내려갔다. 이 자리에 회왕은 허리가 아프다는 핑계로 참석지 않았다. 송의의 계략이었다.

"대왕을 대신하여 앞으로의 군사 작전을 밝히겠습니다. 총사령관께서는 주력을 거느리고 거록성을 향해 진군하시오. 이에 앞서 유방 장군께서는 별동대를 이끌고 관중 방면으로 먼저 떠나시오. 그러면 장한이 대군을 나누어 유방 장군 쪽으로 보낼 것이오. 그렇게 되면 장한군의 결집은 와해(瓦解)될 것이오. 총사령관께서 진군 도중 각국 원군과 합세하여 군세를 증

강한다면 제아무리 장한군이라지만 깨뜨릴 수 있을 것이오."

"그만두시오!"

항우가 송의를 노려보며 고함을 질렀다.

"왜 그러십니까? 그러면 총사령관께서 소수의 별동대를 이끌고 관중으로 향하시겠습니까?"

송의의 물음에 항우는 얼른 대답을 하지 못했다.

"적을 분산시켜서 궤멸시키자는 작전에 여러 장수들은 찬동하고 있습니다. 정면 대결은 역부족입니다. 또 팽성에 가만히 있다가는 진나라 장한군의 그물에 걸려 정도에서의 항량군처럼 될 것입니다."

잠시 생각하던 항우가 말했다.

"내가 주력을 이끌고 관중으로 향하면서 뒤쫓아오는 장한군을 일격에 물리치겠소!"

"그것은 정면 대결보다 더 위험합니다. 사기가 충천해 있는 장한의 대군이 태풍처럼 휘몰아칠 터인데 그 기세를 어찌 감당하시겠습니까? 칙명은 저나 대왕의 생각만으로 작성한 게 아니라, 여러 장수들의 의견을 충분히 들어 묻고 합의한 사항입니다."

"그렇다면 별동대는 장한군을 유인하는 일만 하는 거요?"

"앞에서 말했다시피 장한군을 분산시키기 위해서입니다. 항우 장군이 아무리 관중에 들어가려고 해도 장한군의 군세를 꺾지 않고는 불가능합니다."

송의의 말을 듣는 동안 항우의 단순한 성격이 발동했다.

"그렇지. 내가 장한군을 꺾지 않고는 누구도 나보다 앞서 관중에 들어갈 수는 없겠지."

이렇게 말하면서도 한편으로는 불안했다. 자기가 거록성에 매어 있는 틈을 이용하여 관중으로 치고 들어갈 가능성도 있기 때문이었다.

항우가 망설이고 있을 때 유방은 잽싸게 소하에게 귀엣말을 했다.

"관중행을 승낙해야 하오?"

"그렇습니다."

서슴없이 말하는 소하의 눈빛이 빛났다. 그는 송의의 시커먼 음계를 꿰뚫어보고 있는 듯했다.

유방이 항우에게 말했다.

"내가 별동대를 이끌고 장한군을 유인한 후 팽성으로 돌아와 지키겠으니 총사령관께서는 장한의 주력을 쳐부수십시오!"

유방의 말에 여러 장수들이 호응했다. 그리고 장수들이 박수를 치자 항우는 자기의 주장만을 고집할 수 없는 처지가 되고 말았다. 그리고 유방이 한 말이 자신의 불안을 어느 정도 해소시키고 있었다. 유방은 다만 장한군 일부를 유인해 낸 뒤 팽성으로 돌아와 수비하겠다는 것이 아닌가. 그때 범증이 항우에게 다가왔다.

"오히려 잘 되었습니다. 별동대 유방 장군의 의견을 받아들이십시오."

"나는 유방 장군으로 하여금 팽성을 지키는 일에 전념하게 하고 내 주력군으로 장한군을 무찌를 참이었소."

항우가 멋쩍게 말했다.

"그건 안 됩니다. 장군께서 싸우고 있을 때 누군가가 관중 땅에 힘 안들이고 들어가면 어떻게 하겠습니까? 유방이 별동대만으로는 장한군의 일부라 할지라도 맞서 싸워 이길 수는 없을 것입니다. 그때 장군께서는 분산된 장한군을 휩쓸며 관중 땅으로 쳐들어가야 합니다."

"범증 군사도 그렇게 생각하시오."

"아무렴요."

"장수들이 합의한 것을 낸들 어찌하겠소."

항우는 결국 거록성 행을 승낙했다.

초군은 출전을 서둘렀다.

항우군은 사기가 충천했다.

항우군에 앞서 유방이 별동대를 이끌고 먼저 출진(出陣)했다.

진나라를 멸망시켜야 한다는 일념으로 출신과 성이 다른 사람들도 형제의 의(義)를 맺을 수 있었다.

그러나 이후 진나라를 멸망시켜 목표가 사라지고 천하가 자신들의 눈앞에 나타나자 서로 힘의 방향이 상반되어 출신과 성이 다른 형제들 간에 천하의 먹잇감을 놓고 피터지는 혈전이 또다시 벌어졌다.

우선 먼저 힘의 우월성을 내세운 항우가 패권을 잡았을 때 유방은 '항우를 없애기만 하면 된다'고 생각했다. 그리고 한신과 팽월 역시 '항우를 멸망시키면 그만이다'라고 여겼다. 이처럼 그들의 생각이 같았기 때문에 항우를 대적하기 위해 자연스럽게 힘을 합쳐 협력할 수 있었다.

해하(垓下)를 건넌 항우는 다시 한동안 달려 음릉(陰陵)이라는 곳에 이르렀다. 그런데 그곳은 사방으로 길이 나 있어 어느 길이 강동으로 가는 길인지를 알 수 없었다.

항우는 김을 매는 농부를 발견하고 그에게 길을 물었다.

"강동(江東)으로 가려면 어느 길로 가야 하느냐?"

농부는 비단 전포(戰袍)에 금빛나는 갑옷을 입은 말 위의 항우를 보자 얼른 말을 꺼내지 못했다. 항우가 다시 말했다.

"나는 초패왕이다. 강동으로 가는 길을 묻지 않느냐?"

농부는 초패왕이라는 말에 깜짝 놀랐다.

'저 자가 초패왕이로구나. 그렇다면 많은 백성들을 죽이고 약탈을 일삼았던 자가 아닌가, 저 자를 돕는다면 하늘이 노할 것이다.'

그렇게 생각한 농부는 황망한 중에서도 강동으로 가는 길이 아닌 다른 길을 가리켰다.

"저쪽 왼쪽 길로 가십시오."

마음이 급한 항우는 농부가 알려준 길로 말을 달렸다.

그런데 그 길은 얼마 가지 않아 잡초가 무성한 늪지로 바뀌었다. 달리던 오추마가 그만 수렁에 빠져 허우적거렸다.

'농부까지도 나를 속이다니!'

그러나 왠지 분노는 일지 않았다. 항우는 오추마를 채찍으로 힘껏 내리쳤다. 오추마는 힘을 모으고 크게 한 번 울더니 맞은편 언덕으로 뛰어올랐다.

〈중략〉

 항우는 유유히 흐르는 강물을 보며 탄식했다.
 '나에게 하늘을 나는 날개가 있다 한들 어찌 이곳을 빠져나갈 수 있겠는가?'
 이윽고 항우는 뒤따르던 군사들을 둘러보며 결연한 목소리로 말했다.
 "내가 군사를 일으킨 지 8년, 그동안 70여 차례를 싸웠으나 한 번도 패한 적이 없었다. 또한 나에게 무릎을 꿇지 않은 적장도 없었다. 그리하여 나는 천하를 거머쥐었지만 오늘 이 꼴이 되리라고는 생각지 못했다. 이것은 곧 하늘이 나를 버렸기 때문이리라. 그러나 나는 앞으로 나아가 싸울 것이다. 내가 세 번을 싸워 다 이기고 최후를 맞을 것인즉 너희들은 내가 비겁한 장수가 아니었음을 새기도록 하라."
 "……."

 항우가 한나라 군사들을 휩쓸고 돌아오자 군사들은 감탄해 마지않았다.
 "자 어떠한가?"
 군사들이 모두 엎드려 말했다.

"폐하께서는 오늘 세 번 싸워 이기신다 하시었으나 모두 아홉 번을 싸워 이기셨습니다. 아홉 장수를 베시고 수천의 적군을 꺾으셨으니, 실로 신장(神將)이 아닐 수 없습니다."

항우는 이 말에 껄껄 웃더니 군사와 함께 동쪽으로 향했다. 장강(長江)의 연안인 오강(烏江)을 건너 강동으로 가기 위해서였다. 그러나 항우는 힘이 없어 보였다.

오강에 이르렀다. 오강 가에 한 사람이 항우가 오기를 기다린 듯 배 한 척을 준비해 놓고 있었다.

"그대는 누구인가?"

"이곳의 정장(亭長)입니다. 폐하를 돕기 위해 진작부터 이곳에서 기다리고 있었습니다."

정장은 고개를 숙였다.

"흠, 나에게 그대 같은 사람이 아직도 있었다니, 고맙기 그지없구나."

"강동은 비록 좁은 땅이라고는 하나 그래도 기름진 땅이 사방 천 리에 이르며 인구도 수십만을 헤아립니다. 그곳에 가시면 다시 군사를 일으키실 수 있을 것입니다. 어서 강을 건너시어 뒷일을 도모하십시오. 이곳에 있는 배는 이 한 척뿐이니 한나라 군사도 뒤쫓지는 못할 것입니다."

그러나 초패왕 항우는 선뜻 배에 오르려 하지 않았다. 흐르는 강물을 물끄러미 바라보던 항우는 두 눈에 갑자기 눈물이 가득 고였다.

'내 한 몸 살기 위해 강을 건너야 한단 말인가?'

항우는 고개를 저었다.

"아니야, 나는 강을 건너지 않겠네. 하늘이 이미 이 몸을 버렸거늘……, 강동으로 돌아간들 무슨 소용이 있겠느냐? 지난날 뜻을 세워 이 강을 건널 때는 8천의 군사를 이끌었으나 이제는 다 죽고 혼자뿐이네. 죽은 젊은이들의 가족이 설령 나를 반겨준다 하더라도 내 무슨 낯으로 그들을 대하겠는가."

정장이 다시 항우에게 말했다.

"폐하! 싸움에 패하는 일은 병가(兵家)에서 매양 있는 일이라고 하지 않습니까? 지난날 유방은 수수(睢水) 싸움에서 폐하께 패해 30만 군사를 잃고 단신으로 물을 건너갔다가 다시 군사를 일으키지 않았습니까? 폐하께서 한 번 패하심은 지난날의 유방과 다르지 않사온데 어찌 의기를 꺾으려 하십니까? 폐하께서는 대사(大事)를 도모함에 작은 일에 마음 쓰지 마시고 어서 강을 건너도록 하십시오."

그러나 초패왕 항우는 강물을 바라보며 그 자리에서 움직이지 않았다. 그의 머릿속에 지난 일들이 강물처럼 흘러갔다. 숱한 전쟁에서 죽어간 군사들, 그리고 숙부 항량과 아부 범증, 자기를 데려가달라고 울며 매달리던 우희의 죽음…….

"하늘이 나를 버렸다. 이제 하늘의 뜻에 따라야 할 몸이 아닌가……."

항우는 혼잣소리로 말하고는 정장에게로 고개를 돌렸다.

"그대의 뜻은 고맙네. 그러나 강동으로 돌아갈 수는 없으니 그대는 내 오추마나 잘 돌보아주게. 이 말은 하루에 능히 천리를 달리는 명마로 나를 태우고 내닫지 않은 곳이 없었네. 오추마를 이곳에 두면 유방이 거두어 갈 것이니 그대는 어서 이 말을 끌고 가도록 하게."

항우는 그렇게 말하고 말고삐를 정장에게 건네주었다. 정장이 말고삐를 받으려고 하자 오추마는 앞발을 치켜들며 길게 울었다.

항우는 오추마의 갈기를 쓰다듬으며 말머리를 감쌌다가 다시 정장에게 고삐를 건네주었다. 그러고는 이제 단 스물여섯 기가 남은 군사들을 향해 말했다.

"이제 모두 말을 버리고 최후의 결전을 벌이도록 하자!"

군사들이 모두 항우의 명에 따라 말을 버리고 창과 칼을 움켜쥐었다.

정장은 오추마를 배에 태우고 강을 건너기 시작했다. 그런데 강 한가운데쯤 이르렀을 때 홀연 오추마가 소리 높여 세 번을 울더니 강으로 뛰어들었다. 그리고는 두어 번 물 위로 고개를 내밀더니 흐르는 강물에 휩쓸려 떠내려갔다.

"오추야, 너도 우희처럼 스스로 목숨을 끊는구나."

항우는 가슴이 에이는 듯했다.

그때 한나라 군사들이 강변으로 들이닥쳤다.

항우는 군사들과 함께 한군을 맞아 닥치는 대로 찌르고 베었다. 항우의 창에 맞아 쓰러진 한군은 수백 명이나 되었다. 항우도 10여 군데 부상을 입었다.

항우가 싸우다가 문득 옆을 보니 한군의 기병대장 여마통이

서 있었다.

항우는 그를 보고 큰 소리로 말했다.

"너는 옛날 내 친구가 아니더냐."

항우의 소리에 여마통의 말이 놀라 풀쩍 허공으로 뛰어올랐다. 여마통도 몸이 굳기라도 한 듯 그 자리에 멈추어 고개를 숙였다.

"그렇사옵니다. 대왕께서는 옛 친구였던 신에게 무슨 하실 말씀이라도 계십니까?"

항우는 여마통을 바라보며 말했다.

"내가 듣기로, 유방은 내 목에 천금(千金)의 상금과 만호후(萬戶侯)의 벼슬을 걸었다고 했다. 그대는 옛 친구이니 내 마지막 호의로 내 목을 주겠다. 어서 가져가라."

초패왕은 그 말과 함께 칼을 높이 치켜들더니 자신의 목을 쳤다.

그러자 여마통의 곁에 있던 왕예가 재빨리 달려가 초패왕의 피가 흐르는 목을 움켜쥐었다. 이를 본 다른 군사들도 몰려와 항우의 시체를 놓고 쟁탈전을 벌였다. 그 통에 깔려 죽은 한군만도 수십 명이 되었다.

결국 초패왕 항우의 몸은 갈가리 찢겨 양희, 여마통, 여승, 양무 등 네 사람이 사지를 하나씩 손에 넣었다.

초패왕 항우의 죽음은 바로 초나라의 멸망이었다.

유방의 대한(大漢) 5년(BC 202) 12월. 항우의 나이 서른한 살이었다.

초(楚)와 한(漢)의 싸움에서 항우가 유방에게 패한 것은 유방과 비교되는 그의 인품 때문이기도 하나, 가장 큰 원인은 그가 통일을 이루려 하긴 했으나 그 책략이 이전 전국시대의 질서를 회복하려는 시대의 추세를 역행했기 때문이라 할 수 있었다. 그로 인해 백성들의 지지를 얻을 수 없었다.

그는 의제(義帝)를 폐하고 스스로 초패왕이 되었는데도 관중(關中)을 차지하기보다 고향인 초(楚)로 돌아감으로써 제후들이 그를 따르지 않았다. 또한 무력(武力)만을 내세워 옳은 말을 받아들일 줄 몰랐으며, 오강(烏江)에서 최후를 맞을 때도 하늘이 자신을 버렸기 때문이라고 여길 만큼 스스로의 잘못을 헤아릴 줄 몰랐다. 그것이야말로 항우의 최대 결점이었다.

그러나 항우야말로 회계군 오중(吳中) 땅에서 아무런 기반도 없이 군사를 일으킨 지 3년 만에 다섯 제후를 거느리고 진나라를 멸망시켰으며, 역발산 기개세(力拔山氣蓋世)로 천하를 호령한 일세의 영웅이었다.

마침내 항우가 멸망하자 유방과 한신, 팽월 등은 서로의 권세와 이득을 쫓기에 바빠 더 이상 협력할 필요가 없어졌다.

본래 팽월은 유방군에 합류하여 초나라의 군량을 불태우는 등 항우가 오강에서 자결하기까지 결정적인 공을 세웠다. 그뿐만 아니라 유방의 천하통일 후 양왕(梁王)에 봉해졌으나 모반을 꾀한다는 무고(誣告)로 토사구팽을 당했다.

어느 역사에서나 마찬가지로 대개 천하가 평정된 후에는 왕과 신하의 힘이 서로 충돌하게 마련이다. 이때 왕이 신하를 제거하지 않는다면 거꾸로 하극상(下剋上)을 일으켜 신하가 왕을 제거할 가능성이 크다. 즉 두 힘의 크기에 따라 서로의 생사가 결정되는 경우와 같다.

화목하게 지내는 방법

우리가 각종 힘의 방향을 상세히 고찰해보면 자신과 타인이 서로 다툼없이 화목하게 지내는 방법에는 다음과 같은 네 가지 종류가 있음을 알 수 있다.

1. 평행선 : 자신과 타인의 목표가 다르고 노선이 다르면 각자의 목표를 향해 나아가기 때문에 피차 관련을 맺지 않게 된다. 즉 평행선은 영원히 서로 교차하지 않는다. 때로 평행하지 않는 경우가 있더라도 아직 서로 접촉하지 않았다면 역시 아무 관련이 없을 것이다.

2. 합력선 : 자신과 타인의 이해관계가 서로 같기 때문에 동

일한 목적을 향해 나아가는 것이다.

  예를 들어 앞서 언급한 바와 같이 원수진 오나라와 월나라 사람이 한 배를 타고 강을 함께 건너가는 경우가 그것이다.

  3. 원형 : 우주의 만물은 태어나면서부터 질서정연하게 배열된다. 나아가 무슨 일이든 모두 일정한 범위를 갖는다. 자신과 타인 사이에는 일정한 경계선이 있다. 만약 각자 그 경계선을 지켜 내가 너의 범위를 침범하지 않고 너 또한 나의 범위를 침범하지 않는다면 서로 화목하게 지낼 수 있을 것이다.

  4. 타원형 : 권리와 의무 같은 일은 모두 여기에 속한다.
  이 네 가지 선 중에서 평행선은 이기적이기는 하지만 남에게 손해를 끼치지 않는다. 원형은 이타적이기는 하지만 자신에게 손해를 끼치지는 않는다. 합력선과 타원형은 자신과 타인에게 모두 이롭다. 우리가 매번 한 가지 일에 부딪힐 때마다 자신과 타인에게 모두 이로운 노선을 살펴보고, 예컨대 타원형과 같은 길을 걸어간다면 자신과 타인은 절대 충돌할 리가 없을 것이다.

한비자의 형명법술(刑名法術)

　인간의 본성은 선천적으로 착하여 측은(惻隱, 가엾고 애처로움, 불쌍하게 여김)·수오(羞惡, 부끄러워하고 미워함)·사양(辭讓, 자기에게 이로운 것을 겸손하게 응하지 않거나 받지 아니함)·시비(是非, 시비를 가릴 줄 앎) 등의 착한 마음이 있으나 물욕(物慾)에 가리어서 악한 일을 저지르게 된다고 하는 맹자의 '성선설(性善說)'과 이기적인 심정을 근원적인 것으로 보고, 인간의 본성은 악(惡)이라고 주장하는 순자의 '성악설(性惡說)'은 중국 학술사상 해결하지 못한 최대 현안 중의 하나이다.
　맹자는 공자의 '인(仁)'의 사상을 발전시켜서 인의예지(仁義禮智)의 네 가지 덕이 인간의 본성이라 하여 인의로써 백성을 교화할 것을 주장했다.

그리고 송(宋)나라 정주(程朱) 학파의 선비들, 송유(宋儒)들이 이를 그대로 이어받아 성리학을 만들어냈다.

순자는 맹자 뒤에 태어났다. 그는 예의를 강조한 공자의 제자인 자하(子夏) 학파에 속하여 맹자의 성선설에 대하여 '인성은 모두 악하다'고 말하면서 예제(禮制)를 통해 백성을 다스릴 것을 주장했다. 그리고 형명법술(刑名法術)을 대성한 한비자(韓非子)가 그의 문하생이다.

한비자는 예제의 힘은 미약해 소기의 성과를 거둘 수 없다며 법률에 의한 강력한 제재를 발동할 것을 주장하였다.

여기서 '형명학(形名學)'이 나오게 되었는데, '형명'이란 신상필벌의 원칙으로 권력을 행사하는 것을 말한다. 곧 엄격한 법치를 주장한 법가사상을 말한다.

진시황 때의 법가(法家)들은 형명(刑名)과 법술(法術)을 연결시켜서 법령이나 명분, 언론 등을 폈으며 명분을 따라 상(賞)을 신중히 내리고 벌(罰)을 밝힐 것을 주장하였다.

이로써 맹자와 순자의 두 설은 학설과 실물정치 사이에서 숱한 충돌을 빚어왔고 서로가 배척하게 되었다.

한비자는 한(韓)나라 여러 공자 중 한 사람으로 형명과 법술 배우기를 즐겼는데, 귀착하는 것은 황제(黃帝)와 노자(老子)의 학문이었다. 한비자는 태어날 때부터 변설에는 서툴렀지만 저술을 잘했다.

이사(李斯, 진나라 승상. 시황제에게 사상을 통일시키기 위해 전적을 태우도록 하였고, 학자 410명을 생매장하도록 건의했다 – 분서갱유 – 진시황이 죽자 이사는 조고의 꾐에 빠져 그와 모의하여 진시황의 장자인 부소를 살해하고 부소의 동생 호해를 옹립하였다. 그러나 나중에 반란을 꾀하였다는 조고의 모함에 의해 처형당했다)와 순경(筍卿, 순자)에게 사사했고, 재능면에서는 이사 자신도 한비자에게는 따를 수 없다고 생각했다.

 한비자는 한(韓)나라의 국토가 깎이고 힘이 약해져 가는 것을 보고 자주 서간문으로 한왕(韓王, 安)에게 간했지만, 한왕은 한비를 등용할 수가 없었다.

 이런 일로 인하여 한비자는 위정자가 나라를 다스리는 데에 관한 법제를 밝히고 권력으로 신하를 부려서 나라를 부하게 하고 군사를 강하게 하며, 인재를 구하여 현인을 등용하려고 애쓰지 않을 뿐 아니라 오히려 부박음미(浮薄淫靡, 깊이나 무게가 없이 들뜨고 경박하면서 음탕하고 사치함)한 소인을 쓰면서도 그들을 실질적 공로가 있는 사람 — 한비자의 주장에 따르면 실속 없는 소인배는 학자나 변설가 같은 사람을 말하며, 실질적인 공로자는 농부나 병사 같은 사람을 가리킨다 — 위에 앉히는 것을 괴롭게 생각했다.

 그리하여 한비는 청렴 강직한 인물이 사악한 간신 때문에 등용되지 못함을 슬퍼하고, 옛날 왕자(王者)의 정사에 있어 성패득실을 생각하여 『고분(孤憤)』, 『오두(五蠹)』, 『내외저(內外儲)』, 『세림(說林)』, 『세난(說難)』 등 여러 편 10여만 자의 문장을 엮어냈다.

그런데 한비자가 유세(遊說)의 곤란함을 알고 지은 『세난편』은 아주 완벽한 것이었는데도 불구하고, 그 자신은 끝내 유세의 공을 이루지 못하고 진나라에 사신으로 갔다가 죽었고, 스스로 그 화를 면할 수도 없었다.

진왕은 부국강병을 위한 친정에 온힘을 기울였다. 먼저 민심을 자기에게로 끌어들여야 하는데 그러기 위해서는 백성들을 배불리 먹여야만 했다. 그래서 함양의 동북부 평야에 거대한 용수로를 만들어 4만여 경(頃)의 경지를 개간하기 시작했다.

이와 같은 개척사업을 기반으로 중앙에서 관리하는 군대를 양성하는 일에 힘썼다. 군대는 진나라의 전통적인 기마전술을 익히게 했다. 그리고 군공(軍功)이 있는 자라면 서민에게도 작(爵)을 주는 신상필벌(信賞必罰) 정책을 시작했다. 그러면서 진왕은 인재를 발탁하는 데 정성을 기울였다.

어느 날 이사가 책을 들고 진왕 앞에 섰다.

"손에 든 것이 무엇이오?"

"책이옵니다."

"책이라고! 무슨 책이오?"

"한(韓)나라 재상(宰相) 한비(韓非)가 쓴 『한비자(韓非子)』이옵니다. 한비라는 자는 지난날 소신과 함께 순자(荀子)를 스승으로 모시고 동문수학했던 자로서 혹시 이 책이 대왕의 치정에 보탬이 될까하여 가져왔습니다."

"한나라 재상 한비가 쓴 책?"

"그러하옵니다."

"나도 한비라는 자의 인물됨을 들은 바 있소."

이사는 한비가 저술한 『한비자』를 진왕에게 바치고 물러났다. 그러면서 괜한 일을 저지르지 않았나 하는 께름칙한 기분이 들었다.

이사가 『한비자』를, 진왕에게 준 것은 자신의 욕망 때문이었다. 한비의 법가사상(法家思想)은 이사 자신과 진왕이 추구하는 통치이념이었다. 진왕이 『한비자』를 읽고 깨닫는다면 이사 자신의 개혁에 관한 제안을 적극 받아들일 것이라고 판단했던 것이다.

한비는 『한비자』에서, 과거에는 도덕이 치세에 통용되었지만 현시대는 힘(氣力)의 시대이기 때문에 유가(儒家)의 덕치(德治)는 시대착오적이라고 주장했다. 때문에 군신은 상호 신뢰가 아닌 이해타산적이어야 하며, 군주는 신하를 다루는 데 자기의 깊은 생각이나 호오(好惡)조차도 드러내지 않는 무위허정(無爲虛靜)의 기술로 조종해야만 한다고 했다.

또한 정치를 중앙집권체제로 개혁하여 군주권을 강화함은 물론 신상필벌(信賞必罰)을 실무 본위로 해야 하며 나라에 무익한 자들을 억압할 것을 주장했다. 그리고 부국강병을 필히 이루기 위해 평화 시에는 농사에 힘써 부(富)를 낳고 전시에는 모두 다 나서서 외적과 싸우는 경전민(耕戰民) 정책을 중시해야 한다고 했다.

이사는 『한비자』를 읽으며 '옳거니!' 했다. 자기가 진왕을 도와 이루고자 하는 바를 꿰뚫고 있었던 것이다. 자기가 미처 생각하지 못했던 한비의 일면이었다.

이사는 그때까지 한비를 염두에 두지 않고 지내왔었다. 그가 한(韓)나라의 재상이라고는 하나 자기와 견줄 만한 인물은 못 된다고 생각해온 것이다.

스승 순자 밑에서 동문수학할 때도 별로 가까이 하지 않았다. 심한 말더듬이에다가 변설에도 능하지 못했던 그런 자가 『한비자』를 저술했다는 것이 놀라웠다.

한비는 한나라의 국력이 나날이 쇠락하는 것이 안타까웠다. 그래서 한나라 왕에게 변법에 의한 개혁을 수차례 걸쳐 상소했지만 번번이 거절당했다. 어쩌면 자신이 변설에 능하지 못한데다가 말더듬이이기 때문인지도 모른다며 자기가 주장하는 법가사상을 10만 자가 넘게 집대성하여 『한비자』를 펴냈다.

그러나 한나라 왕이나 중신들은 법가사상에 귀를 기울이려고도 하지 않았다. 그 책이 진나라에 흘러들어와 이사에 의해 진왕에게 받쳐진 것이다.

이사가 『한비자』를 진왕에게 바친 지 사나흘 후였다. 진왕이 이사를 내전으로 불렀다.

『한비자』가 탁자 위에 놓여 있었고 진왕은 무언가에 쫓기듯 주변을 서성댔다.

"이사."

"네, 폐하."

"한비를 진으로 데려올 방법이 없겠소?"

진왕은 단도직입적으로 말을 꺼냈다.

"네?"

"한비자라는 인물을 얻을 수만 있다면 내 당장 죽어도 여한이 없겠소."

이사는 진왕의 의외의 말에 어떻게 대답을 해야 할지 몰랐다. 자신이 생각했던 의도와는 전혀 상반되는 엉뚱한 진왕의 태도였다.

"하오나 한비라는 자는 지금 한나라의 재상으로……."

"그게 어떻다는 것이오? 한비 그 자를 어떤 방법을 써서라도 데려오겠소."

진왕의 결심은 이미 굳어 있었다.

마침내 진왕은 한나라를 공격하기 위해 군대를 일으켰다. 오직 한비를 얻기 위한 싸움이었다.

다른 사람이라면 애당초 생각할 수도 없는 방법, 그러나 바로 그것이 진왕다운 발상이었으며 진왕이 한비를 얼마나 열망하고 있는지를 알 수 있었다.

약소국인 한나라로서는 진나라의 막강한 기마병대를 당해 낼 수가 없었다.

나라가 누란(累卵)의 위기에 처하게 되자 한나라 왕은 한비를 진나라에 사자로 보냈다. 진나라가 왜 전쟁을 일으켰는지를 아는 한나라로서는 한비를 명목상 사자로 보낸 것이다.

진나라 함양에 도착한 한비는 곧장 진왕을 접견하게 되었다.

진왕의 한비에 대한 대접은 융숭했다. 그리고 한나라를 진격한 진나라 군대가 한나라를 멸망시킬 수 있는데도 물러나게 했다.

진왕은 거의 매일 한비를 접견했다. 한비가 말을 더듬어도 전혀 개의치 않았다. 한비의 능력을 높이 샀으며 그를 이제야 만나게 된 것을 안타깝게 생각할 정도였다. 한비를 한나라에 돌려보낼 생각은 아예 없었다.

이렇게 되자 이사는 한비가 진왕을 등에 업고 자기 자리를 차지하는 것이 아닌가하여 두렵고 불안했다. 열등감까지 들어 밤에 잠도 오지 않을 지경이었다.

그러나 그대로 물러설 이사가 아니었다. 그의 지략과 능변은 분명 한비보다 한수 위였다. 그는 진왕의 성격을 속속들이 잘 파악하고 있었다.

자기의 욕심에 따라 불같이 뜨거워지지만 그것을 채우고 나면 쉽게 식어버린다는 것을.

그래서 이사는 진왕이 한비에 대해서 약간 뜸해지기를 기다려 기회가 있을 때마다 한비를 좋지 않게 이야기했다.

"한비는 진에 필요한 인재임에는 틀림없습니다. 그러나 대왕께서 그렇게 융숭하게 대접하는데도 아직 대왕의 신하가 되겠다는 말을 하지 않습니다. 그는 원래 성정이 곧아서 한나라를 떠나지 않을 것입니다."

정말 그랬다. 한비는 한나라를 걱정하며 이따금 이사에게 한나라에 돌아갈 수 있기를 은근히 내비쳤다. 한비의 조상은 원래 한나라 왕족이었다. 그래서만은 아니었겠지만 한비는 진나라에 애정을 느끼지 못했다.

"그럴까?"

"소신의 생각으로는 한비는 결국 대왕의 은혜를 저버릴 것이며 만약 한비가 이곳을 떠나 다른 나라로 간다면 이로 인해 우리나라에 큰 화를 불러올지도 모릅니다."

진왕은 이사의 말을 들으며 일리가 있다고 생각했다. 원래 진왕은 사람을 믿지 않았다. 또한 마음이 한번 돌아서면 냉엄하기가 서릿발처럼 차갑고 무서웠다.

"그렇다면?"

"적당히 이용하다가 꼬투리를 잡아 처벌하는 것이 상책일 것입니다."

진왕은 며칠이 지나지 않아 한비를 하옥시켰다.

이사는 회심을 미소를 지었다. 그리고 변덕이 심한 진왕의 마음이 변하기 전에 그를 제거해야만 한다고 생각하며 계략을 짜냈다.

이사가 알고 있는 한비는 마음이 나약했다. 이를 이용하여 단도직입적인 방법으로 처치해야 할 것이었다.

이사는 옥리의 손에 독약이 든 잔을 들려 감옥으로 한비를 찾아갔다. 그리고 진왕의 마음이 그를 떠났음을 말하고 잔혹한 형벌을 당하기 전에 독약을 마시고 자살할 것을 종용했다.

한비는 처음 이를 거부했다. 그러나 곧 자기의 운이 다했음을 알았다. 진왕이 자기를 풀어줄 리 없었고 이사가 쳐놓은 죽음의 거미줄을 벗어날 수 없으리라는 것을 알았다.

한비는 독약이 든 잔을 받았다. 체념한 탓인지 손도 떨리지 않았다. 그리고 자기를 음흉한 눈으로 내려다보고 있는 이사에게 한마디 했다.

"흠, 순자께서 진나라로 떠나던 자네에게 하신 말씀이 생각나는군. '어느 것이든 극에 달하면 쇠하는 법이니!' 하시던 말씀이……."

한비는 잔에 든 독약을 들이켰다.

한비는 이렇게 차가운 감옥에서 자신의 사상을 펼쳐보지도 못한 채 죽고 말았다. 그때가 여불위 죽은 지 4년이 지난 시황 15년(BC 233년)이었다.

진왕은 뒤늦게 한비를 떠올리며 그를 사면하려 했지만 이미 죽은 후였다.

이사는 진왕에게 감옥에서 한비가 자살했다고 꾸며 보고했다. 진왕은 한비의 죽음에 의심을 했지만 이를 조사하려고 하지도 않았다. 그렇게 하면 누군가가 걸려들 것이고, 자칫 긁어 부스럼을 만드는 꼴이 될 것이라고 판단했기 때문이었.

진왕은 결단이 빨랐고 냉혹했다. 자기에게 한비나 다름없는 『한비자』라는 법가사상의 책이 있고 이를 실천하는데 손발처럼 움직이는 이사가 있다는 것을 생각했는지도 모른다.

진왕은 여불위의 죽음을 계기로 지난날부터 계획해온 통치개혁에 박차를 가했다. 그는 사상서인 『한비자』를 곁에 두고 자주 읽었다.

  진왕의 지배이념은 제후가 지역의 땅을 영유하면서 영내의 정치에 전권을 행사하는 봉건제(封建制)를 폐하고 중앙정부에서 국토를 직접 관할하는 군현제(郡縣制)의 실천이었다.

  몇 개의 현(縣)을 모아 군(郡)을 만들고 각 군과 현을 통치하는 자를 중앙정부에서 직접 파견한다면 왕의 명령은 바로 백성 하나하나에까지 미칠 것이있다. 그림으로써 백성을 군사 또는 인부(人夫)로 쉽게 징용할 수 있으며 인두세(人頭稅)를 두어 세(稅)를 거둬들인다면 부강한 나라를 만드는 데 큰 어려움이 없으리라 생각했다.

  이러한 모든 일에는 이사의 진언이 따랐다.

  그러나 진왕의 군현제에 반대하는 부류가 많았다. 대체로 지금까지 특권을 누려온 왕족과 귀족, 제후들이었다. 그들은 덕치(德治)를 주장하는 유가(儒家)를 앞세웠다. 그럴수록 진왕의 결심도 굳어갔다.

  진왕은 그들의 주장을 와해시키면서 백성들을 한 가지 일에 모으는 극약처방을 떠올렸다. 그것은 이웃나라를 치는 전쟁이었다.

  진왕은 진작부터 나라의 확장을 계획해 왔었다. 대륙 서편에 붙어 있는 작은 진나라가 아닌 중원(中原)을 제패하겠다는 웅지였다. 그래서 어떤 일보다도 강병(强兵)에 힘썼다.

  한비자의 『세난편』에 '역린(逆鱗)'이란 말이 나온다. 역린은 거슬러 난 비늘로 임금의 노여움을 일컫는다. 용의 턱밑에 있는 이 비늘을 건드리기만 하면 사람을 죽이기 때문에 임금의 노여움을 사는 것을 '역린에 부산친다'고 했다.

"용(龍)이라고 하는 그 파충은 길을 잘 들이면 그 등에도 탈수 있지만, 그 목덜미에 직경이 한 자나 되는 역린이 있어 사람이 이것에 닿으면 반드시 그 사람을 죽인다고 한다. 주군에게도 이러한 역린이 있다. 유세하는 사람으로서 주군의 역린에 닿지만 않는다면 우선은 성공에 가깝다 하겠다."

전국시대 숱한 유세가들이 다양한 이론을 들고 나와 유세로 인해 하루아침에 재상이 되는 사례가 빈번했다. 그리고 일반 책사들은 다른 사람의 의도를 헤아리는 '췌마지술(揣摩之術)'을 배웠다.

췌마는 촌탁(忖度)과 같은 뜻으로 '남의 마음을 미루어서 헤아리는 것'을 뜻한다. 곧, 일반 공부를 통해 우선 사물의 이치에 대해 깊이 연구한 뒤 나가서 유세를 시작했다.

한마디로 말해 진리의 반쪽만을 연구했기 때문에 반쪽만을 얘기할 수밖에 없었다. 이로 인해 한쪽으로 극히 기운 이론이 되었다.

소진(蘇秦)은 '합종책'을 설파했고 장의(張儀)는 정반대로 '연횡책'을 주장했는데 그들의 이론은 각각 일세를 풍미했다. 곧 합종설(合縱說)은 서쪽의 강대한 진(秦)나라에 대하여 한

(韓)·위(魏)·조(趙)·연(燕)·제(齊)·초(楚)의 여섯 나라가 동맹하여 대항해야 한다는 일종의 공수동맹(攻守同盟)의 외교정책이다.

그리고 연횡설(連衡說)은 강대한 진(秦)나라의 장의가 합종설에 대항하여 진이 그 동쪽의 여섯 나라, 한·위·조·초·연·제와 횡(橫)으로 화평조약을 맺은 정책이다.

6국 합종(合縱)의 맹약

    소진(蘇秦)은 동주(東周)의 낙양(雒陽, 洛陽)사람으로 제나라에 가서 귀곡(鬼谷) 선생을 스승으로 모시고 장의(張儀)와 함께 학문을 배웠다.
    귀곡 선생은 귀곡자(鬼谷子)라고도 일컬으며 전국시대 활동한 종횡가(縱橫家)중 한 사람으로 알려졌다. 그는 지금의 산서성 택지부내의 귀곡(鬼谷)에 살았으므로 귀곡 선생 혹은 귀곡자라고 불렀다.
    종횡설(縱橫說)의 법을 논한 『귀곡자(鬼谷子)』3권이 전한다.

    소진이 외국에서 유학하던 수년 동안 많은 곤궁을 겪고 집으로 돌아갈 수밖에 없었다.

파리한 모습에 다 떨어진 신발, 남루한 옷차림으로 책보따리를 둘러맨 채, 몸은 마를 대로 마르고 얼굴은 까맣게 타서 볼썽사나운 기색이었다.

집에 다다르니 아내는 베틀에서 내려오지도 않고, 형수는 밥도 지어 주지 않았으며, 부모조차 말을 하려 들지 않았다.

소진은 탄식하였다.

"처는 나를 지아비로 여기지 않고, 형수는 나를 시동생으로 여기지 아니하며, 부모님은 나를 자식으로 여기지 않으니 이 모든 게 나의 죄이다."

이에 밤을 새워 책을 펴보기 시작하였다.

책 궤짝 수십 개를 펼쳐놓고 태공망(太公望) 여상(呂尙)의 병법에서, 『음부경(陰符經)』을 찾아내어 엎드려 읽고 외고 가려 뽑아 열심히 연구하였다.

책을 읽다가 잠이 오면 송곳으로 허벅지를 찔러 피가 다리까지 흘러내렸다. 그러다보니 한 해가 획 지나갔다.

그때 그는 깨달았다.

"도대체 선비라는 자가 머리 숙여가며 남에게서 글을 배워놓고도 영화로울 수가 없다면 무슨 소용인가? 됐다, 가자! 나는 이제 상대의 마음을 헤아려 알 수 있는 췌마(揣摩)의 비법을 깨달았다. 이것이야말로 당세의 군왕을 설득시킬 만하다."

소진은 우선 가까운 주나라 현왕(顯王)을 알현코자 하였다.

"만나보실 필요도 없습니다. 그 자는 미친 자입니다."

소진을 잘 알고 있는 왕의 측근들로 인해 그는 배알조차 하지 못하고 물러나와 서쪽 진(秦)나라로 발걸음을 옮겼다.

진나라는 이미 상앙(商鞅)의 부국강병책으로 성장한 시기였다.

상앙은 위(衛)나라의 공족(公族) 출신으로 법학을 공부하고, 효공(孝公) 밑에서 법제(法制)·전제(田制)·세제(稅制) 등을 크게 개혁, 진나라를 융성하게 하여 효공 22년 상(商)에 봉함을 받았다.

마침 효공이 죽고 그 아들 혜왕이 등극하여 어수선한 때였다. 소진은 혜왕을 설득했다.

"진은 사방이 험준하고 견고한 산하로 둘러싸인 요새입니다. 위수(渭水)가 띠를 두르듯 흐르고 있고, 동쪽에는 함곡관과 황하가 있으며, 서쪽에는 한중(漢中)이 있고 남쪽에는 파(巴)·촉(蜀)이 있고 북쪽에는 대군(代郡)과 산서성 북쪽 마읍(馬邑)이 있어 천연적인 곳집〔부고(府庫)〕이라 할 수 있습니다. 진나라의 많은 선비들과 백성들에게 병법을 가르친다면 천하를 병합해 황제라 일컬을 수 있을 것입니다."

진왕은 소진의 변설을 듣다가 중간을 끊으면서 짜증스럽게 대꾸했다.

"나는 새라도 날개가 다 자라기 전에는 하늘 높이 나를 수가 없는 법이요. 우리 진나라는 아직 정사가 정돈되지 못한 처지라 남의 나라를 병탄한다는 것은 무리입니다. 다른 데나 가 보시오."

진왕은 당시에 상앙을 죽인 지 얼마 안 된 후라 유세객을 달

가워할 처지가 아니었다.

　소진은 동쪽으로 가 조(趙)나라를 찾아갔다.
　조의 숙후(肅侯)는 아우인 성(成)을 재상으로 삼아 봉양군(奉陽君)이라 불렀는데, 봉양군은 소진을 탐탁지 않게 여겼다.
　"시간 뺏기지 말고 다른 나라로 가 보시오."
　소진은 조나라에서도 버림받는 신세가 되어 이번에는 연(燕)나라로 터벅터벅 걸어 들어갔다. 그리고 그곳에서 일년여 동안을 탐색한 후였다.
　"연나라는 동쪽으로 조선과 요동이 있으며, 북에는 임호(林胡)·누번(樓煩)이라는 두 호국(胡國)이 있고, 서쪽으로는 운중(雲中)·구원(九原)의 땅이 있고, 남으로는 호타수(嘑沱水)와 역수(易水)의 두 강물이 있습니다."
　"옳게 보았소."
　"국토는 사방 2천여 리, 무장한 갑사(甲士) 수십 만, 전차 6백 대, 군마 6천 필, 곡식은 수년을 견딜 수 있습니다."
　"연나라의 내용을 그토록 소상히 아시니 놀랍소."
　"어디 그뿐입니까? 남쪽의 풍성한 물산과 북쪽의 대추와 밤, 그 모두가 백성이 밭을 갈지 않고도 넉넉한 식량이 됩니다. 열국(列國)을 훑어보더라도 이처럼 생활이 안락하고 전쟁 한 번 치러보지 않은 나라는 연나라밖에 없습니다. 대왕께서는 그 이유를 알고 계십니까?"
　"모르오. 그 모두가 하늘의 축복이 아니겠소?"

"아니오. 왜구의 침범도 없고 병사가 피해를 보지 않은 것은 조나라가 남쪽을 막아주고 있기 때문입니다."

"조나라가요?"

"진나라와 조나라가 다섯 차례나 싸워 진이 두 번 이겼고 조가 세 번 이겼지요. 두 나라가 모두 피폐해지기는 마찬가지입니다. 그런데도 연나라는 침략당하지 않았습니다. 만일 조나라가 연을 공격해 온다면 어떻게 되겠습니까?"

"실상은 그것이 걱정이오."

"아마도 조나라 군사는 열흘이 못되어 수십만 군이 호타수를 곧바로 건너 역수까지 뛰어넘어 불과 4, 5일이면 연나라의 국토에 다다르게 됩니다."

"그것이 두려운 일이요. 묘책이 없겠소?"

"조나라와 합종〔合縱, 趙 · 韓 · 魏 · 燕 · 楚 · 齊, 6국이 세로(縱)로 벌려져 있어 서로가 힘을 합쳐 강한 진(秦)에 대항하자는 계책〕하십시오. 천하가 종(縱)으로 하나가 되기만 하면 연나라는 아무 우환이 없어집니다."

"아직은 우리 연나라에 우환이 없으나 서쪽의 조나라와 남쪽의 제나라가 앞으로 어떻게 나올지가 걱정이오. 더구나 우리는 작은 나라이고, 제나라와 조나라는 강국들이 아니겠소. 만일 그대가 합종을 성립시켜 연나라를 편안케만 해줄 수 있다면 나라를 들어 그대를 좇겠소."

"제가 조나라에 다녀오지요."

연왕 문후는 소진에게 거마와 황금, 그리고 비단을 후히 주어 조나라로 가게 했다.

　때마침 조나라에서는 지난날 자신을 꺼리던 재상 봉양군이 죽고 없었다. 그래서 소진은 곧바로 조나라의 숙후를 설득할 수 있었다.

　"대왕의 의행(義行)이 고결, 현명하시다는 소문을 듣고 그 가르침을 받자와 진작 어전에 들르고 싶었습니다만 봉양군께서 서를 질투하시어 충성스런 의견을 아뢸 길이 없었습니다. 대왕께서는 사민(士民)들과도 가깝게 지내려 하시니, 감히 우견을 말씀드리겠습니다."

　"어서 말씀해 보시오."

　"대왕께서는 백성들을 안정시키고 편안케 하시는 것이 최우선으로 삼고 계십니다. 그런데 제나라와 진나라, 양국과 적대 관계에 있게 되면 조나라의 백성들은 안정될 수 없습니다. 그렇다고 해서 진나라의 편을 들어 제나라를 쳐도 안정될 수 없고, 제나라의 편을 들어 진나라를 공격해도 백성들은 안정될 수 없습니다. 그러나 지난날 진나라와의 전쟁에서도 그렇고 진나라가 천하에서 적대시할 나라는 조나라밖에 없습니다. 그렇지만 진나라가 감히 기병해서 조나라를 치지 않는 이유는 한(韓)과 위(魏), 두 나라가 합심해서 진나라의 배후를 찔러 오지 않을까 두려워서겠지요?"

　"옳은 말입니다."

　"제가 가만히 천하의 형세를 살펴보니, 제후들의 땅은 진나라의 다섯 배가 되며, 제후들의 병사는 진나라의 열 배가 됩니다. 제후 6국이 하나가 되어 힘을 합해 서쪽을 치면 진나라는 반드시 깨어지도록 되어 있습니다. 만일 그렇지가 못하고 강한 진나라를 겁내어 진나라를 섬긴다면 진나라의 신하가 되는 것이지요. 남을 신하로 삼는 것과 남의 신하가 되는 것은 엄청난 차이입니다."

"한 가지 물어봅시다. 저들 연횡론자(連衡論者)들의 의도는 무엇이오?"

"좋은 질문입니다. 한마디로 그들은 여섯 제후들을 공갈쳐서 진나라에 땅을 떼어주라는 것이지요."

"그럴 경우 연횡을 유세하는 자들은 어떤 은혜를 입소?"

"뻔하지요. 누대를 높이 올려 궁실을 아름답게 꾸미고 가무를 즐기겠지요. 자기 조국이야 진나라에 먹혀 망하든 말든 전연 근심하지 않으며 사욕을 계속 채우기 위해 제후국들을 더욱 위협해서 땅을 떼어 진나라에 바치도록 윽박지르겠지요."

"됐소. 잘 들었소. 그러니 그대는 여섯 나라가 합종하여 진나라를 배척하는 계책을 계속 사용하라는 뜻이구려."

"그러합니다."

"그렇게 하려면 내가 어떻게 해야 하오?"

"우선 한·위·제·초·연·조, 6국의 장군과 재상들을 하남성 안양시 동북의 강, 원수(洹水) 가에 불러모아 볼모를 교환하고 백마를 죽여 그 피를 입에 발라 맹세하고 굳게 약속해야 합니다."

"어떻게?"

"진나라가 초나라를 치면 제·위의 정예군사가 곧 출동해 초나라를 돕고, 한나라는 진나라의 양도(糧道)를 끊으며, 조나라는 황하와 장수를 건너고, 연나라는 상산의 북쪽을 지키기로 하십시오."

"만일 진나라가 한·위를 치면 어떻게 되오?"

"초는 그 후방을 끊고 제는 즉각 정예병을 출동시키며, 조나라는 황하와 장수를 건너고, 연은 운중을 지키면 됩니다."

"진나라가 제나라를 칠 수도 있겠는데?"

"그땐 초가 그 배후를 끊고, 한이 성고(城皐)를 지키고, 위는 그 길을 막고, 조는 황하와 장수를 건너 박관(博關)으로 가고, 연은 정예병을 내어 제를 돕는다고 하십시오."

"진이 연을 치면 어떻게 되오?"

"조가 상산을 지키고, 초는 무관(武關)에 출병하고, 제는 발해를 건너고, 한·위는 정병을 내어 도우면 됩니다."

"이제 진나라가 조나라를 공격해 올 경우만 남았구려."

"한나라는 의양에서 포진하고, 초나라는 무관으로 출병하고, 위나라는 황하 서쪽에 포진하고, 제나라는 청하를 건너고, 연나라는 정병을 내어 조나라를 도우면 됩니다."

"맹약을 어기는 나라가 있을 텐데."

"간단합니다. 다른 5국의 병력으로 이를 응징하십시오."

"그렇구려. 만약 합종이 성공한다면 진나라도 함곡관을 나와 산동을 침범하지 못하겠구려."

"어디 그뿐이겠습니까? 대왕께서는 마침내 패업(覇業)의 위업도 이루게 되겠지요?"

조왕은 그제야 흥분한 목소리로 말했다.

"과인은 나이도 젊고 왕위에 오른 지도 얼마 안 되어 아직 국가의 백년대계를 들어볼 만한 시간이 없었소. 그런데 지금 그대가 사직을 보존케 하고 제후를 안정시키며, 천하가 보존되는 계책을 주었으니 기쁘기 그지없소. 그대가 말한 대로 하리다."

이에 조왕은 마차 1백 대, 황금 1천 일(鎰, 280kg), 백벽(白璧) 1백 쌍, 비단 천 필을 갖추어 소진에게 주어 제후들과 합종의 맹약을 맺고 오도록 보냈다.

소진은 서둘러 한(韓)나라의 선혜왕(宣惠王)을 만나 '닭의 부리가 될지언정 쇠꼬리는 되지 말라'는 식으로 달래고, 위(魏)나라 양왕(襄王)을 만났다.

"진을 섬기자는 연횡론이 우세하오. 대부분의 신하들은 그걸 원하고 있소."

"지금 대왕께선 신하들의 말만 듣고 진나라를 섬기려 하시지만 무릇 진을 섬기려면 반드시 땅을 쪼개 바쳐야 할 것입니다. 땅은 한정되어 있는데, 싸움도 하기 전에 영토의 결손을 보자고 간언하는 신하는 충신이 아니고 간신입니다. 어찌 신하된 자로서 인군의 땅을 떼어 바치는 외교를 하자는 자를 충신이라 부르겠습니까. 그자들은 나중에 닥쳐올 환란에 대해서는 조금도 책임지지 않는 자들입니다. 곧 바깥의 강한 진나라 권세에 빌붙어 안으로 자기 군주를 위협하고 땅을 팔아먹는

행위일 뿐입니다."

"옳은 말이오. 그대는 6국이 합종하라는 뜻이군요?"

"그렇습니다. 뜻을 하나로 뭉치면 강한 진나라의 우환을 해소시킬 수 있습니다. 조나라 왕께옵서도 저를 시켜 맹약을 받아오라 하시었습니다."

잠시 후 위나라 왕은 분연히 말했다.

"좋소. 과인의 불빈한 탓으로 밝은 가르침을 이제야 깨달았소. 이제 그대를 통해 조왕의 권고까지 들은 이상 그대의 말을 좇겠소."

위나라 왕을 설득시킨 소진은 동쪽으로 더 나아가 제나라로 갔다.

제나라에는 선왕(宣王)이 있었다.

"어떤 좋은 방법이라도 없겠소."

마침 제왕은 전전긍긍하고 있었다.

"진이 제를 치려면 한·위의 땅을 등지고 위의 양진의 길을 지나 산동성 제령현 항보(亢父)의 험준한 산을 넘어야 합니다. 더구나 진이 제에 깊이 침투하고 싶어도 한·위가 연합하여 진의 뒤쪽을 위협하지 않을까 두려워하고 있습니다."

"그렇다면 진의 행동은 허세란 말이오?"

"바로 그렇습니다. 속으로는 심히 두렵고 의심스러우니까 드러내놓고 공갈치고 거만스럽게 굴면서 감히 전진해 오지 못하는 것입니다."

"잘 들었소. 제나라는 멀고 바다에 치우친 땅이며, 더 나아갈 데도 없는 동쪽 변경의 나라라, 지금까지 그대와 같은 고견은 아직 한마디도 들을 기회가 없었소. 지금에사 그대가 조왕의 가르침을 전하니 삼가 나라를 들어 거기에 따르겠소."

소진은 제왕으로부터도 합종의 계략을 쓰기로 약속 받아낸 후 다시 서둘러서 초(楚)나라로 향했다.

남서쪽의 초나라에는 위왕(威王)이 있었다. 그는 합종이냐 연횡이냐를 놓고 고민 중이었다.

"국토는 사방 5천 리, 양곡은 10년을 지탱할 수 있고 갑병은 1백 만, 이토록 강한 초나라가 더구나 현명함을 지니신 대왕께서 서면(西面)하여 진나라를 섬겨 보십시오. 천하의 제후들 모두가 진나라의 장대(章臺) 밑으로 줄줄이 따라서 입조할 것입니다. 진나라에서 볼 때는 초나라만큼 방해되는 나라가 없습니다. 초나라가 강하기 때문이지요. 그러니까 결국 초나라가 강해지면 진나라가 약해지고, 진이 강해지면 초가 약해진다는 결론이 나옵니다. 두 양웅(兩雄)이 한 하늘 아래에 설 수 없기 때문이지요."

"그렇다면 그 대책을 어서 말해 보시오."

"쉽게 말씀드려 여섯 나라가 합종하여 진나라를 고립시키는 계략을 채택하도록 권하고 싶습니다."

"나에게 돌아오는 이익은 뭐가 있겠소?"

"제가 산동의 여러 나라를 시켜 공물을 바치도록 하고, 대왕의 명령에 복종토록 하며, 사직과 종묘를 초에 의존케 만들며, 각국의 병사들을 대왕의 뜻대로 사용할 수 있도록 해드리겠습

제2편 면후심흑(面厚心黑) 245

니다. 그뿐만 아니라 초(楚)나라를 위시하여 한(韓)·위(魏)·제(齊)·연(燕)·조(趙), 6국 합종의 친교가 이뤄지면 초는 천하의 왕국이 될 것이고, 연횡이 이루어지면 진나라가 천하의 제왕국이 될 것입니다."

잠깐 생각에 잠기던 초왕이 흔연히 고개를 들어 소리쳤다.

"좋소. 그대의 말대로 하겠소. 그대가 천하 제후를 하나로 집결시켜 위기에 처한 나라들을 안전하게 존속시키려는 대의 명분이 마음에 들었소. 과인은 나라를 받들어 그 계책을 따르겠소."

결국은 소진 혼자서 6국 합종의 맹약을 시켜 힘을 합치도록 만들어 놓았다. 그로 인해 소진은 합종 맹약의 장(長)이 되었고 6국의 재상을 겸임했다.

북쪽으로 조왕에게 경과를 보고하기 위하여 가는 중에 낙양을 지나게 되었다. 소진을 따르는 마차와 화물을 비롯해 제후들이 사신을 보내 내린 선물들이 많아서 그 행렬은 임금의 그것보다 훨씬 화려하고 엄청났다.

주나라 현왕(顯王)은 소문을 듣고 두려운 나머지 도로를 청소하게 하고 사자를 직접 교외에까지 보내어 소진을 환영하게 했다.

그가 고향집에 들렀을 때 소진의 형제, 처, 형수 등은 먼발치에서 곁눈으로 볼 뿐 감히 똑바로 쳐다보지를 못하고, 고개를 숙인 채 소진의 식사 시중만 들고 있었다.

소진이 빈정대는 투로 형수에게 물었다.
"전날 그토록 나를 박대하더니 갑자기 이게 웬일이오?"
말이 떨어지기가 무섭게 형수는 넙죽 땅에 엎드리며 말했다.
"용서해 주십시오. 서방님의 지위가 높고 재산이 많은 것을 보았기 때문입니다."
소진은 탄식하면서 중얼거렸다.
"나는 그냥 한 몸인데 빈천하면 업신여기고 부귀하면 일가친척까지도 두려워하고 공경하니, 하물며 남들이야 따져 무얼 하리. 내게 낙양성 부근에 두 마지기의 밭떼기만 있었더라도 내 어찌 여섯 나라 재상의 관인을 찰 수 있었겠나?"
하고 탄식하면서 소진은 1천 금을 내어 가족과 벗들에게 뿌렸다. 처음에 소진이 연나라로 갈 때 백 전을 꾸어 노자를 삼았었는데 부귀해진 후에 백금(百金)으로 그것을 갚았다.

그리고 6국이 합종한 맹약서를 진나라에 통고했다. 그로부터 진나라의 병사가 감히 함곡관 동쪽을 엿보지 못한 것이 15년이었다.
그 후 소진은 제나라에서 새 왕의 총애를 받으려다 대부들과 갈등을 겪을 때 어느 이름없는 자객에 의해 중상을 입고 그 상처가 도져 죽었다.

사마천의 『사기(史記)』에는 이렇게 결론을 지었다.
소진은 제후들에게 유세하여 그 이름을 세상에 드러냈다. 그의 변론술은 권모술수와 임기응변에 능한 것이었는데 소진은 반간(反間, 첩자)의 오명을 뒤집어쓰고 죽게 되자, 천하가 그를 조소하여 그의 술법을 배우기조차 꺼려했다.

민간에서 몸을 일으켜 6국을 연결시키는 합종의 맹약을 맺게 한 그의 활약을 보면 소진은 지모가 대단히 뛰어난 인물로 추측된다.

열국(列國)을 흩트린 연횡책(連衡策)

장의(張儀)는 위(魏)나라 사람이다.

일찍이 합종책을 펼친 소진과 함께 귀곡(鬼谷) 선생에게 사사하며 학술을 배웠다. 소진도 장의의 재능을 따르지 못한다고 생각하고 있었다.

장의 또한 소진과 마찬가지로 제후들을 찾아다니며 유세(遊說)했으나 아무도 그에게 귀기울여 주지는 않았다.

인정받기는커녕 오히려 굴욕만 치렀다.

한 번은 초나라 재상 소양(昭陽)의 잔치에 가서 술을 마셨는데 소양의 집에 있던 도리옥〔화씨지벽(和氏之璧)〕을 잃어버렸다고 소란이 일어났다.

"장의가 수상합니다. 평소 행동도 좋지 않거니와 집안이 워낙 가난합니다."

연회에 참석했던 손님들이 모두 불청객 장의를 도둑으로 몰았다. 장의는 속절없이 수백 대의 매를 맞았다.

"나는 훔치지 않았소!"

아무리 아니라고 해도 막무가내로 매를 맞았다.

온몸이 걸레가 되어 가까스로 집에 들어와 아내에게 자기 혀를 내밀었다.

"여기 좀 보게. 아직도 혀가 붙어 있는가?"

"공연히 책 같은 걸 읽어 유세만 하지 않았어도 이런 꼴은 당하지 않았을 것 아니요. 그래도 혀는 붙어 있군요."

하도 어이가 없어 아내도 웃으면서 대꾸했다.

"그럼 됐소. 혀만 붙어 있으면 충분하오."

이즈음에 그의 친구 소진은 벌써 조나라 왕을 설득해 합종의 맹약을 맺는데 성공하였으나 진나라가 제후들을 쳐서 맹약을 깨며 합종국들이 서로 배반하지 않을까 두려워하고 있었다. 그런 불상사가 일어나지 않기 위해서는 진나라에 적당한 인물이 등용되어야 한다고 소진은 생각했다.

"역시 장의밖에 없는데……."

소진은 비밀리에 수하를 장의한테 보냈다.

"내 이야기는 하지 말고 일단 장의를 나한테 데리고만 와주게."

그래서 수하는 장의한테로 가서 속살거렸다.

"왜 이렇게 고생하고 계십니까? 장 선생님께서는 소진과 죽마고우(竹馬故友)라면서요. 헛고생 그만 하시고 한번 찾아가 보시지요. 그가 친구이니 박대하지는 않으실 것입니다."

"그렇소!"

장의는 의기양양하여 조나라의 소진한테로 갔다. 그리고 당당하게 자신의 이름을 올려 면담을 신청했다. 그러나 이레가 지나도록 소진한테서는 소식이 없었다.

"어떻게 된 거요? 장의가 왔다는 한마디만 하면 버선발로 나올 만도 한데······."

"주인님은 바쁘십니다."

"그럼 난 가겠소."

"잠깐만 기다려 보십시오. 제가 다시 한 번 간청해 올리겠습니다."

그렇게 어렵사리 면회가 허락되었는데 소진은 장의를 당하(堂下)에 앉혀놓고 물끄러미 바라만 볼 뿐이었다.

그뿐만 아니라 자신의 밥상에는 산해진미를 가득 차려놓고 자신에게는 보잘것없는 음식상을 내려주었다. 그리고 소진은 장의를 굽어보며 빈정거렸다.

"자네는 지난날 나보다 훨씬 더 재주가 뛰어났었는데 지금 보니 별 볼일 없구먼. 내가 인군께 말씀드려 말직이라도 벼슬을 내리고 싶지만 자네가 미덥지 못해 그마저도 못하겠네."

생각지도 못한 소진의 모욕에 장의는 그 자리를 박차고 나오며 고래고래 욕설을 퍼부었다.

"좋다. 요놈 어디 두고 보자! 옛 친구라 믿고 찾아왔더니 나를 그토록 깔아뭉개다니, 무어 네놈이 합종책이라? 나는 진나라로 들어가 연횡책으로 네놈의 합종을 하나씩 박살낼 것이다. 요놈!"

장의는 씩씩거리며 진나라로 향했다.

소진은 자기의 심복을 급히 불렀다.

"장의는 천하의 어진 선비다. 나는 그의 소맷자락에도 못 미친다. 단지 운이 좋아 내가 먼저 등용되었을 뿐이다. 그가 가는 곳마다 따라가거라. 설사 그가 진나라에 가더라도 돈이 없어 등용되기 어려울 것이다. 돈과 거마를 줄 테니 그에게 뒷돈을 대주어 진나라에서 성공하도록 도와주라."

"그분이 작은 이익에 만족하여 대성하지 못한 것을 염려하셨습니까?"

"그렇다. 그래서 무참히 모욕을 준 것이다. 그가 성공할 때까지는 나의 도움을 눈치채지 못하도록 하라!"

"명심하겠습니다. 한 가지 의문은 그분이 진나라의 이익을 위하게 되면 조나라에 피해가 없는지요?"

"진나라에 이익을 주어야 조나라에 큰 이익이 있다. 그런 줄만 알아라!"

소진의 심복 수하는 모른 척 장의를 뒤쫓았다. 그리고 우연인 것처럼 같은 숙식을 하면서 장의가 하고 싶은 것은 무엇이든 다 들어주었다.

"이 은혜는 잊지 않겠소!"

그렇게 되어 장의는 진의 혜왕(惠王)을 알현할 수 있었다. 그의 유세는 성공하여 진나라의 객경(客卿)이 되었다. 바야흐로 천하의 제후들을 차례로 정벌하는 계략이 먹혀들었던 것이다.

"저는 이제 헤어질까 합니다."

소진의 수하가 이별할 뜻을 내비치자 장의는 깜짝 놀랐다.

"왜 그러시오. 이제 방금 출세하여 당신한테 은혜를 갚으려 하는데 무슨 말씀이오?"

"그 은혜는 소진 어른한테나 갚으시오."

"뭐라고요?"

"저는 선생의 인물됨을 하나도 모릅니다. 오로지 선생님을 아시는 분은 소진 어른뿐입니다. 선생을 격분시켜 진나라에서 성공하도록 도와주신 분은 제가 아니라 그분이십니다. 저는 심부름꾼에 불과합니다."

"아! 그게 진정이오?"

"그렇습니다. 선생께선 이미 등용되셨으니 저는 그분의 명령대로 지금 돌아가야 합니다."

"어찌 이런 일이, 내 참! 소진의 술수에 놀아나면서도 그것을 깨닫지 못하다니. 역시 나는 소진에게 못 미치나 봅니다. 돌아가거든 소군(蘇君)한테 분명히 전해 주시오. '내가 진의 재상으로 있는 한 조(趙)나라는 치지 않겠다'고. 그뿐만 아니라 소진이 살아 있는데 내가 감히 무슨 일을 벌이겠소. 나는 소진의 속마음을 짐작합니다. 진나라가 조나라를 쳐서 합종의 맹약이 그로 인해 깨어지지 않을까 걱정했을 것입니다."

그 후 장의는 진나라의 재상이 되었다. 그리고 초나라 재상 소양(昭陽)에게 글월을 보냈다.

〈내가 처음 너의 잔치에서 술을 마셨을 때 너는 나를 구슬을 훔친 범인으로 몰았다. 그리고 나를 수없이 때렸다. 지금도 맹세하거니와 나는 너의 구슬 따위는 훔치지 않았다. 이제 그 빚을 갚고자 한다. 너는 네 나라를 잘 지켜라. 그러나 나는 네 나라를 박살내어 훔치고 말 것이다.〉

장의가 재상이 된 지 4년이 되었다.
"대왕, 이제는 왕위에 오르시어 천하에 위엄을 드높이시지요. 〔진나라는 효공(孝公)에 이르기까지 공(公)으로 불렀다. 혜문군(惠文君)도 그제야 왕(王)이라 호칭됐다〕."
"그래도 괜찮겠소."
"지당하신 호칭입니다."
1년이 지나서 장의는 진나라의 장군이 되어 하남성 위(魏)나라 땅 섬(陝)을 탈취하고 상군에다 요새를 구축했다.
그로부터 2년 뒤에는 진의 사신이 되어 제나라와 초나라의 재상들과 강소성 설상(齧桑)에서 회합했다.
다시 동쪽으로 돌아온 장의는 진나라의 재상자리를 내놓고 위나라 재상이 되어 위왕에게 진나라를 섬기라고 건의했다.
그뿐만 아니라 다른 제후에게도 그런 관계를 본받게 하려고 애를 썼다. 그러나 위왕은 장의의 권고를 받아들이지 않았다.

이때 진왕은 위의 하남성 곡옥(曲沃)과 산서성 평주(平周)를 탈취해 버렸다. 장의가 다시 위왕에게 권고하여 말하였다.

"누차 말씀드렸지만 진나라를 섬기는 게 제일입니다. 그러면 초·한은 감히 위에 손대지 못하고 초나라와 한나라의 근심이 없으니 대왕께서는 베개를 높이 하여 안면할 수 있고 국가에도 근심이 없어집니다."

"좋소. 나라를 들어 그대의 계략을 따르기로 하겠소. 진나라로 그대를 보낼 터이니 진왕께 화목할 것을 요청해 주겠소?"

위나라가 합종의 맹약을 배반케 하는 공로를 세운 장의는 진나라로 돌아와 다시 재상이 되었다.

3년이 지나서 위가 진을 배반하고 합종에 다시 가담했는데 진이 위나라의 곡옥을 새로 쳐서 빼앗자 놀란 위가 또다시 진을 섬기게 되고 말았다.

장의가 진의 사신으로 초나라에 가 있을 때 소진이 죽었다는 소식이 들려왔다.

"이제야말로 스스로를 위하여 뜻을 펼 때이다."

장의는 초왕에게로 달려갔다.

"진의 국토는 천하의 절반이며 그 병력은 4개국의 그것과 맞먹습니다. 험준한 산으로 둘러싸이고 황하가 띠처럼 둘러쳐져 있어 사방이 가히 천연의 요새입니다. 군사 1백만 명, 전차 1천 대, 군마 1만 필, 양곡의 축적 또한 산봉우리만 합니다. 법령은 분명하여 사졸은 안심하고 전쟁터에 나가 죽으며, 인군은 현명하고 준엄하며 장군은 지략 있고 무용(武勇)이 뛰어납니다.

이런 형세이니 그 어떤 열국도 빨리 항복하지 않으면 멸망합니다. 더구나 합종을 맹약하는 자는 맹호를 공격하는 양의 무리나 다름이 없습니다. 양이 호랑이에 대적할 수 없다는 건 대왕께서도 잘 아시지 않습니까?"

"알고는 있소."

"대왕께서는 지금 맹호 대신 양들과 손을 잡고 계십니다."

"또다시 합종의 얘기겠구려."

"생각해 보십시오. 천하 두 강국이라면 어느 나라이겠습니까?"

"그야 진나라와 초나라이지요."

"그렇습니다. 그러하니 양국이 서로 다투면 둘 다 살아남을 수가 없지요. 차라리 맹호인 진나라와 손을 잡으십시오."

"과인이 진나라와 화친하고자 하면 그대는 중간에서 어떤 역할을 해주겠소?"

"진의 태자를 오게 해서 볼모로 삼도록 하겠습니다. 동시에 초에서도 태자를 진에 볼모로 보내십시오. 뿐만 아니라 진의 왕녀를 대왕의 시첩이 되게 할 것이며, 1만 호가 넘는 도읍을 받게 해드리겠습니다. 이렇게 되면 진과 초가 장구하게 형제의 나라가 되어 끝내 서로 공격하는 일이 없어질 것입니다."

초나라 왕은 장의의 의견을 받아들이기로 했다.

장의는 그 길로 한나라로 향했다. 한나라의 왕을 만나자 마자 장의는 또 설득하기 시작했다.

"한나라 땅은 험악하여 백성들 대부분이 산지에 살면서 생산하는 오곡은 콩 아니면 보리입니다. 더구나 한 해라도 수확이 없으면 백성들은 금세 지게미와 쌀겨조차 배불리 먹지 못하게 됩니다. 국토는 사방 9백 리에 불과하며 2년을 지탱할 식량도 없습니다."

"사실 한나라는 그만도 못하오."

"현명한 군주로서 위험을 택하지 말고 먼저 진을 섬겨 평안하십시오. 대체로 화근을 만들어 놓고 복이 들어오기를 바란다면 그 계략의 얄팍함 때문에 진나라의 깊은 원한만 사게 됩니다. 진을 거역하고 초를 따르면 멸망하지 않으려야 않을 수가 없게 됩니다."

"진나라가 우리 한나라에 대해서 바라는 바는 뭐요?"

"진나라가 원하는 것은 우선 초나라를 약화시키는 것이니, 그 역할을 한나라가 해달라는 것이지요."

"무슨 얘기요?"

"한나라가 초보다 강해서가 아니라 지세가 그렇다는 뜻입니다. 대왕께서는 서면하여 진을 섬기고 초를 치십시오. 진왕이 기뻐할 것입니다. 초를 쳐 그 국토를 얻고 화는 진으로 돌려 버린다면 그보다 좋은 계략이 어디에 있겠습니까?"

"옳은 계책인 것 같소."

한왕이 장의의 계략을 받아들이자 장의는 곧 진으로 돌아왔다. 진왕이 몹시 기뻐하며 다섯 개의 읍을 봉해 장의를 무신군(武信君)이라 불렀다.

장의는 진왕과 계략을 상의한 뒤 이번에는 동쪽의 제나라로 갔다. 장의는 제의 민왕을 만나 이렇게 말했다.

"지금 강국인 진과 초는 공주를 시집보내고 부인을 얻어오는 등 절친한 형제의 나라가 되었으며, 한나라는 의양을 바치고, 위나라는 황하 서쪽을 내놓고 조나라는 하남성 면지(澠池)에 입조(入朝)하고 황하와 장수 사이의 땅, 하간(河間)을 떼어주어 진을 섬기고 있습니다."

"과인이 진을 섬기기 않으면 어찌될 것 같소."

"한·위를 시켜 제의 남부를 공략할 것이며, 조나라의 병사를 총동원해 청하(淸河)를 건너 박관(博關)을 향해 쳐들어올 것입니다. 제(齊)나라가 일단 공격을 받으면 뒤늦게 진을 섬기려 해도 늦습니다. 숙고하시기 바랍니다."

제왕은 장고한 후에 머리를 들었다.

"동해 먼 바닷가에 치우쳐 있는 나라라 국가의 장구한 이익을 들어본 적도 없으며 그와 같은 위태로움도 깨닫지 못했소. 이제 선생의 계략을 따르리다."

장의는 제나라를 떠나서 이번에는 서쪽에 있는 조나라로 서둘러 떠났다.

조왕을 만난 장의는 다시 설득하기 시작했다.

"지금 초나라는 진나라와 형제의 나라가 되고 한과 위는 진의 동쪽 울타리 역할을 하는 신하의 나라가 되었으며, 제나라는 물고기와 소금이 나는 땅을 바쳤습니다. 바로 이 점은 조나라의 오른팔을 자른 것과 같은 형국이지요. 과연 오른쪽 팔을 잘린 채로 남과 싸우며 자기 원군도 없이 고군분투하는 일이 위태롭지 않다고 말할 수 있겠습니까?"

"그건……, 과인이 비록 어리나 진나라로 서둘러 달려가겠습니다."

조왕을 설득시킨 장의는 끝으로 연나라로 갔다.

"지난날 조나라가 침범해 왔을 때 대왕께서는 10개의 성읍을 바치며 사과까지 한 적이 있지요?"

"두려워서 그랬소."

"그런 조왕이 이제는 면지에서 입조하여 하간의 땅을 바쳐 진을 섬기고 있는데, 대왕께서는 서둘러 진을 섬겨야 되지 않겠습니까?"

"조나라가 단독으로 쳐내려올 수는 없겠소?"

"그것은 연나라 하기 나름입니다. 연이 재빨리 진을 섬기면 조나라는 진의 눈치를 보느라 병사를 일으키지 못하지요. 대왕, 생각해 보십시오. 서쪽으로 진의 강한 원조가 있고, 남으로 제·조의 우환이 없어지는데 연으로서 이보다 더 좋은 계략이 어디에 있겠습니까?"

연왕은 숙고한 뒤에 단호히 말했다.

"과인은 미개한 벽지에 살고 있어 몸집은 어른이지만 생각은 어린애와 다름없소이다. 이토록 훌륭한 계책을 주시는데 어찌 듣지 않겠소이까? 서면하여 진을 섬기지요."

연은 항산(恒山) 기슭의 다섯 성시(成市)를 바쳤다. 장의는 스스로 기뻐하며 진왕에게 공적을 보고하기 위하여 서둘러 귀국을 하고 있었다.

그런데 장의가 아직 함양(咸陽)에 도착하기도 전에 진의 혜왕이 죽고 무왕(武王)이 뒤따라 섰다.

무왕은 태자 적부터 장의를 좋아하지 않았다. 그리고 새 왕의 신하들이 장의를 헐뜯었다.

"그 자는 언행에 신의가 없는 자입니다. 좌우로 나라를 팔아 가며 자신만 받아들어지기를 원하는 사람입니다. 진나라가 그를 다시 등용한다면 천하의 웃음거리가 될 것입니다."

그래서 진의 무왕은 장의를 쓰지 않았다.

제후들도 장의가 무왕과 사이가 좋지 않다는 것을 듣고는 연횡(連衡)의 약속을 포기하고 다시 합종을 했다.

장의는 자신의 신변에 위험이 닥쳐오고 있다는 사실을 깨닫고 위(魏)나라로 가 일 년 만에 죽었다.

사마천의 『사기(史記)』에는 이렇게 결론지었다.

삼진(三晉, 韓·魏·趙)에는 임기응변, 권모술수의 유세객들이 많았다. 합종책이나 연횡책을 말해 진나라를 강하게 만든 사람들은 대부분 삼진 사람들이다. 생각해 보면 장의의 행적이 소진보다는 더욱 악랄한 데가 많다. 그러나 세상에서 소진을 더욱 미워하는 것은 소진이 먼저 죽고, 장의가 소진의 단점을 과장되게 폭로했기 때문이다. 더구나 자기 주장을 도와 연횡론을 성공시켰기 때문일 것이다.

제3편

통치학의 인성론,
무선무악설(無善無惡說)

고자(告子)와 맹자(孟子)

본래 사람의 인성은 선(善)한 것도 악(惡)한 것도 아니다. 그런데 맹자는 사람이 가지고 있는 인성의 특성 중 어느 한쪽만을 떼어 '성선설'의 이론을 만들었고, 순자는 맹자가 말하지 않은 인성의 반쪽을 언급하여 '성악설'의 이론을 만들어냈다.

이로 인해 성선설과 성악설은 마침내 대립되는 이론으로 남게 되었다. 그렇지만 인성은 본래 무선무악(無善無惡)하여 선할 수도 있고 악할 수도 있는 것이다.

그러나 고자(告子)의 설법은 어떤 방면에서 고찰하든 모두 인성에 맞는 것이다.

고자(告子)는 중국전국 시대의 사상가로 성이 고(告), 이름은 불해(不害)이다. 한때 맹자에게 배우기도 했으나 생각이나 이론이 같지 않았다. 그는 인의(仁義) 같은 도덕을 인위적으로 꾸며서 강요하는 것이라 생각했다.

고자의 사적에 대해서는 잘 모르나 인간성 이해에 대한 맹자와의 논쟁이 『맹자』속에 인용되고 있어 그의 사상을 약간이나마 알 수 있다.

고자는 생(生)을 성(性)이라 한다든가 식(食)과 색(色)은 성(性)이라고 하여 타고난 기질 그대로의 식욕과 성욕이라고 하는 동물과 같은 생리적인 욕구의 현상을 성이라고 생각하였다.

그 결론으로서 그는 성은 선(善)도 악(惡)도 아니라는 것이다. 그런데 맹자는 인간에게는 동물과 다른 무엇이 있을 것이며 그것이 인간의 타고난 도덕성, 즉 인의(仁義)라 하여 동물과 구별하려고 하였다.

다시 고자에 의하면 본성은 비유컨대 재료의 나무이며, 인의는 만들어진 바구니 같은 그릇이다. 인간이 인의를 행하는 것은 나무의 재료로 굽혀서 만들어진 기구와 같은 것이라 했고, 또 본성을 굽이치는 물에 비유하여 동쪽으로 흐르게 하면 동쪽으로 흐르고 서쪽으로 흐르게 하면 서쪽으로 흐르는 것과 같이 본성은 처음부터 선이라 한다거나 악이라고도 할 수 없다고 하였다.

또 자기의 아우는 사랑하지만 타인의 아우는 사랑하지 않는다고 하는 따위의 차이가 있는 것은 그것이 내적 감성을 주로

하기 때문이며, 연장자를 존경할 경우 타인이라도 존경하는 것은 그것이 외적 사실을 주로 하기 때문이라고 말하며, 인(仁)은 선천적으로 갖추어진 것을 인정하지만 의는 어디까지나 후천적으로 습득되는 것이라고 주장하였다.

이런 주장들은 맹자가 관념적 입장에 선 종교적 천(天)의 위치에서 인간성을 이해하고 있는 것과 날카롭게 대립되는 것이다. 그래서 두 사람의 의논은 끝까지 평행선을 이루었다.

첫째, 기류(杞柳, 고리버들. 가지는 껍질을 벗기어 버들고리나 키 등을 만듦)와 배권(桮棬, 나무를 구부려 만든 술잔) 논쟁

고자가 말했다.

사람의 본성은 기류(杞柳)와 같으며 도의는 나무를 구부려 만든 술잔이나 나무그릇과 같습니다.

본성을 인의의 도덕성이라고 말하는 것은 흡사 기류를 배권이라고 말하는 것과 같습니다.

맹자가 말했다.

당신은 기류의 본성을 따라서 배권을 만들 수 있다고 생각하는가? 아니면 기류의 본성을 죽이고 해쳐서 배권을 만들 수 있다고 생각하는가? 만약에 기류의 본성을 죽이고 해쳐서 배권을 만든다고 하면 사람도 본성을 죽이거나 해쳐야 비로소 인의도덕을 행하게 될 것이란 말인가.

그대의 생각이나 말은 잘못이다. 천하의 모든 사람들을 이끌고 인의도덕을 해치게 하는 것은 다른 것이 아니다. 반드시 그대의 말이나 주장같이 인의는 억지로 하는 것이라고 하는 말이나 생각 때문이다.

성(性)은 '사람이 태어나면서 하늘로부터 받은 바, 천리를 깨닫고 행하는 본연의 성품이다.'
기류는 '거류(柜柳), 즉 고리버들이다.'
배권(桮棬)은 '나무를 구부려 만든 술잔이나 기물 등이다.'

고자가 말했다.
'사람의 성품에는 원래 인의의 도덕성이 없다. 억지로 뒤틀고 휘어잡아서 비로소 인의를 행한다.' 흡사 순자(荀子)의 성악설(性惡說)과 같다.
곧, 천하의 사람은 인의를 본성을 해치는 것이라 생각하고 행하지 않는다. 그러므로 맹자가 '그대의 말로 인해서 인의를 해친다' 고 말한 것이다.

❖ 맹자의 성선설(性善說)

유가의 정통(正統)은 맹자의 성선설이다. 그러므로 '천도를 깨달아 알고, 또 실천하는 지성(知性), 서로 사랑하는 인성(仁性), 도덕과 인의(仁義)를 굳게 지키고, 또 행하는 용기를 갖추고 있다.'

중용(中庸)에 있다. '하늘이 절대 명령으로 사람에게 내려준 것이, 곧 인간의 본성이다. 그 본성을 따르고 행하는 것이 사람이 따르고 행해야 할 바른 길이며 도리이다. 그 도리를 각자의 기질이나 능력에 맞춰, 잘 행할 수 있게 조절하는 것이 곧 교육이다(天命之謂性 率性之謂道 修道之謂敎).'

고로 효제(孝悌), 충신(忠臣), 인의(仁義) 등 모든 윤리도덕이 바로 착한 본성을 바탕으로 하는 것이다.

서산진씨(西山眞氏)가 다음과 같이 평했다.

고자가 '사람의 성품에는 본래 인의가 없으며, 무리하게 강요한 것이다'고 말했으나 그는 참으로 천리를 모르는 소리이다.

둘째, 단수(湍水, 소용돌이 치고 빙빙 돌며 흐르는 물의 모양)

고자가 말했다.

'사람의 본성은 흐르는 물과 같습니다. 동쪽으로 터주면 동쪽으로 흐르고, 서쪽으로 터주면 서쪽으로 흐릅니다. 사람의 본성에 선(善)과 불선(不善)의 분별이 없는 것은 마치 물에 동과 서의 분별이 없음과 같습니다.'

맹자가 말했다.

'물은 동서(東西)로 나눌 수 없다. 그러나 상하(上下)의 분별도 없겠느냐. 사람의 본성이 착한 것은 마치 물이 아래로 흐르는 것과 같다. 사람의 본성이 선하지 않음이 없는 것은 흡사 물이 아래로 흐르지 않는 것이 없는 것과 같다.'

'지금 만약에 물을 쳐서 튀어오르게 하면, 이마를 지나게도 할 수 있다. 또 흐르는 물을 막았다가 확 터서 흐르게 하면, 물을 산 위로도 흐르게 할 수 있다. 그러나 그것이 어찌 물의 본성이겠느냐. 그때의 형편에 따라 그렇게 되게 하는 것이다.

본성이 착한 사람도 때로는 나쁜 짓을 하게 할 수 있다. 그러나 나쁜 일을 할 때의, 그 사람의 성품도 역시 그 형편에 따라 그와 같이 나쁜 일을 하게 만드는 것이다.'

'물은 사실 동서의 분별이 없다. 그러나 어찌 상하(上下)의 분별이 없겠는가' 라고 말한 것이다. '성이 곧 천리라고 한 것'은 본성은 다 착하다는 뜻이다.

셋째, 생지위성(生之謂性, 살려는 것이 본성이다)

고자가 말했다.
'살려는 욕구나 본능을 본성이라 합니다.'
맹자가 되물었다.
'사는 것을 본성이라고 한 그대의 말은 바로 흰 것은 희다고 하는 것과 같으냐?'
고자가 대답했다.
'그렇습니다.'

맹자가, '하얀 깃의 흰 것을 백설(白雪)의 흰 것과 같다고 하고, 또 백설의 흰 것을 백옥(白玉)의 흰 것과 같다는 뜻이냐?'
 고자가, '그렇습니다.'
 그러자 맹자가, '그렇다면 곧 개의 본성이 소의 본성과 같고, 소의 본성이 사람의 본성과 같다는 말이냐?'
 즉 사람의 삶과 동물의 삶을 혼동하면 안 된다.
 생(生)은 인간과 동식물이 지각운동하는 바탕을 말한 것이다.
 맹자가 다시 말했다.
 '만일 그렇다면, 즉 개와 소 및 사람이 지각하고 운동을 할 수 있으니 그러면 그들의 본성이 다르지 않단 말이냐?'
 그러자 고자도 자기의 말이 잘못되었음을 알고 대답하지 못했다.

 나는 생각한다.
 '성(性)은 사람이 하늘에서 얻은 바의 이(理)이고, 생(生)은 사람이 하늘에서 얻은 바 기(氣)이다.'
 성(性)은 형이상(形而上)이고 기(氣)는 형이하(形而下)이다.
 인간이나 동식물이나 살아 있는 만물은 모두가 다 성(性)이 있고 또 기(氣)를 가지고 있다.
 그러나 기를 중심으로 말하면, 지각하고 운동함에 있어, 인간이나 동식물이 별로 다르지 않는 것 같다.
 그러나 이를 중심으로 말하면 사람만이 인의예지(仁義禮智)

의 도덕성을 지니고 있다. 어찌 동식물의 도리를 전부라고 하겠는가?

그러므로 사람의 본성은 착하지 않은 것이 없다. 따라서 '만물의 영장'이라고 하는 것이다.

고자는 성(性)이 곧 이(理)라는 깊은 뜻을 알지 못했다.
그래서 이른바 기(氣)를 성(性)이라 한 것이다.
또 그는 앞에서와 같이 성을 기류(杞柳)다, 단수(湍水)로 비유했으며, 식색(食色)에는 선(善)도 불선(不善)도 없다는 말을 하고, 종횡으로 모순되고 엇갈리고, 또 복잡하게 엉키고 틀린 말을 한 것이다.
그러므로 여기에서 '고자가 말한 바 성에 대한' 오류는 바로 근본적인 중대한 것이다.
고자가 그와 같이 오류를 범한 이유는 다음 같은 데 기인한다. 그는 원래 '인간과 동물'을 오직 지각(知覺)하고 운동하는 '생물적 존재'로만 인식했다. 그래서 그는 인간과 동식물을 같다고 잘못 알았으며, 사람에게는 인의예지(仁義禮智)의 순수한 본연의 도덕성이 있고, 따라서 인간과 동식물은 근본적으로 다르다는 존엄한 사실을 몰랐다. 그런 것을 맹자가 이와 같이 '고자의 잘못된 생각과 주장'을 꺾었으니, 그 뜻이나 이론이 참으로 정밀한 것이라 하겠다.

넷째, 식색성야(食色性也, 음식을 먹고 짝짓기를 하고 자식을 낳

아 양육하는 것이 본성)

고자가 말했다.
'음식을 먹고, 또 남녀가 짝짓기를 하는 것이 사람의 본성입니다. 인(仁)은 내적인 것이지, 외적인 것이 아닙니다. 의(義)는 외적인 것이지 내적인 것이 아닙니다.

맹자가 말했다.
'어찌해서 인은 내적이고, 의는 외적이라고 하는가.'
그러자 고자는, '상대방이 연장자인 경우, 내가 그를 연장자로 공경하는 것은 내 마음속에 공경하려는 마음이 있는 것이 아닙니다. 흡사 어떤 물건이 희기 때문에 내가 희다고 하는 것은, 곧 외적으로 그것이 희기 때문에 내가 따라서 희다고 하는 것과 같습니다. 고로 외적이라고 하는 것입니다.'
이에 맹자는, '다르다. 백마(白馬)의 흰빛은 백인(白人)의 흰빛과 다르지 않다. 그대는 알지도 못하고 겉만 보고 '늙은 말을 늙었다고 생각하는 것과 나이 많은 사람을 공경하는 것을 다르지 않다고 말하는구나.' 또, '늙음을 의라고 생각하느냐. 노인 공경을 의로 생각하느냐.'

고자는 사람의 지각과 운동만으로 성(性)이라 했다. 고로 사람이 먹기 좋아하고, 또 색을 좋아하는 것을 본성이라 했다. 그러므로 인애(仁愛)의 마음은 속에서 나오고, 사물을 잘 다루는 것은 외적인 것이라 했다.

고로 배움은 오직 인(仁)에만 힘을 쓰고, 외적으로 의(義)에 맞게 할 필요가 없다고 말한 것이다.

고자는, '나의 동생은 사랑하지만, 진(秦)나라 사람의 동생은 사랑하지 않는 것은 나의 마음이 즐겁게 하기 때문입니다. 고로 인(仁)을 내적이라고 합니다.

한편, 초(楚)나라의 연장자도 공경하고, 또 자기 나라의 연장자도 공경하는 것은 바로 공경을 기쁘게 여기기 때문입니다. 고로 의(義)를 외적이라 하는 것입니다.'

맹자가 반박하여 말했다.

'진나라 사람이 만든 불고기를 좋아하여 먹는 것이나, 내가 만든 불고기를 즐겨먹는 것이나 다를 게 없다. 외적 물건도 그와 같다. 그런데 불고기를 즐겨먹는 주관적 기호마저 외적이라고 하느냐.'

결론적으로 맹자의 성선설과 순자의 성악설을 합하여 하나로 만들어야 한다. 이 두 가지 설을 합한 것이 바로 우주의 진리인데, 그 양자의 이론이 합리적으로 합쳐진 것이 바로 고자가 말한 '성무선무불선설(性無善無不善說)'이다.

사람들이 '어떻게 맹자의 설을 순자의 설과 합치는가?'라고 물었을 때 저자 이종오는 다음과 같이 대답했다.

맹자는 '사람은 어렸을 때 부모를 사랑하고, 색(色)을 알게 되면 소녀를 사랑하고, 처자가 있게 되면 처자를 사랑한다' 라고 했다.

그리고 순자는 '처자가 있게 되면 부모에 대한 효도가 쇠퇴한다' 고 했다.

두 사람의 말이 같은 것이 아니고 무엇이겠는가?

맹자는 '큰 효도는 종신토록 부모를 사랑하는 것으로, 50세가 되도록 부모를 사랑하는 사람을 통해 나는 순임금의 모습을 본다' 고 했다.

맹자가 말한 바에 따르면 50세가 된 사람이 아직 부모를 사랑하면 순임금과 다름없게 된다.

인성의 본질이 과연 무엇인가? 맹자와 순자의 설이 서로 합칠 수 없다고 말하지는 못할 것이다. 이로써 맹자와 순자의 논쟁점은 오직 선과 악이라는 두 가지에서 비롯되었음을 알 수 있다. 인성에 대한 두 사람의 생각이 결코 다른 것이 아니었던 것이다.

조조를 성토한
진림의 격문(檄文)

　영웅호걸의 성공비결은 낯가죽이 두껍고 마음속이 시커멓고 음흉한 '면후심흑(面厚心黑)'이라는 네 글자 이외에는 없다.
　"'후흑'이라는 두 글자는 한 물체의 두 면과 같다. '흑'이 극에 달하면 '후'가 아닌 것이 없다. '후' 또한 극에 달하면 '흑'이 아닌 것이 없다.

　예를 들어 말하면 조조의 마음은 가장 시커멓다. 당시 진림(陳琳)이 그를 성토하는 격문(檄文, 널리 세상 사람들을 선동하거나 의분을 고취하려고 쓴 글)을 만들었다. 그러나 그는 진림을 관용했다. 이 어찌 뻔뻔하다고 하지 않을 수 있겠는가.

진림은 자가 공장(孔璋)이었다. 그의 뛰어난 글재주는 이미 천하에 널리 알려져 있었으며, 환제(桓帝) 때에는 주부(主簿, 문서계)를 지냈다. 그는 지난날 조정에서 하진(何進)이 조정으로 전국의 군웅들을 불러들여 십상시들을 제거하자고 했을 때 이를 반대했던 바로 그 사람이었다. 그의 말을 듣지 않았던 하진이 죽고 동탁이 조정으로 들어오자 그는 기주로 몸을 피했던 것이었다. 그러다 원소가 기주로 돌아온 후 그를 섬겼다.

진림은 원소의 명을 받자 격문을 써내려 갔다.

무릇 현명한 군주는 위기를 미리 헤아려 변란을 다스리며 충신이 권세를 세움은 어려울 때를 대비하기 위함이라 하였다. 때문에 비상한 사람이 있어야 비상한 일이 일어날 수 있으며, 비상한 일이 있은 뒤 비상한 공로를 세울 수 있음이라.

따라서 비상한 일은 진실로 비상한 사람에 의해서만 착안되는 것이다.

지난날 진(秦)나라가 강했으나 2세황제가 나약해서 조고(趙高)가 대권을 쥐고 생과 살(殺)을 제 마음대로 하니 사람들이 그를 두려워하여 감히 바른말로 간하지 못했다. 그러다가 2세황제는 망이궁(望夷宮)에서 조고에게 죽임을 당하고 마침내 진(秦)나라는 무참히 망하니 그 치욕이 오늘에까지 전해져 깊이 세상의 교훈이 되고 있다.

그 후 한(漢)의 여후(呂后) 말년에 이르러 나라 권세를 거머쥔

여산(呂産)과 여록(呂祿)이 안으로는 남군, 북군까지 거느리는 병권(兵權)을 잡고 밖으로는 양과 조, 두 나라를 다스리면서 천자에게 고하지 않고 조정의 온갖 대사까지 제 마음대로 행하니 상하(上下)의 질서가 서지 않으매 천하가 다 한심해하였다. 이에 강후(絳侯) 주발과 주허후(朱虛侯) 유장이 분노하여 군사를 일으켜 역적들을 죽이고 태종(太宗)을 세웠다.

이리하여 왕도는 다시 흥하여 그 빛남이 널리 나타났으니 이는 권세를 세워야 할 책임이 대신에게 있으므로 그 대신이 권세와 위엄을 세워 나라의 어지러움을 구한 뚜렷한 본보기가 아니겠는가.

사공(司公) 조조의 할아비 중상시 조등(曹騰)은 고자로서 좌관(左棺) 서황(徐璜) 등과 손잡고 요사스럽게 못된 짓을 일삼던 자이다. 옳고 그름의 구별 없이 행패를 일삼고 백성들을 못 살게 굴며 재물을 긁어모으기에만 급급했던 것이다.

조조 애비 조숭(曹嵩)은 원래 거리를 떠돌던 부랑아였으나 고자 조등의 양자로 들어와 뇌물을 바쳐 벼슬을 산 자이다. 긁어모은 재물로 세도 있는 자에게 아첨하며 벼슬을 높이니 마침내 태위(太尉)에까지 오르게 되었다.

그의 아들 조조는 어떠한가? 그는 더러운 고자 내시의 자손으로 원래부터 덕과는 담을 쌓은 채 교활하고 그릇된 짓으로 남을 속이며 화(禍)를 불러 남을 괴롭히기를 좋아하며 세상의 불행을 즐기는 자이다.

막부(幕府, 본래는 장수가 집무하는 곳, 여기서는 원소 진영 또는 원소를 가리킴)는 정병을 거느리고 역당(십상시)을 소탕하였다. 그러나 뒤이어 동탁이 국권을 농락하여 나라를 혼란에 빠뜨리매, 막부는 다시 칼을 빼어들고 동하(東夏)에서 군사를 일으켜 천하 영웅들을 끌어모을 때 어리석은 자는 버리고 쓸 만한 자는 등용하니, 이에 조조와도 함께 일을 도모하기로 하였다. 그에게 군사를 준 것은 매와 개도 주둥이로 물어뜯고 발톱으로 할퀴는 재주가 있음을 믿기 때문이었다.

　그러나 본디 경솔하고 어리석으며 계략이 없어 가벼이 나아가고 쉽게 물러나다가 수차 싸움에 패하고 번번이 군사만 잃었다. 그렇지만 막부는 그때마다 조조에게 다시 군사를 보내어 구원해 주었고, 또한 천자께 아뢰어 동군태수를 제수케 하고 연주자사(兗州刺史)에까지 오르게 하였다.

　이렇게 호패를 씌워 주어 위풍을 돋우게 한 것은 적과 싸워 승리했다는 소식이나 알려올까 하는 바람에서였다. 그러나 조조는 일단 힘을 얻자 멋대로 발호하여 온갖 못된 짓을 다해 백성들을 못 살게 굴고 어진 사람과 착한 이를 잔인하게 해쳤다.

　구강태수 변양(邊讓)은 영특하고 재주 있기로 천하에 따를 자 없었으나 바른말만 하고 아첨하지 않다가 조조의 눈 밖에 나 마침내 목이 잘리어 길거리에 효수당하고, 처자를 비롯하여 그 일가족이 도륙당했다. 이때부터 천하의 뜻 있는 선비들은 통분하고 백성들의 원망 소리는 하늘에까지 닿았다.

그러므로 조조는 서주에서 도겸과 싸울 때 더 많은 군사임에도 오히려 도겸에게 패하여 여포에게 복양 땅을 빼앗기고 동쪽 변방을 떠돌며 의지할 곳마저 잃었다.

막부는 나라의 근본인 원줄기(임금)를 강하게 하고 곁가지인 제후들의 힘을 견제하고자 모반하는 무리에 들지 않고, 다시 깃발을 세우고 갑옷을 입고 나서 들이치니 징소리 북소리 진동하는 곳마다 여포의 무리는 여지없이 무너져 달아나고야 말았다.

그 뒤 천자께서 환도하실 때 뭇 도적이 거가를 범하였다. 그때 막부는 영지인 기주에 있었는데 북쪽 변방 공손찬의 침범으로 기주를 비울 수 없어 종사중랑(從史中郎) 서훈(敍勳)을 보내 조조로 하여금 먼저 낙양으로 가서 불탄 종묘사직을 손보아 돌보며 어린 황제를 정성껏 보좌하도록 하였다.

그러나 조조는 온갖 횡포를 다 부려 천자를 겁박하여 도읍을 허창으로 옮기게 한 후 황실을 모독하고 국법과 기강을 문란케 하고 스스로 높이 앉아 3대를 거느려 나라 정사를 좌지우지하고 있다.

벼슬을 주고 상(賞)을 내림이 모두 그의 마음 하나에 달렸고, 사람을 죽이고 벌 주는 일, 또한 그의 세 치 혀끝에서만 행해지고 있다. 그의 마음에 드는 자는 오족까지 부귀를 누리게 하고 미움을 받은 자는 삼족을 멸했다. 모여서 떠들면 드러내 놓고 죽이고, 숨어서 공론하는 사람은 아무도 모르게 죽여 버리니 백관들은 입을 다물고 다만 눈짓으로 뜻을 통하며, 상서(常

書)는 다만 조회에 낙오자를 기록할 뿐이고, 공경은 그저 인원만 채울 뿐이었다.

　태위(太尉) 양표는 일찍이 사도와 사공을 지내는 등 인신으로서 최고의 지위를 누렸을 뿐만 아니라 나라에도 공로가 많았지만, 한번 조조의 눈 밖에 나 억울한 죄를 입고 갖은 고문을 당하다가 오형(五刑)당했다.

　또 의랑 조언(趙彦)은 평소에 바른말로 직간(直諫)하여 옳은 길을 제시하기 때문에 천자께서도 귀를 기울이사 때로는 뉘우치시기도, 때로는 공경하시기도 했다. 그러나 조조는 권세를 빼앗고 언로(言路)를 막기 위해서 조언을 잡아 죽였을 뿐만 아니라 천자께 아뢰지도 않았다.

　또한 양호왕(이름은 유무, 한(漢) 문제의 형님, 경제의 아우)은 선제(先帝, 경제)와 동복형제간이니 그분의 능은 존귀한 황족의 분묘(墳墓)인 만큼 높이 받들어져야 하고 그 주위의 나무까지도 엄숙히 보호해야 마땅하건만, 조조는 군사와 관리를 거느리고 가서 능을 파헤쳐 널(관)을 부수고 시신을 발가숭이로 드러내면서까지 황금과 보옥을 약탈하니, 천자께서 눈물을 흘리시고 선비와 백성들이 다 슬퍼하였도다.

　또 조조는 발구중랑장(發丘中郞將)이니 모금교위(摸金校尉)니

하는 벼슬을 제수하고 그들로 하여금 닥치는 대로 무덤 속을 파헤치게 하여 보물을 노략질하니 몸은 비록 삼공(三公)의 자리에 있으면서도 행실은 도둑질을 일삼고 나라를 욕되게 했으며 백성을 해치고 귀신에게까지도 악독한 짓을 서슴지 않았도다.

법(法)은 없는 것 없이 다 있어 형벌이 너무나 가혹하며 세상살이 곳곳마다 함정을 파고 그물을 친 듯 백성들은 손을 들면 그물에 걸리고 발을 움직이면 함정에 빠지게 되어 있었다.

그리하여 조조의 영지인 연주(兗州)·예주(豫州)의 백성들은 즐거움을 잊은 지 오래였고, 천자가 계신 도읍에는 한숨과 원망 소리만 드높을 뿐이다. 세상의 모든 책을 모조리 들추어 보아 무도한 신하를 찾아낸들 욕심 많고 잔인하고 가혹하기로는 조조만한 자가 일찍이 어디 있었음이랴.

나는 간특한 외적을 치기에 바빠 조조를 미처 가르칠 겨를이 없었을 뿐만 아니라 그저 너그러운 마음으로 용서하고 개과천선하기를 바랐다. 그러나 조조는 도리어 늑대 같은 야심을 품고 속으로는 역적질할 음모를 꾸미며 나라의 동량지신을 휘어잡아 황실을 무능케 하고 충신들을 내쫓거나 죽이고 홀로 악독한 영웅이 되었다.

지난날 내가 북을 울려 북방 공손찬을 쳤을 때 모질게 맞서며 악착스런 적은 겹겹이 포위당하고도 일 년이나 항거하였다. 조조는 내가 공손찬을 격파하지 못하고 시일을 끌자 몰래 글을 공손찬에게 보내어 내통하였다. 겉으로는 나를 돕는 체

하면서 속으로는 나를 치려 한 것이었으나 사자가 우리에게 잡혀 흉계가 드러나고 말았다. 그런 터에 조조는 공손찬마저 죽게 되자 칼날을 감추었으며, 간사한 꾀를 쓰지도 못하고 또한 우리를 해치지도 못했던 것이다.

　이제 조조는 오창(敖倉)에 군사들을 주둔시키고 우리 군사가 강을 건너기가 어려울 것이라는 것만 믿고 싸울 채비를 서두르며 감히 우리의 대군과 대결하려 한다.
　나는 한(漢)나라 황실의 위령을 받들며 천하를 바로잡으려 하노니 장창을 든 군사 백만에 말탄 씩씩한 장수의 무리가 수천이다. 또한 옛날 중황(中黃)·육(育)·획(獲, 고대의 용사)과 같은 날래고 용감한 장사가 좋은 활과 강한 무기를 들고 힘껏 분발하니, 병주(幷州)의 고간(高幹)은 태행산을 넘었고, 청주의 원담(袁譚)은 이미 제수와 탑수를 건넜다.
　대군이 뱃머리를 나란히 하여 황하(黃河)로 나아가는 동시에 형주의 유표는 완성과 엽성으로 내려가 조조의 뒤를 끊고 무찌른다면 마치 타오르는 불로 마른 쑥덤불을 사르듯, 푸른 바닷물을 뒤엎어 달아오른 숯불을 끄는 것과 같이 적을 섬멸할진대, 그 누구라도 죽어 없어지지 않고 견딜 자가 있으리오.
　더구나 조조의 군사와 벼슬아치들로서 가히 싸울 만한 자는 모두가 나의 영지인 유주(幽州))와 기주(冀州) 출신으로 더러는 나와 뜻을 함께했던 자들이다. 그들 모두는 그 일가친척을 그리워하며 이곳으로 돌아오고 싶은 마음에 고향을 그리며 오늘도 북쪽 하늘만 바라보고 있다.

또한 그 나머지 군사들은 연주·예주 땅 출신이거나 여포와 장양을 따르던 무리로 주인을 잃은 후 위협에 못이겨 억지로 조조를 따르고는 있으나 모두 제 몸에 상처를 입어 조조를 원수로 여기는 터이다.

우리가 한번 북을 울리고 흰 깃발을 휘두르며 항복을 권하는 날이면 마치 바람에 쓸리듯 모두 항복해 흙더미가 무너지듯, 둑이 터지듯 할지니 그렇게 되면 우리는 실로 칼에 피 한 방울 묻히는 일도 없으리라.

이제 한(漢)나라 황실은 쇠퇴하여 기강은 흐트러지고 조정에는 천자를 보필하는 신하가 없어 역적과 맞설 만한 세력이 없는지라, 도성 안의 충의로운 신하도 이제는 모두 머리를 숙이고 날개를 접은 채 어찌할 바를 몰라 움츠리고 있다. 비록 충성심이 있는 신하라 할지라도 흉악하고 음흉한 역적에게 억눌려 있으니 어찌 그 일편단심을 펼 수 있으리오.

또 조조는 휘하의 사병 칠백으로 항상 궁궐을 에워싼 채 겉으로는 천자를 호위한다는 구실을 대면서도 실제로는 천자를 꼼짝 못하도록 가둬놓고 있으니, 조조의 역적질 마음이 여기에서 싹튼 것이 아닌가 참으로 두렵도다.

이제야말로 충신이라면 간과 뇌를 땅에 쏟으며 몸을 바칠 때이며, 열사는 나라를 위해 큰 공을 세우려 모일 때이니 누가 모든 힘을 다 기울이지 않을 수 있겠는가.

조조는 또 천자의 어명이라 칭하고 정해진 제도라고 사칭하며 사람을 각 지방으로 보내어 군사들을 모집하고 있다.

나는 멀리 변방의 주와 군이 그 속임수를 모르고 참인 줄로 알아 출병할까 걱정된다. 이는 억조창생(億兆蒼生, 수많은 백성)의 뜻에 거역하고 역적에게 가담하게 되는 짓이라, 곧 스스로 이름을 더럽히고 천하의 웃음거리가 될 뿐으로 명석한 선비가 취할 바가 아니로다.

오늘 유주(幽州)·병주(幷州)·청주(靑州)·기주(冀州) 네 주의 군사가 일제히 나아가거니, 이 글이 형주에 이르거든 형주는 즉시 군사를 일으켜 건충장군(建忠將軍) 장수(張繡)와 힘을 합쳐 성세(聲勢)를 드날리도록 하라.

그 밖의 모든 주(州)와 군(郡)도 각기 의병을 일으켜 경계로 나아가 크게 무위를 떨쳐 아울러 종묘사직을 바로잡는다면 이야말로 앞서 말한 비상한 공이 아니고 무엇이겠는가.

조조의 목을 얻는 자에게는 오천 호후(戶侯)의 벼슬을 내리고 상금 오천만 전(錢)을 내릴 것이며, 조조의 장수나 군사 관리라도 항복해 오는 자에 대해서는 지난날의 그 죄를 묻지 않을 것이다.

이 은덕과 믿음을 벼슬과 상을 걸고 천하에 널리 선포함으로써 천자께서 갇혀 위기에 처하심을 알리노니, 영이 내리는 즉시 따르도록 하라.

진림(陳琳)의 격문을 본 원소는 매우 기뻐하며 그 격문을 각 주군에게 돌리게 하고 각 지방의 관문이나 나루터, 길목 등에 빠짐없이 방(榜)을 붙이게 했다.

허도에도 이 격문이 날아들었다.

그 무렵 조조는 심한 두풍(頭風)을 앓고 있었다.

장수들이 이 격문을 조조에게 보여 주자 조조는 머리털이 곤두서고 온몸에 식은땀을 비 오듯 흘렸다. 오히려 땀을 흘리자 두풍이 씻은 듯이 나았다.

조조는 자리를 박차고 일어났다.

"누가 이 글을 썼느냐?"

옆에 있던 조홍(曹洪)이 대답했다.

"소문에는 진림이란 놈이 썼다 합니다."

조조가 그 격문을 보고 크게 화를 낼 걸로 미리 짐작한 장수들은 가만히 조조의 얼굴을 지켜보았다. 그러나 조조는 껄껄 웃으며 말했다.

"글줄깨나 쓴다는 자라도 결국에는 군(軍)의 책략에는 미치지 못한다. 진림의 글이 비록 훌륭하나 원소가 군사를 부리는 힘이 그에 따르지 못하지 않느냐. 내가 그에게 그 본때를 보일 것이다."

조조는 그렇게 말하며 원소와 싸울 일을 의논하기 위해 모사들을 불러들였다.

유비의 두꺼운 낯가죽

유비의 낯가죽은 가장 두껍다. 유장이 정성을 다해 그를 대해주었지만 그는 갑자기 병력을 동원해 유장을 폐하고 익주목(益州牧)이 되었다. 이 어찌 속마음이 시커멓다고 말하지 않을 수 있겠는가?

그 무렵, 싸움에 패한 서천 군사들은 익주(益州)로 돌아가 유장에게 알렸다.
"유준·마한 두 장수는 조자룡과 싸우다 죽었으며 저희들은 패한 채 도망쳐왔습니다."
유장은 두 장수가 조운에게 몇 합을 부딪지도 못한 채 목이 떨어졌다는 말을 듣고 크게 놀랐다. 그 이후로는 성문을 굳게 닫은 채 나가지 않았다.

그런 어느 날 수문장이 달려와 알렸다.

"성 북쪽에 마초가 구원군을 이끌고 왔습니다."

마초가 이미 유비에게 항복한 걸 모르고 있는 군사라 유장에게 그렇게 말했다. 유장은 그러나 선뜻 성문을 열기가 두려워 우선 그들을 살펴보기 위해 성 위로 올라가 보니 과연 마초와 마대가 성 아래에 있다가 소리쳤다.

"청컨대 유계옥(劉季玉)은 잠시 나오시오. 내가 할 말이 있소이다."

"말씀해 보시오."

유장이 성 위에서 내려다보며 외쳤다. 그러자 마초는 말 위에서 말채찍을 치켜들며 성 위를 보고 목소리를 높여 외쳤다.

"나는 원래 장로의 군사를 거느리고 익주를 구하러 왔었으나 누가 알았겠소? 장로는 양송의 모략만을 듣고 도리어 나를 해치고자 하므로 나는 유황숙에게 항복하고 말았소. 공께서도 항복하시어 성 안 백성들의 고초를 면하게 하시오. 만약 항복하지 않고 어리석은 고집을 피운다면 내가 먼저 이 성을 칠 것이오."

유장은 그 소리에 깜짝 놀라 얼굴이 흙빛으로 변했다. 한중(漢中)의 장로가 구원군을 보낸 걸로 알고 있었는데 이제 마초마저 유비와 함께 공격하려 하니 하늘이 무너져 내리는 것만 같았다. 마음 약한 유장은 몹시 놀라 이내 성벽 위에 혼절해 쓰러지고 말았다. 모든 벼슬아치들이 또한 놀라며 쓰러진 유장을 부축해 자리에 뉘였다. 반식경이 지나서야 정신을 차린 유장이 탄식하며 힘없는 목소리로 말했다.

"나의 헤아림이 어리석었음을 뉘우치고 있으나 이제 때가 너무 늦었소. 성문을 열고 항복하여 백성들이나 구하도록 해야겠소."

그러자 동화(董和)가 결연한 목소리로 유장의 말을 가로막고 나섰다.

"성 안에는 아직도 군사가 삼 만이나 남아 있으며 군량과 마초(馬草)도 일 년은 더 버틸 만합니다. 그런데도 어찌 항복을 하려 하십니까? 아니 됩니다."

그러나 유장은 더 이상 싸울 마음조차 없는 듯 고개를 저으며 말했다.

"우리 부자(父子)가 촉 땅을 다스린 지 20년이 되었건만 백성들에게 베푼 은덕이 없었소. 게다가 3년여를 싸우는 동안 애꿎은 백성들의 뼈와 살만 들판에 굴렸으니 이것이 다 나의 죄가 아니고 무엇이겠소? 그러니 어찌 내 마음인들 편안할 리가 있겠소? 차라리 항복하여 백성들의 고초나 면하게 해 주는 것이 옳을 것이오."

유장이 처량한 목소리로 그렇게 말하자 곁에 있던 모든 벼슬아치들이 한결같이 눈물을 흘렸다. 그때 벼슬아치들 중의 한 사람이 나서며 결연히 외쳤다.

"주공의 말씀이 하늘의 뜻과 같습니다."

모두들 그 사람을 보니 그는 파서군(巴西郡) 서충국(西充國)

사람으로 이름이 초주(譙周)요, 자(字)는 윤남(允南)이었는데 일찍부터 천문(天文)에 밝은 사람이었다.

"내 말이 하늘의 뜻에 맞다니, 어찌하여 그렇다는 말이오?"

유장이 뜻밖의 말에 궁금한 듯 물었다.

"제가 밤에 별자리를 보니 뭇 별들이 촉군(蜀郡)으로 모여 있었습니다. 그런데 그 중에서도 큰 별 하나가 있었는데 그 광채가 마치 보름달 같이 제왕의 기운이 서려 있었습니다. 더구나 일 년 전부터 아이들이 부르는 노래 가운데는 이런 노래가 있었습니다. '만약 새로운 밥을 먹으려거든(若要吃新飯), 선주(유비)께서 오실 때를 기다려 보세(須待先主來).' 이 노래는 바로 이런 일이 벌어질 것을 미리 알려준 것이라 할 수 있습니다. 결코 하늘의 뜻을 거슬러서는 아니 될 것입니다."

그 소리를 듣자 유비가 서천으로 들 때부터 반대하던 황권과 유파(劉巴)는 크게 노하여 칼을 빼들고 초주의 목을 치려했다. 그러나 이미 항복하기로 마음을 정한 터라 유장이 두 사람을 말렸다.

그때 한 사람이 들어와 알렸다.

"촉군태수(蜀郡太守) 허정(許靖)이 성을 빠져 나가 마초에게 항복했습니다."

또 한 번 유장의 기를 꺾는 소리였다. 유장은 여러 장수들이 투항하고 이제 성 안의 신하마저 적에게로 가 버리자, 슬픔을 가누지 못해 목을 놓아 울더니 부중(府中)으로 들어가 버렸다. 유장이 자리를 뜨니 그날의 의논은 결말을 보지 못한 채 모두 흩어지고 말았다.

다음 날이었다. 문을 지키는 장수 하나가 달려와 알렸다.

"유황숙의 막빈(幕賓)인 간옹이란 자가 와서 주공을 뵙고자 합니다."

유장은 그를 물리침은 곧 싸움을 자청하는 격이 되니 그를 맞아들이지 않을 수 없었다.

"성문을 열고 맞아들이도록 하라."

유장이 힘없는 목소리로 말했다.

문을 지키는 장수가 성문을 열고 간옹을 맞아들였다. 간옹은 수레를 타고 성 안으로 들어오는데 마치 성을 함몰시킨 장수인 양 자못 거만스런 태도였다. 간옹의 그런 오만스런 태도를 보다못해 문득 한 사람이 칼을 빼들며 큰 소리로 꾸짖었다.

"되지못한 놈이 저희들 뜻대로 일이 되어가는 듯하니 벌써부터 사람을 업신여긴다는 말이냐? 네가 감히 우리 촉 땅 사람들을 우습게 본단 말이냐?"

간옹이 그 소리에 놀라 보니 그는 광한군(廣漢郡) 면죽(綿竹) 사람으로 이름이 진복(秦宓)이요, 자(字)는 자칙(子勑)이었는데 간옹과는 이전에 사귄 적이 있는 사람이었다. 간옹은 황망히 수레에서 내려 진복에게 머리를 숙이며 겸손되이 사과의 말부터 꺼냈다.

"현형(賢兄)이 여기 있는 것을 몰라보았소. 부디 너무 나무라지 마시기 바라오."

간옹은 진복에게 공손한 어조로 그렇게 말하자 진복도 가까스로 화를 누그러뜨렸다.

간옹은 진복과 함께 성 안에 들어가 유장을 만나자 간곡한 어조로 유비의 너그러움과 넓은 도량을 말하며 항복을 권했다.

"유황숙께서는 밝으시고 너그러우시니 결코 해칠 뜻이 없으십니다."

유장도 이미 마음이 기울어진 터라 더는 머뭇거리지 않았다. 항복할 뜻을 간옹에게 말하고 그를 후하게 대접했다.

다음 날이었다.

유장은 몸소 태수의 인수(印綬)와 문서(文書)를 간옹에게 건네준 다음 함께 수레를 타고 성 밖으로 나갔다. 유장이 항복하러 온다는 전갈을 받은 유비는 친히 영(營) 앞에 나와 유장의 손을 잡고 눈물을 흘리며 말했다.

"내가 어찌 인의(仁義)를 저버릴 수 있으리오. 그러나 대세는 어찌할 수 없으니 이 현덕을 너무 원망하지는 말게."

유비가 눈물까지 흘리며 간곡히 말하자 유장도 그 두터운 후의에 목이 메었다. 두 사람은 함께 유비의 영채로 들어서자 유장은 인수와 문서를 유비에게 넘겨주었다.

이에 유비는 유장과 말머리를 나란히 하여 성으로 들어갔다. 유비와 유장이 성으로 들어가자 백성들은 향을 사르고 향기로운 꽃과 등촉을 내걸고 집 밖으로 나와 영접했다. 백성들의 괴로움을 면해 주기 위해 항복한 유장과 새 주인이 익주(益州)

를 더욱 든든하게 지켜주기를 바라는 마음에서 두 사람을 모두 환영하는 것이었다.

유비가 공청(公廳)에 이르러 당 위에 오르자 고을 안의 모든 벼슬아치들이 당 아래에 모여 절을 올렸다. 그러나 오직 황권과 유파만은 집에 들어앉아 문을 닫은 채 그 모습을 드러내지 않았다. 유비의 장수들이 분개하여 외쳤다.

"황권과 유파가 어찌 이리 무례할 수가 있다는 말이오? 당장 집으로 찾아가 목을 베어버려야겠소."

장수들이 그렇게 떠들며 당장 그 두 사람의 집으로 달려갈 기세였다. 그러자 유비가 황급히 영을 내려 그들을 만류했다.

"그만두어라. 만약 두 사람을 해치는 사람이 있으면 내가 그 삼족(三族)을 멸하리라!"

유비는 끝내 두 사람이 유장에게 충절을 꺾지 않은 것을 가상히 여겼다. 그리고 유비는 엄명을 내린 후에 몸소 두 사람의 집으로 찾아가 다시 이전처럼 벼슬길에 오르기를 권했다.

황권과 유파는 유비가 몸소 찾아와서 은덕을 베푸니 감복하지 않을 수 없었다. 이에 두 사람은 다시 유비를 섬기기로 맹세했다.

성 안의 일이 평정되자 공명이 유비에게 권했다.

"이제 서천은 평정되었습니다. 그러나 한 성 안에 두 주인이 있을 수 없으니 유장을 형주로 보내도록 하십시오."

"내가 촉군을 얻은 지 얼마 되지도 않았는데 어찌 유계옥(劉

季玉)을 멀리 내보낼 수가 있겠소?"

유비는 유장을 내쫓는 것 같아 마음이 선뜻 내키지 않았다. 그러자 공명이 그런 유비의 마음에 정색을 하며 깨우쳤다.

"유장이 자신의 기업(基業)을 잃어버린 것은 그 마음이 너무 약했기 때문입니다. 주공께서도 그런 아녀자 같은 인정으로만 일을 처결하신다면 이 땅도 결코 오래 보전치 못할까 걱정됩니다."

공명이 그렇게까지 매섭게 유비를 몰아붙이니 유비도 그 말을 좇지 않을 수가 없었다.

그날로 크게 잔치를 열어 유장을 위로하며 진위장군(振威將軍)의 인수를 주고 재물(財物)을 수습케 하여 남군공안(南郡公安)으로 옮겨 살도록 했다. 그리하여 유장은 촉을 떠나 그 지위와 처소를 바꾸어 공안에서 여생을 보내는 몸이 되었다.

유장이 떠나고 없자 유비는 스스로 익주목(益州牧)이 된 후에 항복한 모든 촉(蜀) 땅의 벼슬아치들에게 후한 상과 벼슬을 내렸다.

옛날 사람이 말한 바 있다.

"이른 바 도(道)라고 하는 것은 하나로 꿰는 것이다."

'후흑'이라는 두 글자는 본래 서로 관통하는 것이었다.

'후' 자가 변한 것이 '흑' 자이고, '흑' 자가 변한 것이 바로 '후' 자인 것이다.

예전에 한 권세 높은 중신이 있었다. 그런데 그가 죄를 얻어 도망가게 되자, 수하들이 한결같이 말했다.

"모모씨가 당신의 좋은 친구가 아니오? 그는 평소 당신을 존경하듯 잘 따르지 않았습니까? 왜 그를 찾아가 몸을 의탁하지 않는 것이오."

그러자 그는 이같이 대답했다.

"물론 그는 나에게 매우 잘해 주었지. 내가 음악을 좋아하자 그는 거문고를 내게 보내주고, 내가 패옥을 좋아하자 옥으로 만든 잔을 보내주었지. 그는 평소 내가 좋아하던 물건으로 나의 비위를 맞추었으니 지금은 반드시 나를 잡아 다른 사람의 비위를 맞추고자 할 것이다. 내가 그를 찾아가면 나를 잡아 왕에게 보낼 것이 틀림없다."

과연 그 자는 사람을 보내 추격해와 수종 몇 명을 잡아가 상을 요구했다. 이것은 바로 뻔뻔함이 음흉함으로 변한 좋은 증거가 아닐 수 없다.

성인(聖人)이나 후흑은 사실 하나의 사물에 대한 두 가지 측면에 불과하다.

장자는, "성인(聖人)은 죽지 않고 대도(大盜)는 그치지 않는다"라고 말했다. 성인과 대도의 진상을 장자가 명확히 밝힌 셈이다.

세상에서 말하는 가장 지혜로운 사람은 결국 큰 도둑을 위해 재물을 모두 두는 사람이고, 성인이란 큰 도둑을 위해 그것을 지켜주는 사람이 아닌가, 왜 그럴까?

옛날 용봉(龍逢)은 목을 베이고, 비간(比干)은 가슴을 쪼개었고, 장홍(萇弘)은 사지가 찢기고, 오자서(伍子胥)는 강에 던져졌으니, 이에 네 사람은 올곧은 말로 현명하였기 때문에 결국 죽음을 면치 못했다.

그래서 도척(盜跖)의 도당(盜黨)이 우두머리인 도척에게 물었다.
"도둑에게도 도(道)가 있습니까?"
라고 했을 때 도척은 이렇게 말했다.
"어디를 가나 도가 없을 수 있겠느냐? 말하자면 남의 집안에 간직한 재물을 짐작하려는 것은 신령스럽기 때문에 성(聖)이라 할 것이요, 남보다 앞장서서 들어가는 것은 용(勇)이요, 남보다 나중에 나오는 것은 의(義)요, 사태를 보아 안위(安危)를 판단하는 것은 지(智)요, 그것을 고르게 분배하는 것은 인(仁)이다. 이 다섯 가지를 갖추지 않고도 큰 도둑이 된 사람은 천하에 없는 것이다."

이렇게 본다면 선을 행하는 사람도 성인의 도를 따르지 않으면 안 되고, 도둑도 성인의 도를 따르지 않으면 역시 되지 않는다는 말이다.
그런데 이 세상엔 착한 선인이 적고 나쁜 악인은 많다. 마찬가지로 성인이 이 세상을 이롭게 함은 적고 오히려 세상을 해롭게 함은 많은 것이다.

만일 성인이 죽지 않는 한, 큰 도둑이 없어지지 않을 것이며, 만일 성인의 세상 다스림에 의지한다면 결국 도척 같은 큰 도둑을 이롭게 하는 결과가 될 것이다.

성(聖)·용(勇)·의(義)·지(智)·인(仁)이라는 다섯 가지 자질은 본래 성인이 만든 것이다. 도척도 능히 이를 구사할 줄 알았기 때문에 큰 도적, 대도가 되었다.

'후흑'이라는 두 글자도 원래는 천하의 대간흉과 대사기꾼이 만든 것이다. 일반인일지라도 이를 잘 활용할 줄 안다면 훌륭한 대성현이 될 수 있는 것이다.

"후흑으로 적을 제압하니 어떤 적인들 해칠 수 없겠으며, 후흑으로 공을 세우고자 하니 어떤 큰 공인들 이루지 못할 리가 있겠는가?"

후흑은 일을 처리하는 기술이다. 이는 마치 사람을 치는 권법과 같다.

'무릇 권법가는 도장에서 수년 동안 연습한 후에야 비로소 세상에 나와 등장하는 법이다.'

오늘날(1936년의 중국)과 같은 상황에서 열강에 저항하려면, '후흑으로 나라를 구한다(厚黑救國)'을 외쳐야 한다. 후흑학을 배제하고 무슨 뾰족한 방법이 있을 수 있겠는가? 열강에 저항하려면 역량이 있어야 한다. 백성들이 후흑학을 열심히 연마하면 역량이 있다고 할 만하다.

활을 쏘는 것에 비유하면 서구 열강이 우리 모두의 표적이 되어 있는 만큼 우리 모두 그 표적을 향해 활을 쏘아야 한다. 즉, 내가 말한 '후흑구국'은 오직 이 의미뿐이다.

역사상 '후흑구국'을 가장 잘 실천한 사람은 월나라 왕 구천이 대표적이다. 그는 회계전투에서 패한 후 스스로 오나라 왕 부차의 신하가 되었다. 오나라에 끌려가 3년 동안 오왕 합려의 무덤 옆 석실에서 거처하며 무덤을 돌보고 부차의 대변까지 맛본 후에야 풀려났다.

이것이 바로 '면후(面厚)'의 비결이다.

그리고 그는 10년 동안 월나라를 부국강병시켜 오나라를 깨뜨리고 부차를 죽음으로 내몰았다. 이것이 바로 '심흑(心黑)'의 비결이다. '후흑구국'을 위해서는 우선 '면후'가 먼저 있고 나서 '심흑'이 뒤따라야 한다.

후흑구국의 길
와신(臥薪) 상담(嘗膽)

　오원(伍員, 자는 子胥)은 초(楚)나라를 반석 위에 올려놓은 태사(太師) 벼슬인 오사(伍奢)의 둘째아들로서 혼란스런 국정을 바로잡기 위해 노력했으나 모함에 빠져 초 평왕(平王)으로부터 아버지와 형이 죽임을 당했다.
　오자서는 사선(死線)을 넘나들며 망명생활을 하다가 오(吳)나라에 정착하게 되는데, 당대 최고의 맹장이자 열혈남아인 오자서는 부형(父兄)을 죽인 원수를 갚기 위해 절치부심(切齒腐心, 몹시 분하여 이를 갈며 속을 썩임)하는 가운데 오왕 합려(闔廬)를 찾아가 충성을 맹세했다.
　합려가 왕위에 올라 뜻을 이루자, 오자서를 불러 외무대신

행인(行人)으로 삼았다.

초나라에서는 새 왕이 등극한 후로 정쟁이 심해 대신인 극완(郤宛)과 백주리(伯州犁)가 주살되었다. 그 바람에 백주리의 손자 백비(伯嚭)가 오나라에 망명했다.

오나라에서는 백비를 대부로 삼았다.

합려가 왕위에 오른 지 3년 만에 초나라를 공격하여 오자서와 백비가 지난날 오(吳)나라를 배반했던 두 왕자까지 사로잡았다.

이때 초의 도읍까지 진격하고자 하였으나 군사(軍師)인 손무(孫武, 孫子)의 만류로 회군하고, 그 이듬해 초나라의 여섯 고을의 땅과 첨현을 쳐서 얻는 것으로 만족했다.

9년이 되어 합려가 오자서와 손무를 불러 초(楚)나라를 치고자 물었다. 이에 손무가 대답했다.

"백성은 원기 왕성하고 병사는 사기충천합니다."

오자서가 나섰다.

"초나라의 장군 낭와는 탐욕스러워 속국인 당(唐)·채(蔡) 백성들이 모두 그를 원망하고 있습니다. 그러니 초를 치기 전에 당과 채를 우리편으로 끌어들인 후에 연합하여 공격하면 훨씬 쉬울 듯합니다."

오자서의 계략대로 당·채와 연합하여 한수(漢水)를 사이에 두고 초나라와 대치했다.

오왕의 아우 부개(夫槪)가 성급히 공격하기를 원했으나 왕이 거절하자, 공명심에 불탄 부개는 성급히 사병 5천을 이끌고 초의 장군 자상(子常)을 쳤다.

　자상은 장왕(裝王)의 막내아들 자낭(子囊)의 손자로, 귀한 신분으로 태어난 덕분에 권력의 요직에 앉게 되기는 했지만 본시 그릇이 크지 못한 인물이었다.

　공교롭게도 모두가 신중을 기하기 위해 반대하던 부개의 공격은 오나라에 결정적인 역할을 했다. 자상이 정나라로 쫓겨 패퇴하자, 오나라는 승세를 타고 밀물처럼 초의 도읍 영(郢)으로 밀고 들어갔다.

　오나라 군은 초와 다섯 번의 접전 끝에 초나라 수도 영을 점령했다.

　초나라의 소왕은 호북성 천문현 서쪽 운몽(雲夢)으로 도망쳤다가 도둑떼들에 쫓겨 다시 안륙현 운(鄖)을 거쳐 수(隨)로 피신했다.

　일찍이 신포서(申包胥)는 오자서의 친구였다. 오자서가 달아나면서 그에게 외쳤다.

　"두고 봐라. 내 반드시 돌아와 초나라를 멸하리라!"

　그러자 신포서는, '그렇다면 나는 기어코 초나라를 지켜내겠다.'고 하였다.

　오나라 군대가 입성하여 초의 소왕을 잡으려고 이 잡듯이 뒤졌으나 찾지 못했다.

　오자서가 악에 바쳐 소리 질렀다.

　"평왕의 무덤부터 파헤치고 그 시체를 가져와라!"

결국 오자서는 평왕의 시체를 파내어 3백 번이나 태질을 하면서 분을 풀었다. 이를 가리켜 '무덤을 파헤쳐 원수가 죽은 뒤에도 복수를 한다'는 굴묘편시(堀墓鞭屍)라는 고사성어가 유래하였다.

그러자 신포서가 오자서에서 편지를 보냈다.

〈그대는 한때 평왕을 모시던 신하로서 부형(父兄)이 간신들의 참소로 죽었다고는 하나, 인간으로서 그토록 잔인한 만행을 저지를 수 있는가? 왕의 무덤을 파헤치고 그 시신에 형륙(刑戮)을 가했다는 것은 아직 들어본 일이 없네. 그대가 초나라를 멸하면 나는 반드시 초나라를 다시 일으켜 세우겠다고 맹세한 일이 있다. 사세가 역전되기 전에 그대는 속히 초나라를 떠나라. 나는 반드시 초나라를 재건할 것이다.〉

신포서의 편지를 받은 오자서는 깊은 탄식을 했다. 확실히 평왕의 무덤을 파헤치고 시신에 채찍질을 가한 것은 지나친 점이 있었다. 그러나 그의 원한은 골수에 사무쳐 있었고, 열혈 남아로서 부형(父兄)의 원수를 갚는 것은 당연한 일이라고 생각했다. 오자서는 필묵을 가져오게 하여 답장을 썼다.

〈부모의 원수는 일찍부터 불구대천의 원수라고 하였노라. 그대가 나를 꾸짖는 것을 이해하지 못할 바는 아니나 일모도원(日暮途遠), 길은 멀고 해는 짧으니 어찌 하겠는가. 피 끓는 열혈남아로 충효를 겸하지 못하고 효(孝)만을 받들어 초를 멸하리니, 그대는 초를 재건하라. 그것은 그대의 일이다.〉

오자서의 답장을 받은 신포서는 그 길로 진(秦)나라로 달려갔다. 위급을 알리고 구원을 청했으나 진나라에서는 군사를 선뜻 내어주지 않았다.

신포서는 궁정 뜰에 꿇어앉아 일곱 낮 일곱 밤을 울면서 구원을 청했다. 이쯤되자 진의 애공(哀公)은 신포서의 충정에 감탄하지 않을 수 없었다.

"초나라에 저와 같은 어진 신하가 있는데 어찌 멸망하게 두겠는가? 이는 하늘의 뜻을 거역하는 일이다."

신포서는 눈물을 흘리면서 감사의 인사를 올렸다.

진의 애공은 즉시 병거 5백 승(乘)을 동원하여 공자 포(浦)와 호(虎)에게 신포서와 함께 초나라를 구하라는 지시를 내렸다.

진군은 기치 청검을 드날리며 호호탕탕 오군을 향해 진격하여 초 땅에 있는 오나라 군대를 쳤고, 직(稷)에서 크게 이겼다.

그즈음, 오왕 합려는 소왕을 찾느라고 초나라에 오래 머물러 있었다. 이때 그의 아우 부개가 먼저 귀국해 들어와 왕위에 올라버렸다.

"그놈! 지난날 자상을 칠 적에도 내 명을 거역하더니……."

합려는 서둘러 군사를 몰아 귀국했다. 부개의 군사는 패주하여 초나라로 달아나버렸다.

초의 소왕도 오의 내란이 일어난 틈을 놓치지 않고 서둘러 성도 영(郢)에 들어가 군대를 수습하고 부개를 하남성 수평현 당계(堂谿) 땅에 봉하여 당계씨(堂谿氏)라 했다.

그로부터 2년 후 합려는 태자 부차(夫差)를 시켜 초의 강서성 반양현 동쪽 반(鄱)으로 반격하게 했고, 초에서는 오의 진격이 두려워 도읍을 영에서 호북성 의성현 남동 약(鄀)으로 옮겨가 버렸다.

그 무렵 오자서와 손무는 서쪽의 강국 초(楚)를 경계하면서 북쪽의 제(齊)와 진(晉)을 위협하고, 남쪽의 월인(越人)을 복속케 했다.

4년 후에는 공자(公子)가 노(魯)나라의 재상이 되고, 다시 5년 후에 오나라 합려는 월나라 왕 윤상(允常)이 죽고 그의 아들 구천(句踐)이 왕위에 오르자, 국상(國喪) 중인 틈을 타서 월나라를 정벌코자 군사를 내었다.

그런데 오왕 합려는 어이없게도 월나라 군사들에게 기습당하여 오른발에 부상을 당하고 대패했을 뿐만 아니라, 그 상처가 덧나 부차(夫差)에게, '월나라 사람이 너의 아버지를 살해했음을 잊지 말라'는 유언을 남기고 죽었다.

부차는 아버지의 복수전에 전의(戰意)를 상실치 않기 위해 섶 위에서 잠을 자고〔와신(臥薪)〕, 신하들로 하여금 자기 방을 드나들 때마다 '부차여, 월왕 구천이 아버지를 죽였다는 것을 잊어서는 안 된다!'라고 소리치게 했다.

그러면서 부차는 '잊지 않았습니다. 3년 뒤에는 반드시 원수를 갚겠습니다' 라고 대답했다.

월왕 구천의 생김새는 목이 길고 까마귀의 입부리 같은 '장경오훼(長頸烏喙)' 상이었는데, 그런 사람은 대개 불우한 시기에는 다른 사람과 사이좋게 지낼 수 있지만, 성공하게 되면 함께 지낼 수 없게 된다고 하였다. 곧, 시기심과 의심이 많으며 자기중심적으로 독점욕이 강하다는 말이 될 것이다.

구천은 오왕 부차가 부왕의 복수전을 꾀한다는 소식을 듣고 먼저 출병코자 하는 바를 말리며 극구 간하는 중신, 범려(范蠡)와 문종(文種)을 도성에 남겨두고 국경지대로 출정하였다.

오나라 군사는 월나라 군사가 도착하자 충돌을 피하여 달아났다가 추격하고, 또 달아나기를 몇 차례 했다. 그러자 월군은 명령에 따라 이리 뛰고 저리 뛰다가 지쳐버렸다.

결국 월군은 산산이 찢어지고 흩어져 구천은 회계산(會稽山)으로 도망쳐 들어가는 꼴이 되었다. 그것도 범려와 문종이 도성에서 이끌고 온 군사 5천 명과 만나게 되어 가까스로 목숨을 구해 살아났다.

"과인이 경들의 말을 듣지 않아 씻을 수 없는 참패를 당하였소. 경들을 볼 면목이 없구려."

하면서 자결코자 하였다.

"대장부로서 이만한 치욕을 견디지 못하고 목숨을 끊으려 하십니까? 살아남아 설욕할 마음을 가지셔야 합니다."

범려가 두 번 절하고 말하였다.

"과인도 그렇게 생각지 않는 것은 아니나 어찌 살아남을 수 있겠소. 그렇게 할 수 없으니까 죽음으로써 몸을 더럽히지 않으려는 것이지요."

"무릇 가득 찬〔滿〕 것을 오래 유지하려면 천도(天道)를 지켜 어긋남이 없어야 하며, 기울어가는 국운을 다시 일으켜 세우려면 신하와 백성들의 마음을 얻어 함께 노력해야 하며, 재산을 쌓으려면 땅의 힘에 의지하여야 한다고 하였습니다. 오늘의 일을 거울삼아 다시 일으켜 세워야지요. 우선 전하께서는 오(吳)나라의 용서를 받아야 할 것입니다. 믿을 만한 사신을 보내어 말을 낮추고 예를 다하여 오왕에게 선물을 후하게 주고 탄원(歎願)하십시오. 만일 오왕이 허락할 것 같지 않으면, 대왕 스스로 오왕의 신하가 되고 왕후께서는 비첩(婢妾, 종으로 첩이 된 여자)으로 오왕을 모시겠다고 하십시오. 이렇게까지 하는데 어찌 용서하지 않겠나이까?"

구천은 격분한 듯 입을 꾹 다물고 있었으나 범려는 냉정하게 말했다. 구천은 하늘을 우러러 신음했다.

이윽고 월왕 구천은 보고(寶庫)에 쌓여 있는 온갖 금은보화를 다 내어 수레에 바리바리 싣고 아름다운 여자 330명을 뽑아 천리 먼 땅 오나라로 끌려갔다.

오나라의 대궐에 들어온 구천은 웃통을 벗고 무릎걸음으로 기어들어가서 계하에 꿇어 엎드렸다. 왕비 또한 기어들어가서 남편이 하는 대로 따라했다. 범려는 가지고 온 보물과 여자와 물건의 목록을 바쳤다.

구천은 두 번 절한 후 머리를 조아려 사죄했다.

"동해에 사는 어리석은 신이 제 주제도 모르고 대왕께 큰 죄를 지었습니다. 그러나 대왕께서 하해와 같은 아량으로 목숨을 구해주신다면 황공하기 그지없겠습니다. 이제 신은 충실한 노복(奴僕)이 되어 대왕을 받들겠습니다."

"과인은 선왕의 원수를 갚고자 섶 위에서 잠을 자며 복수를 맹세하였다. 네가 어찌 살기를 바라느냐?"

오왕 부차가 옥좌에 앉아서 구천에게 호통을 쳤다.

"신(臣)의 죄는 죽어야 마땅합니다. 오직 바라건대 대왕께서는 축생(畜生) 같은 신을 불쌍히 여기소서."

구천은 더욱 깊숙이 머리를 조아려 사죄했다. 부차는 초라한 구천의 모습에 동정심이 일었다.

하여 그는 선왕 합려의 묘 옆에 석실(石室)을 짓고 그곳에서 구천부부를 살게 하라고 분부했다. 구천부부는 석실에서 마른 짚을 깔고 기거하면서 낮에는 말을 기르며 묘를 돌봤다. 그리고 오왕 부차가 수레를 타고 행차할 때면 언제나 구천은 말고삐를 잡고 걸었다.

오나라 백성들이 손가락질을 하며 조롱해도 구천은 그저 머리를 숙이고 걷기만 하였다.

구천이 석실에 있은 지도 2년이 흘렀다. 범려는 아침저녁으로 월왕 구천을 모시고 그 곁을 떠나지 않았다.

어느 날 구천은 오왕 부차의 부름을 받고 궁에 들어가 꿇어 엎드렸다. 범려는 구천의 뒤에 서 있었다. 오왕이 범려에게 가까이 오라고 손짓하였다.

"과인이 듣건대 '어진 여자는 망한 집으로 시집가지 않으며 현명한 사람은 망한 나라에서 벼슬을 하지 않는다' 하였소. 월왕 구천은 무도(無道)하여 나라까지 망치고 자기 신세까지 망쳤소. 그대가 우리 오나라를 섬기겠다면 죄를 용서하고 높은 벼슬을 주겠소. 어찌하겠소?"

부차의 말에 범려는 머리를 더 깊숙이 숙였다. 구천은 엎드려 흐느껴 울기만 했다.

"예로부터 '망한 나라의 신하〔망국지신(亡國之臣)〕은 정사를 말하지 않으며, 싸움에 진 장수〔패군지장(敗軍之將)〕은 용맹을 말하지 않는다' 했습니다. 지난날 신이 불충하여 월나라를 망치고 대왕에게까지 큰 죄를 지었습니다. 다행히 대왕께서 죽이지 않으시고 이렇듯 저희에게 일거리를 주시고 의식주를 해결해 주시니 신은 이것만으로도 족합니다. 어찌 감히 부귀를 바라겠습니까. 그저 감사할 따름입니다."

범려는 완곡하게 오왕 부차의 제의를 거절했다.

"과인이 호의를 베푸는 데도 싫다면 그만두어라!"

부차는 화를 내고 돌아섰다.

구천은 눈이 오나 비가 오나 부차의 선왕인 합려의 묘를 돌보고 짚을 썰어 말들을 길렀다. 부인은 촌락의 여느 아내들이

나 다름없이 헌 통치마에 남루한 저고리를 입고 물을 길었다.

범려는 매일같이 산에 올라가 나무를 해가지고 와서 아궁이에 불을 지폈다. 그들은 하루 한시도 쉬지 않고 그저 말들을 먹이고 묘를 돌보며 오로지 일만 했다.

그렇게 3년이 지난 어느 날 오왕 부차에게 병이 들어 3개월 동안이나 일어나지 못하고 있다는 소문이 들렸다. 이에 구천이 범려에게 산가지로 점을 치게 했다.

"오왕의 병은 별게 아닙니다. 백일거리에 걸려 있습니다. 이제 석 달이 지났으니 열흘 후면 완쾌될 것입니다. 이참에 궁에 가셔서 병문안하시고 대변(大便)을 달라고 하여 그것을 맛보시고, 얼굴을 찬찬히 살펴본 후에 열흘 후 임신(壬申)일이면 완쾌될 것이라고 하십시오. 그렇게 되면 오왕이 감탄하여 대왕을 석방하실 것입니다."

"내 어찌 오왕의 변을 맛본다는 말인가? 차마 그 짓만은 못하겠소."

구천이 절레절레 고개를 흔들었다.

"신이 할 수 있는 일이라면 대왕에게 청하지도 않사옵니다. 고향 땅으로 돌아가기 위한 일인데, 이보다 더한 굴욕도 참으셔야 합니다."

구천은 흐르는 눈물을 억제하지 못하였다. 그러나 월나라로 돌아가기 위해서는 무슨 짓이든 하지 않을 수 없었다. 범려는 그동안 많은 뇌물을 써서 길들여진 오나라의 간신배 백비를 통해 구천이 병문안을 하겠다는 뜻을 부차에게 전하게 했다.

"오오, 구천이냐. 병문안을 오다니 기특하구나."

"제가 지난날 동해에서 의술을 조금 배운 바 있어 도움을 드리고자 왔습니다. 대왕의 변 맛을 보면 대강 그 병세를 짐작할 수가 있습니다. 신에게 대왕의 변 맛을 볼 수 있도록 허락해 주십시오."

"네가 과인의 변 맛을 보겠다는 말이냐?"

오왕 부차가 깜짝 놀라서 구천에게 물었다.

"신이 배운 바로는 변(인분)은 곡식이 변하여 된 것입니다. 그러므로 변 맛이나 색깔로 병을 알 수 있다고 하였습니다."

"고금(古今)을 통틀어 충성스러운 신하의 얘기는 많았으나 임금의 변을 먹어보겠다고 말한 사람은 내 일찍이 들어본 일이 없었다. 그 말이 사실이냐?"

"신이 어찌 거짓을 아뢰오리까?"

"그렇다면 과인의 변으로 병을 알아보아라. 네가 내 병을 고치기만 하면 너를 월나라로 보내줄 것이다."

오왕 부차는 사람들을 물러가게 하고 변기를 들이라 하여 변을 본 후, 밖으로 내보냈다. 구천은 공손히 꿇어앉아 변기의 변을 만져보고 핥아먹으며 얼굴색 하나 변하지 않았다. 그곳에 있던 오나라의 중신들은 모두 코를 쥐고 외면하였다.

이윽고 구천은 다시 편전에 들어가서 꿇어 엎드렸다.

"어떠한가?"

"우선 축하드립니다. 신이 대왕의 변 맛을 보니 천지의 기운과 조화를 이루고 계절의 생기와 순응하고 있었습니다. 대왕께서는 삼사 일 후부터 차도가 있을 것이고, 열흘째 되는 임신일에 쾌차하실 것입니다."

"그 말이 정녕 사실인가?"

"신이 어느 안전이라고 감히 거짓을 아뢰오리까?"

"내 병이 나으면 너를 곧바로 귀국시키리라."

부차는 기뻐하며 말했다. 구천은 더욱 깊숙이 머리를 조아리고 물러갔다.

부차의 병은 범려가 예언한 대로 3, 4일 후부터 차도가 있더니 열흘째 되는 임신일이 되자 거짓말처럼 말끔히 완치되었다. 별다른 약을 쓴 일도 없는데 완치되자 부차가 뛸 듯이 기뻐한 것은 두말할 필요도 없었다.

부차는 자신이 약속한 대로 연회를 베풀고 구천을 불렀다.

"월왕 구천은 성인처럼 덕이 있는 사람이다. 내 어찌 그를 죄수의 반열에 있게 하겠는가?"

부차는 구천을 대에 오르게 하여 정중하게 술잔을 권했다.

구천은 몇 번이나 사양하다가 마지못해 잔을 받았다.

"대왕, 만세무강하소서."

범려도 부차에게 술잔을 바치고 축하했다.

"황상이 높이 계시어 그 은혜로움이 봄날 같습니다. 그 인자하심 또한 비할 바 없고 그 덕은 날로 새로우시니 아름답습니다. 그 덕을 길이 전하시어 만세에 이르도록 수(壽)를 누리소서. 길이 오나라를 다스리시고 천하를 바로잡으소서. 모든 제후들이 복종할 것이니 이 술잔을 받으시고 만복을 누리소서."

부차는 중원의 패자가 되기라도 한 듯이 기뻐서 한껏 취한 뒤에야 잔치를 파했다.

부차는 왕손락으로 하여금 구천을 객관까지 전송하게 한 다음 3일 안에 월나라로 보내줄 것을 구천에게 언약했다.

오나라의 충신 오자서는 그동안 부차에게 월왕 구천이 항복할 때부터 기회 있을 적마다 구천을 죽이라고 여러 번 간청했으나 그 간청은 받아들이지 않았다. 그런데 또 부차가 구천에게 주연을 베풀어 대접했다는 말을 듣고 이튿날 아침 일찍 입궐하여 간절히 충간했다.

"신이 죽음을 무릅쓰고 충간하는 것은 오직 오나라의 사직을 위해서입니다. 구천이 대왕의 변 맛을 본 것은 살아서 돌아가기 위한 흉계입니다. 구천은 돌아가면 반드시 10년 동안 충성하는 체하면서, 그 후 또 10년간 군사를 양성하여 오나라를 공격할 것입니다. 대왕은 뇌물을 받아 아첨하는 대신들의 말을 듣고 승냥이의 검고 음흉한 속마음을 감추고 있는 구천을 용서하시려고 합니다. 장차 오나라에 닥칠 후환을 어찌 막으려 하십니까?"

오자서의 충간에 부차가 벌컥 화를 냈다.

"과인이 석 달이 넘도록 앓아누웠을 때 승상은 한 번이라도 와준 적이 있었소? 이것만 봐도 승상은 불충(不忠)한 사람이오. 또 그간 한 번이라도 내게 좋은 물건을 보낸 일이 있었소? 이것만 봐도 승상은 어질지 못하오. 불충하고 어질지 못한 신하를 어디에 쓰겠소. 거기에 비해 월왕 구천은 자기 나라를 버리고 과인에게 와 있으면서도 재물을 바치고 종노릇을 하고 있으니 그 충성이 어떠하오. 월왕 구천이야말로 어진 사람이오. 그대는 이제 늙은 것 같소. 군주에게 아름다운 덕을 함양하게 하지 않고 제후를 죽이라고만 하니 중원에 나의 덕이 미치지 않을까 걱정이 되오. 그러니 더 이상 말을 마시오."

"대왕께서 그리 말씀하시니 신은 송나라 양공(襄公)의 고사를 말씀드리지 않을 수 없습니다. 송나라 양공은 인자(仁者)인 척하다가 초나라에 크게 낭패를 당하고, 결국은 그것이 화근이 되어 죽었습니다. 호랑이가 몸을 잔뜩 움츠리는 것은 사냥감을 노리기 위해서입니다. 대왕께서는 선왕의 원수를 갚기 위해 와신(臥薪)의 고통도 달게 감내하셨습니다. 하온데 그 고통을 잊으시고 원수를 놓아 보내려고 하니 장차 오나라는 망하게 될 것입니다."

오자서는 피를 토하듯이 절규했다.

"내 그대가 선왕의 충신이기에 용서를 하겠소. 두 번 다시 과인을 모욕하지 마시오!"

오왕 부차는 벌떡 일어나서 안으로 들어가 버렸다. 오자서는 탄식하며 대궐을 물러나왔다.

부차는 그날 다시 구천을 불러 성대한 전별연(餞別宴)을 베풀었다. 구천을 전별하는 자리에는 오나라의 모든 신하들이 모였으나 오자서만은 참석하지 않았다.

"과인은 그대의 죄를 용서하고 본국으로 돌려보내니 그대는 앞으로도 우리 오나라의 은혜를 잊지 마오."

오왕 부차가 구천에게 전별주를 따라주며 말했다.

"대왕께서 신을 불쌍히 여기사 살아서 고국으로 돌아가게 해주시니 자손 대대로 오나라에 충성을 다하겠습니다."

부차는 구천에게 술 석 잔을 권하고 수레에 오르게 했다.

구천은 눈물을 비 오듯이 흘리면서 공손히 재배(再拜)한 후 수레에 올랐다. 동시에 범려는 수레에 올라 말채찍을 잡았다. 구천의 부인도 초췌한 얼굴로 부차에게 재배하고 수레에 오르는데 가련하기 그지없었다.

범려는 구천과 부인이 수레에 오르자 남쪽 절강(浙江)을 향해 쏜살같이 수레를 몰았다. 수레가 몹시 흔들거렸으나 구천과 부인은 손을 잡은 채 입을 꽉 다물고 있었다.

3년 전, 죽을지 살지 모르는 상황에서 오나라로 끌려오던 일이 주마등처럼 뇌리를 스쳤다. 산천은 의구(依舊)했으나 햇살도 초목도 옛날과 달리 더욱 푸르고 더욱 더 싱그러운 기분이었다.

구천이 탄 수레가 절강에 이르렀다. 수레에서 내려 절강을 바라보는 구천의 눈에서 눈물이 다시금 비 오듯이 쏟아졌다.

"대왕마마, 고국산천으로 돌아가는데 어찌하여 눈물을 흘리시나이까?"

부인이 구천에게 물었다. 부인의 눈에도 눈물이 그렁그렁했다. 그들은 오나라에서 어찌나 고생을 했던지 머리가 하얗게

세어 있었다.

"과인은 오나라로 떠날 때 다시는 돌아오지 못하고 오나라 땅에서 죽는 줄 알았소. 온갖 고생을 하다가 3년 만에 돌아오게 되니 감개무량하여 눈물이 나는구려."

구천의 말에 부인도 울고 범려도 울었다. 드디어 그들 일행이 배에 올라탔다.

문종(文鍾)은 월왕 구천이 돌아온다는 기별을 받고 모든 신하들을 데리고 강변에서 기다리고 있었다. 백성들 또한 소식을 듣고 구름처럼 몰려들었다. 그들은 구천 일행이 강을 건너자 만세를 부르고 함성을 지르며 환영했다.

월왕 구천은 나라로 돌아오자 문종에게 모든 정사를 맡기고 범려에게는 군사를 맡겼다. 그리고 그는 어진 선비와 노인들을 공경하고 소외되고 가난한 백성들을 도왔다.

"과인은 반드시 오나라에 대한 치욕을 씻으리라!"

구천은 오나라에 복수하기 위해 자신을 엄격하게 다루었다. 그는 밤에도 잠을 자지 않고 절치부심했다. 잠이 오면 송곳으로 무릎을 찌르고, 겨울에 발이 시리면 오히려 찬물에 발을 담그고 자신을 꾸짖었다. 겨울이면 방에 얼음을 갖다놓고 여름이면 화로를 끼고 살다시피 하였다.

방문에는 곰쓸개를 매달아놓고 드나들 때마다 곰쓸개를 핥았다〔상담(嘗膽)〕. 그리고는 오나라에서 당한 치욕을 상기하며 밤마다 복수를 다짐했다.

와신(臥薪)은 오나라 왕 부차가 마른 짚을 깔고 잔 데서 유래 했고, 상담(嘗膽)은 구천이 곰의 쓸개를 핥았다는 데서 유래한 것이다. 오늘날 와신상담(臥薪嘗膽)은 치욕을 씻기 위해 온갖 고통을 참고 견딘다는 의미로 쓰인다.

복수를 하기 위한 구천의 일념은 처절했다.

오나라가 월나라를 침략했을 때 많은 백성들을 노비로 끌고 가거나 오나라로 이주시켰기 때문에 월나라에는 인구가 적었 다. 농토는 황폐해지고 집들은 무너져 흉가가 되어 있었다.

이에 구천은 인구 증산 계획을 세웠다.

"젊은 남자는 늙은 여자와 결혼해서는 안 되고, 젊은 여자는 늙은 남자와 결혼하지 말라. 여자가 열일곱 살이 되어도 시집 을 보내지 않거나 남자가 스무 살이 되어도 장가를 들지 않으 면 부모에게 벌을 주라. 임산부는 나라에서 극진히 돌봐주고 아들을 낳으면 개 한 마리와 술을 주고, 딸을 낳으면 돼지 한 마리와 술을 주라. 쌍둥이를 낳으면 나라에서 한 사람 양육비 를 부담하고, 세 쌍둥이를 낳으면 둘의 양육비를 나라에서 부 담하라."

물론 이러한 일련의 계책들은 모두 범려와 문종에게서 나온 것이었다.

그러나 구천은 몸소 모든 계획을 실행에 옮겼다. 백성들이 죽으면 친히 문상을 가서 가족들을 극진히 위로했다. 수레를 타고 밖으로 나갈 때는 음식을 싣고 가다가 아이들을 만나면 불러서 머리를 쓰다듬어 준 뒤에 음식을 나누어 주었다.

농사 때가 되면 친히 들에 나가서 밭을 갈고 왕비는 늘 베틀에 앉아 베를 짰다. 7년 동안이나 백성들로부터 세금을 걷지 않았고, 고기도 먹지 않았으며 비단옷도 입지 않았다.

그리고 한 달에 한 번씩 오나라로 사자를 보내어 오왕 부차에게 문안을 드렸다. 뿐만 아니라 때가 되면 궁중에 있는 보물을 긁어모아 오나라에 실어 보냈다.

오왕 부차는 구천이 성실하게 조공을 보내오자 봉지를 넓혀 주었다. 월나라 영토는 다시 8백 리에 이르게 되었다.

이때 오왕 부차는 초나라의 장화궁(長華宮), 진나라의 사기궁(虒祈宮)을 능가하는 대궐을 짓기 위해 대대적인 역사를 벌이기 시작했다. 그리고 선왕 합려가 기거하던 고소대(姑蘇臺)를 개축하고자 크고 질 좋은 목재를 널리 구했다.

"오왕이 궁궐을 호화롭게 짓는다고 하니 우리는 어찌하면 좋겠소?"

월왕 구천이 범려와 문종에게 물었다.

"옛날부터 나라를 망하게 하는 임금들은 역사를 크게 벌여 왔습니다. 초나라는 장화궁을 지은 뒤에 멸망했고, 진나라는 사기궁을 지은 뒤에 기울었습니다. 높이 날던 새는 먹이를 물기 위해 낮게 날다가 죽고, 깊은 물속의 물고기는 미끼를 물다가 죽는다고 했습니다. 그러므로 좋은 목재를 오나라에 보내서 국력을 쇠진하게 해야 합니다."

문종이 아뢰었다.

월나라는 벌목공을 동원하여 신목(神木)을 구해 다듬어서 오나라에 보냈다. 오나라는 3년 동안 천지사방에서 재목(材木)을 모으고 5년 동안 공사를 강행하여 마침내 고소대를 완공했다.

그러나 막대한 공사를 강행하는 바람에 오나라는 국고가 탕진되고 노역에 시달리던 백성들이 죽어가면서 원성이 하늘을 찌르게 되었다.

범려와 문종은 어떻게 하든지 오나라를 무너뜨리기 위해 수단 방법을 가리지 않았다. 그들은 오왕 부차가 고소대를 낙성한 뒤에 밤낮으로 술과 여자들에 빠져 지낸다는 사실을 접하게 되었다.

"이제는 아름다운 미인을 보내 오왕 부차를 방탕하게 하는 일밖에 없습니다."

범려가 구천에게 아뢰었다.

"오나라에도 미인이 많지 않은가?"

"평범한 미인으로 어찌 호걸을 방탕하게 하겠습니까? 부차가 비록 우리의 원수이기는 하나 호걸임에는 틀림없습니다. 임금이 혹하여 나라를 위태롭게 할 미색, 경국지색(傾國之色)의 미인을 보내야 합니다."

"그렇습니다. 용모만 아름다운 것이 아니라 가무음곡(歌舞音曲)도 잘해야 합니다."

"그러면 미인을 선발하여 가무음곡을 가르치시오."

구천이 영을 내렸다.

범려는 월나라 땅 방방곡곡에 사람을 보내 미인을 찾아보게 하였다. 그 결과 저라산(苧蘿山) 자락 나무꾼의 딸인 서시(西施)가 절세가인이라는 보고가 들어왔다.

"서시의 미모가 어떠하더냐?"

"서시는 매일같이 저라산에서 흘러내리는 냇가에서 빨래를 하는데, 그 모습이 한 떨기 연꽃이 핀 듯하다고 합니다."

"그렇다면 부모에게 황금 백 일(鎰, 1일은 24냥)을 주고 데려오도록 하라!"

범려는 저라산 자락에서 서시를 본 순간 가슴이 설레었다.

'사람이 어찌 저토록 아름다울 수 있는가? 오나라 부차에게 보내기에 아깝지 않은가?'

학문과 천문에 능통하여 신선(神仙)다운 범려 역시 서시를 보는 순간 한눈에 반하고 말았다.

범려는 서시를 위하여 집을 지어주고 궁중 법도와 문장을 가르치고 가무음곡(歌舞音曲), 시(詩), 서(書), 예(禮)를 가르쳤다.

어느덧 3년의 세월이 흘렀다.

범려는 곱게 단장을 한 서시(西施)를 보고 또 한 번 놀라움을 금치 못했다. 눈은 가을 맑은 물 추수(秋水)처럼 서늘하고 이마는 희고 반듯했다. 오뚝한 콧날과 앵두 같은 입술, 버들가지처럼 하늘거리는 허리는 금방이라도 안아주고 싶을 정도로 염기(艶氣)를 뿌렸다. 찡그리는 모습조차도 그녀만큼 아름다운 여자는 없을 듯싶었다.

'경국지색(傾國之色)의 여인이 있다고 하더니 서시야말로 나라를 망치게 할 여인이다.'

서시가 저라산의 냇가에서 채홍사에게 발탁되었을 때는 불과 15세의 소녀였으나 범려에게 가무음곡을 배우면서 어느덧 18세가 되어 있었다.

범려는 서시를 데리고 오왕 부차를 찾아갔다. 부차는 오랫동안 제나라를 침공했다가 회군했을 때라 고소대의 주연(酒宴)을 그리워하고 있었다.

부차가 옥좌에서 지긋이 내려다보니 천상선녀가 내려온 듯하여 정신이 아찔했다. 부차는 그만 정신이 몽롱해지면서 넋을 빼앗겼다.

이때 갑자기 천둥번개치듯 외치는 소리가 들렸다.

"아니 되옵니다. 물리치십시오. 이제 중원에서는 초나라와 제나라가 유명무실해져 오로지 우리 오나라만이 강성한 나라이옵니다. 대왕께서는 천하를 호령할 패자(霸者)가 되셔야 합니다. 저 옛날 하(夏)나라는 말희(妹喜) 때문에 망했고, 은(殷)나라는 달기(妲己) 때문에 망했고, 주(周)나라는 포사(褒姒) 때문에 망한 사실을 잊으셨습니까? 무릇 아름다운 여자는 나라를 망치고 멸하는 요물입니다. 월나라에서 온 여자를 받아들이지 마십시오."

선왕 합려를 모시고 충성을 다한 늙은 대신 오자서가 죽음을 각오하고 간곡히 아뢰었다.

"하하하! 자서는 너무 고루해서 탈이오. 옛날 임금들이 망한 것은 정사를 돌보지 않았기 때문이지 여자들 때문이 아니었소. 너무 걱정하지 마시오."

부차는 오자서의 말을 깨끗하게 거절하고 그날로 서시를 품에 안고 잤다.

서시는 나이에 어울리지 않게 요염하기도 했지만 잠자리에서의 방중술 또한 절묘했다. 부차는 서시와 동침하여 삭신이 녹아버리는 듯한 열락(悅樂)의 밤을 보냈다.

"이것이 사람인고, 요물인고?"

서시가 범려에게 배운 방중술을 유감없이 발휘했기 때문에 부차는 정사(政事)를 팽개친 채 날마다 고소대(姑蘇臺)에서 서시의 치마폭에 휘감겨 주색에 빠져 지냈다.

오왕 부차가 정사를 보기 위해 조정에 나가고자 하면 서시가 미리 알아차려 술상을 봐오고, '조정에는 재상과 대부들이 있는데 직접 나갈 필요가 있느냐'며 강짜까지 부리는 바람에 부차는 서시의 유혹에 빠져 더욱 주색에 골몰했다.

"대왕마마 첩에게 집을 한 채 지어주십시오."

"집이라니? 궁궐이 있는데······."

"첩은 산에 있는 집을 좋아합니다. 낮이면 청풍(淸風)이 불고 밤이면 명월(明月)이 교교한 산자락에 집을 한 채 지어주소서. 또한 그곳에 높은 대(臺)를 지으면 적이 내습하는 것도 한눈에 알 수 있을 것입니다."

"아무렴, 좋도다. 지어주고말고."

오왕 부차는 서시를 위해 영암산(靈巖山)에다 별궁(別宮)을 짓게 했다.

구리로 만든 도랑에 맑은 물이 흐르게 하고, 옥돌로 난간을 만들고 주옥으로 궁실(宮室)을 장식했다. 그리고 궁녀들이 신고 다니는 나막신 소리가 쟁쟁 울리는 복도를 만들도록 했다. 빈 항아리를 땅에 묻고 그 위에 두꺼운 판자를 깔았는데, 걸을 때마다 빈 항아리에서 울리는 소리가 청아했다.

또 완화지(浣花池)와 완월지(浣月池)라는 연못을 파고 오왕정(吳王井)이라는 샘물을 팠다. 서시가 아침마다 그 샘물에 가서 세수를 하고 머리를 감으면 오왕 부차는 손수 긴 머리를 빗질해 주었다.

부차는 서시와 어울러 지내느라 오궁(吳宮)으로 돌아갈 줄을 몰랐다. 이로써 오나라는 점점 국력이 쇠퇴해지기 시작했고, 백성들의 삶은 더욱 피폐해졌다.

오왕 부차가 서시에게 빠져 정사를 외면하고 있을 동안 월나라에서는 군신(君臣)들이 일치단결하여 군사를 양성하고 군량미를 비축했다.

이때 중원은 많은 변화를 겪고 있었다.

제(齊)나라가 노(魯)나라를 칠 준비를 서두르자 노나라의 공자(孔子)는 조국이 제나라에 짓밟히는 것을 볼 수가 없어 제자 중 자공(子貢)을 시켜 오나라에 구원을 요청했다.

"제나라는 해마다 조공을 바치겠다고 해놓고는 약속을 지키지 않았다. 내가 어찌 이를 정벌치 않으랴."

오나라 부차는 제나라를 치기로 하고 월나라에도 구원병을 요청했다. 이에 구천은 3천 명의 군사들을 보내 부차를 돕도록 했다.

부차는 10만의 대군을 동원했다. 부차가 출정한다는 말을 들은 오자서가 황급히 대궐로 들어와 만류했다.

"대왕께서 제나라를 치는 것은 뱃속의 병을 놓아두고 겉의 부스럼을 다스리려는 것이나 다름없습니다. 대왕은 10만 대군을 이끌고 나라를 비우실 작정입니까? 제나라를 치는 것은 중요치 않으니 월나라 구천을 먼저 치십시오. 제나라를 쳐 이긴들 무슨 소용이 있습니까?"

"과인이 출병하는데, 어찌 불길한 말을 하는가? 물러가 있거라!"

부차의 눈꼬리가 사납게 찢어졌다. 오자서가 틈날 때마다 직간을 했기 때문에 부차는 진저리를 치고 있었다.

오나라 도성을 나서는 10만 대군은 위풍이 당당했다. 8괘(八卦)에 따라 병거와 군사들이 기치창검을 나부끼며 연도를 가득 메우고 제나라를 향해 보무도 당당하게 나아갔다.

부차는 스스로 중군의 원수가 되어 간신배 백비를 부장으로 삼았다. 월군 3천 명도 오군과 함께 제나라로 출병했다. 오자서는 늙었다는 핑계로 출병에 참여하지 않았다.

"영웅은 흐르는 물의 거품과 같다. 오자서가 영웅으로 이름을 드날렸으나 이제는 늙은 호랑이에 지나지 않는다. 흐르는 물과 함께 거품처럼 사라질 것이다."

부차는 출병에 참가하지 않은 오자서를 비웃었다.

제나라 군사가 대패했다는 보고를 받은 제 간공(齊簡公)은 간담이 서늘했다. 그는 많은 예물을 바치고 오왕 부차에게 화평을 청했다. 부차는 제 간공이 정중한 국서로 사죄하자 다시는 노나라를 침략하는 일이 없도록 하라는 영을 내리고 개선하기 시작했다.

그는 서시가 보고 싶어서 더 이상 전쟁을 할 생각도 없었다. 서시는 제나라와 가까운 오궁(吳宮)에 머물면서 부차가 개선하기만을 손꼽아 기다리고 있었다.

"천승의 나라인 제나라 대군을 격파하심을 하례드립니다. 대왕께서는 패업을 이룰 만한 일세의 영웅이십니다."

부차가 오궁으로 돌아오자 서시가 날듯이 달려와 절을 하며 아뢰었다.

"하하하! 과인은 손수 출전하여 적의 장수를 활로 쏘아 죽였느니라!"

부차가 기뻐하며 자랑했다.

"첩이 대왕을 위해 주연을 마련하였사옵니다. 어서 대에 오르시옵소서."

부차는 산해진미로 차려진 주연에 참석하여 술을 마시고 서시와 오랫만에 회포를 풀었다. 그러고는 도성으로 개선하여 문무백관의 하례를 받았다.

모든 대신들이 부차의 영웅스러움을 축하했으나 오자서는 입을 꾹 다물고 아무 말도 하지 않았다. 부차는 심통이 나서 오자서를 향해 입을 열었다.

"그대는 제나라를 쳐서는 안 된다고 하였으나 나는 제나라를 쳐서 이기고 돌아왔소. 그대의 충언이 부질없는 기우(杞憂)였음이 증명되지 않았소."

부차가 유쾌하게 웃으며 말했다.

"월나라는 반드시 우리 오나라를 공격할 것입니다. 그때는 후회해도 늦을 것입니다."

오자서가 퉁명스럽게 또다시 월나라 타령으로 반박했다.

"하하하! 이번에 제나라를 토죄(討罪)하는 데 공을 세우지 않은 사람은 그대뿐이오. 우리가 전쟁을 할 때 몸이 아프다는 핑계로 빠진 사람이 무슨 낯으로 충간이오?"

부차는 오자서를 비웃고 내쫓았다.

"오자서는 자기 아들 오봉을 제나라 대부 포식에게 맡겼답니다. 초나라를 배신할 때처럼 우리 오나라를 배신하려는 것이 틀림없습니다. 후환이 생기기 전에 없애야 합니다."

간신배 백비가 오자서를 모함했다. 그리고 민심이 동요할지 모르니 참수시키는 것보다 자결토록 하는 게 좋다는 간교한 꾀까지 냈다.

"그대의 말이 옳다. 내 손으로 죽이는 것보다 스스로 죽게 하는 것이 모양새가 좋다."

오왕 부차는 오자서에게 '촉루검(蜀鏤劍)'을 보냈다.

촉루검을 받은 오자서는 비감했다. 그는 하늘을 향해 큰소리로 울부짖었다.

"하늘이여! 부차가 어떻게 하여 임금이 되었는지 알리라! 선왕은 부차를 잔인하다고 하여 세자로 세우려고 하지 않았으나 내가 그를 천거하여 왕이 되었다. 나는 부차를 위해 초(楚)를 치고 월나라를 이겼으며, 오나라의 위엄을 중원에 떨치게 하였다. 부차는 나의 충언을 듣지 않고 나에게 자진하라는 영을 내렸다. 나는 오늘 왕의 명에 따라 죽을 것이나 장차 월군이 쳐들어와 오나라의 사직을 멸할 것이다. 하늘이 나를 대신하여 무도한 혼군(昏君)을 응보(應報, 길흉화복의 갚음)하리라."

오자서는 처절하게 울부짖었다. 가족들 또한 무릎을 꿇고 울음을 터뜨렸다.

"나는 옛날에 초나라를 떠나 부형(父兄)의 원수를 갚았다. 이제 또다시 오왕을 배신하면 사람들은 오자서를 열혈남아(熱血男兒)가 아니라고 할 것이다. 내가 죽은 뒤에 나의 두 눈을 빼어 동문에 걸어다오. 월나라 군사들이 쳐들어오는 것을 보기 전에는 결코 눈을 감지 않으리라!"

오자서는 가족들의 통곡 속에 촉루검으로 목을 찔러 자결했다. 오자서의 목에서 피가 분수처럼 흘러내리고 눈이 부릅떠졌다. 이때 사방이 갑자기 캄캄해지고 일진광풍이 불면서 흙먼지가 자욱하게 날리더니 빗줄기가 쏟아지기 시작했다.

가족들은 오자서의 시신 앞에서 곡을 하고 울었고, 오나라의 충신열사들도 오자서의 죽음에 관한 소식을 듣고 비통한 눈물을 흘렸다.

오자서를 죽인 부차는 거리낄 것이 없었다. 이제 꿈은 오직 하나, 중원의 맹주(盟主)가 되어 천하를 호령하는 일이었다. 그는 즉시 열국(列國) 제후들에게 통고하여 맹회(盟會)를 열고자 했다.

그러자 태자 우(友)가 풍자와 비유를 들어 간하기로 했다.

어느 날 태자 우가 진흙탕 물에 흠뻑 젖은 옷차림으로 활을 들고 부차 앞에 나타났다.

"그 꼴이 무엇이냐? 태자가 점잖지 못하게."

부차가 눈살을 찌푸리고 질책했다.

"소자가 후원에 갔다가 매미가 우는 것을 봤습니다. 그래서 매미를 잡으려고 가까이 가는데 사마귀 한 놈이 그 매미를 노리고 나뭇가지를 따라 접근하고 있었습니다. 제가 매미 대신 사마귀를 잡으려고 활을 당기는데 나뭇잎 사이에서 참새가 사마귀를 쪼아 먹으려고 눈을 번뜩이고 있었습니다. 저는 사마귀 대신 참새를 잡으려고 살금살금 다가가다가 그만 진흙탕에 빠지고 말았습니다."

태자 우의 말이었다.

"하하하! 너는 눈앞의 이익을 탐하여 발밑을 보지 못했구나. 그러니 한심한 일이 아니냐?"

부차가 껄껄대고 웃으며 아들 우를 조롱했다. 아들이 하는 짓이 어처구니없게만 보였다.

"대왕께서는 어찌 소자만 한심하다고 하십니까? 제나라는 노나라를 치려다가 우리 오나라의 침략을 받았습니다. 대왕께서는 이제 맹주가 되기 위해 대군을 이끌고 출정하려고 하십니다. 발밑에 월나라가 있다는 것을 모르고 계시니 어찌 한심하지 않겠습니까?"

세자의 말에 부차의 얼굴이 붉어졌다.

"오자서의 말버릇과 똑같구나! 내가 맹주가 되려고 하는데, 아들이 방해를 해서야 되겠느냐? 썩 물러가라! 너는 내 아들도 아니다!"

부차는 대로하여 세자 우를 어전에서 물러가게 했다.

세자 우의 충언에도 불구하고 오왕 부차는 맹회를 소집하기 위해 10만 대군을 동원했다.

오왕 부차가 대군을 이끌고 또다시 오나라 도성을 비우고 출정했다는 소식이 월나라에 전해졌다.

구천이 어전회의를 열고자 군신들을 불러들였다. 이에 범려는 오나라가 패망하지 않을 수 없는 현실적인 이유를 조목조목 열거했다.

"손무가 쓴 『손자병법』에서 이르는 대로, 전쟁에 승리하려면 군주와 군(軍)과 민(民)이 삼위일체가 되어야 하는데, 오나라는 어느 하나도 단결된 것이 없습니다. 첫째 부차는 향음에 빠져 국고를 탕진했고, 둘째 부차의 명분 없는 출정으로 모든 군사들이 피로에 지쳐 있고, 셋째 오나라 백성들은 오랫동안의 학정으로 굶주림에 허덕이고 있습니다. 그러니 우리는 이제부터 싸워서 이기는 것이 아니라, 이미 이겨놓은 승리를 확인하기 위해 출전하는 것입니다."

구천은 그 말을 듣고 크게 기뻐했다.

"옳은 말씀이오. 이번 싸움은 건곤일척(乾坤一擲, 운명을 걸고 단판걸이로 승부를 겨룸)의 정신으로 하루속히 승리로 끝내도록 합시다!"

구천은 그날로, 수군 2천 명과 육군 4만 명, 검술과 궁노수 정예부대 6천 명을 거느리고 바다와 강을 따라 일제히 오나라로 쳐들어갔다.

오나라 군사 중 정예부대는 모두 오왕 부차를 따라갔기 때문에 도성에 남아 있는 군사는 오로지 힘없고 늙은 병사, 예비군에 불과했다.

그와 반대로 월나라 군사는 오늘을 위해 갈고 닦은 강병들이며, 특히 검술과 궁노 쓰는 법을 연마한 정예병들이었다. 게다가 뛰어난 노장 범려와 문종을 어찌 오나라 군사가 당해낼 수 있겠는가.

오군은 대패했다.

이때 오왕 부차는 황지에 제후들을 소집해 놓고 있었다. 그러나 중원의 맹주 노릇을 하고 있는 진 정공(晉定公)이 맹주 자리를 내놓으려고 하지 않았다.

오나라의 왕손락과 진나라의 조앙이 맹주 자리를 놓고 며칠째 옥신각신하고 있을 때 오나라로부터 밀사가 달려왔다.

"월나라가 쳐들어와 도성을 에워쌌습니다. 대왕께서는 속히 회군하여 도성을 구원하소서!"

사자가 다급하게 아뢰었다. 부차는 대경실색(大驚失色, 몹시 놀라 얼굴빛이 하얗게 변함)했다. 천하의 맹주가 되려는 순간에 월나라가 침략을 했다는 말은 마른하늘의 청천벽력(靑天霹靂)이었다.

"구천을 죽였어야 했구나……."

부차는 뒤늦게 땅을 치고 후회했지만 소용없었다. 간신배 백비의 안색도 하얗게 변했다.

"이 일을 어찌하는 것이 좋겠는가?"

"나라 안의 상황이 위태롭다고 해서 군사를 거두어 돌아간다면 우습게 됩니다. 그러니 일단은 군사로 위협하여 진 정공을 굴복시켜야 합니다."

부차가 군사들을 휘몰아 진군을 공격할 태세를 갖추고 오군의 함성 소리가 천지를 진동시키자 진 정공은 굴복했다.

이로써 오나라 부차는 천하의 제후들 앞에서 허울뿐인 맹주(盟主)가 되었다. 맹회문의 내용은 여전히 주(周) 왕실을 받들고 열국들과 친밀하게 지낸다는 것이었다.

맹회를 마친 부차는 귀국을 서둘렀지만 장강을 거쳐 회수(淮水)를 건너 도성을 에워싼 월군을 맞아 싸워야 했다. 월군은 사기가 충천해 있었고, 오군은 긴 여정에 지쳐 있었다.

오군은 월군과 접전한 지 얼마 되지 않아 대패했다. 도성 앞의 드넓은 벌판이 온통 오군의 피로 물들었다.

"월군이 의외로 강하다. 더 이상 싸웠다가는 대패하여 사직을 지킬 수도 없을 것이다."

부차는 월왕 구천에게 백비를 보내 화평을 청했다. 이번에는 오나라가 구천에게 사죄를 하고 조공을 바치는 조건이었다.

"아직 부차를 아주 없애버릴 수는 없습니다. 일단 화평을 맺고 백비에게 생색을 내게 해주십시오. 앞으로는 오나라가 힘을 쓰지 못할 것입니다."

범려의 말에 월왕 구천은 부차의 항복을 받고 월나라로 돌아갔다.

오자서가 예측한 대로 20년 만에 치룬 오월대전(吳越大戰)은 월나라의 대승으로 명암이 엇갈렸다.

중원의 제후국들은 신흥대국 월나라를 주목하기 시작했다.

오왕 부차는 월나라와 굴욕적인 화평을 맺고도 더욱 주색에 빠져 나라 정사를 돌보지 않았다. 어쩌면 서시가 날마다 부차를 현혹시켜서 술과 여자에 빠져 지내게 만들었는지도 모를 일이다.

어쨌든 오나라는 간신들만이 들끓어 나라 안이 뒤숭숭했다. 더구나 해마다 흉년이 겹쳐 들어서 오나라 민심은 더욱 어지러웠다.

월왕 구천은 다시 군사를 일으켰다. 범려와 문종도 오나라를 멸망시킬 시기가 도래했다고 아뢰었다.

구천은 10만 대군을 동원하여 오나라로 진군하기 시작했다.

월나라 군사가 성 안으로 밀어닥치자 오군은 혼비백산하여 뿔뿔이 흩어져 달아났다. 부차는 다급하여 백비를 불렀으나 백비는 이미 월군에게 항복하고 없었다.

"충신 오자서의 말을 듣지 않고 간신배의 참소만을 듣다가 이런 꼴을 당하는구나."

부차는 탄식하며 양산으로 달아났다. 월군의 추격을 피해 밤낮으로 도주하는 동안 먹을 것은 떨어지고 의복은 헤어졌다. 성을 떠난 지 벌써 닷새가 지났다.

이때 구천이 군사 천여 명을 이끌고 뒤쫓아왔다. 그들은 부차의 주변을 에워쌌다. 부차는 다급히 글을 써서 화살에 꽂아 월군에게 쏘아 보냈다.

범려와 문종에게 보내는 글이었다.

"토끼 사냥이 끝나면 그 토끼를 잡을 때 공을 세운 사냥개를 삶아먹는다고 한다. 부려먹고 나서 쓸모가 없으면 죽이는 것이 인간사요. 이제 오나라가 망하면 그 다음은 범려와 문종, 두 대부의 차례일 것이요. 그러니 자신의 처지를 생각해서라도 과인에게 자비를 베푸는 것이 어떻겠는가?"

토사구팽(兎死狗烹, 토끼가 죽고 나면 토끼를 잡던 사냥개도 삶아먹힘. 필요할 때는 쓰고 필요 없을 때는 버리는 야박한 세상의 인심의 비유)을 말함이었다.

범려와 문종은 상의 끝에 훈계하는 답장을 보냈다.

"그대는 오자서 같은 충신을 죽이고 간신 모리배를 등용했다. 또한 아버지를 죽인 원수를 죽이지 않고 살려 보냈으며, 하늘이 월나라를 오나라에 주었는데도 받지 않은 어리석음을 범했다. 이제 와서 자비를 베풀라니 어불성설이다. 오나라를 월나라에게 준 것은 하늘의 뜻이다. 그대는 천명을 외면했으나 우리는 그 천명을 받을 것이다. 또한 그대가 죽어야 할 이유가 또 있다. 그대는 일국의 군주로서 선정을 베풀 생각은 안 하고 황음으로 백성들을 도탄에 빠뜨렸으니 그 죄가 하나요, 인접 국가 간에 화친을 도모할 생각은 안 하고 불의(不義)로 침략했으니 그 죄가 둘이요, 교만하기 짝이 없어 만승천자를 사칭(詐稱)했으니 그 죄가 셋이라, 이에 마땅히 단두(斷頭)로써 처형하리라!"

글월을 받아본 오왕 부차는 통곡했다. 모든 게 자신의 잘못으로 이루어진 일이었고, 돌이킬 수 없는 일이었다.

"내가 저승에 간다면 오자서와 같은 충신들을 볼 면목이 없겠구나. 내가 죽으면 비단으로 내 얼굴을 가려다오."

부차는 스스로 목을 찔러 자결했다. 왕손락은 대성통곡한 뒤 자신의 옷을 벗어 부차의 얼굴을 덮고 자신도 자결했다.

구천은 비록 적국의 임금이었지만 부차를 성대히 장사지내 주었다. 이렇게 오나라는 멸망했다.

월왕 구천은 오나라의 고소성에 들어가 오나라 군신들, 문무백관의 하례를 받았다. 그들 속에 백비가 끼어 서서 의젓이 뽐

내고 있었다.

그는 지난날 여러 가지로 월나라 형편을 도와주었다 해서 생색을 내는 것이었다. 그가 뒷구멍으로 받은 뇌물은 부차보다도 더 많았다.

구천은 백비를 끌어내어 본보기로 아니, 그보다는 오자서의 원수를 갚기 위해 처단했다. 그리고 오나라 군신들에게 다음과 같이 선포했다.

"당신들은 오늘부터 모두가 월나라 백성임을 명심해 주기 바라오. 당신들의 벼슬은 그대로 제수할 터이니, 지금부터 나라 안의 모든 창고 문을 열어 백성들에게 궁휼미를 나눠 주도록 하라!"

오나라를 평정한 월왕 구천은 군사를 이끌고 장강을 건너서 회수(淮水)를 지나 서주(舒州)에 이르렀다.

구천은 그곳에서 주 왕실에 사신을 보내 제(齊)·진(晉)·송(宋)·노(魯)의 제후들과 맹회를 열고 명실공히 중원의 패자(覇者)가 되었다.

이후 범려는 모든 관직을 사직하고 강호(江湖)에 물러났으나 문종은 관직에 미련이 남아 머물러 있다가 결국은 구천으로부터 촉루검을 받고 죽었다.

오왕 부차가 오자서에게 자결을 명했던 그 검이었다.

여기서 오왕 부차의 마음을 뒤흔들고 나라를 피폐케 한 천상

선녀 서시는 소임을 다한 후 자결했다는 설과, 월왕 구천과 함께 귀국한 후 범려를 따라 산천 유람을 떠났다는 설 등이 있다.

사물의 쓰임과 마음가짐

'후흑학은 날이 잘 선 예리한 칼과 같다. 반역자를 치는 데 쓰면 좋고 양민을 죽이는 데 쓰면 나쁘다. 선과 악은 칼을 어떻게 사용하느냐에 달려 있는 것이다. 따라서 후흑으로 선(善)을 삼으면 선인이 되고 후흑으로 악(惡)을 삼으면 악인이 된다.'

혜자(惠子, 장자의 친구)가 장자(莊子)에게 말했다.

"위왕(魏王, 양혜왕)이 나에게 큰 박씨 하나를 주었소. 내가 그것을 심었더니 자라서 다섯 섬들이가 되게 컸습니다. 그러나 물을 부었더니 박이 튼튼치 않게 물러서 제대로 들 수가 없기에 그것을 두 쪽으로 쪼개어 표주박을 만들었더니, 펑퍼짐하기만 해서 아무것도 담을 수가 없었습니다. 그래서 아무리 큰 것이라 할지라도 그것이 소용이 없으므로 나는 그것을 깨뜨려 버렸습니다."

이에 장자가 말하였다.

"선생께서는 정말 큰 것을 쓸 줄 모르는군요. 송(宋)나라 사람 중에 손이 트지 않는 약을 잘 만드는 사람이 있었는데, 겨울에 물빨래를 해도 손이 트지 않기에 대대손손 빨래질을 하고 있었습니다.

마침 지나가던 나그네가 그 약방문을 듣고 백금(白金)으로 그걸 사고자 하니, 그 가족들이 모여 '우리집이 대를 물려 빨래질이나 하면서 돈 몇 푼 벌던 것이 하루아침에 백금을 벌게 되었으니 팔기로 하자' 하여 약방문이 팔렸습니다.

약방문을 산 그 나그네는 오(吳)나라 왕을 찾아가 그 약을 수전(水戰)에 사용하고자 하였습니다. 얼마 후 마침 월(越)나라의 침략이 있자 오왕은 그를 대장으로 임명하고, 겨울 빙판에 월나라 군사와 수전을 벌려 크게 이기고 승전하여 많은 땅을 하사받았다 합니다.

손이 트지 않게 하는 방법은 같은 데도 어떤 이는 나라의 땅을 봉해 받고, 어떤 이는 빨래질을 면치 못했으니, 이는 쓰는 방법이 달랐기 때문입니다. 지금 당장 다섯 섬들이 큰 박이 있다면 어찌하여 그 것을 큰 배로 삼아 강호(江湖)에 띄워둘 생각은 하지 않는 것이오? 그리고는 조각난 바가지를 펑퍼짐하여 아무것도 담을 수 없는 것만을 걱정했으니 선생의 마음 쓰는 것이 답답하지 않습니까?"(『장자』 소요유 편에서)

또 혜자가 장자에게 말하였다.

"우리집에 큰 나무 한 그루가 있는데 남들은 가죽나무(소태나무과의 낙엽교목, 쓸모없는 물건의 비유)라고 불러요. 그 줄기엔 옹이가 울퉁불퉁하여 먹줄을 대어 널빤지로 쓸 수 없고, 그 가지는 뒤틀려 있어 자를 댈 수도 없을 지경이요, 길가에 서 있어도 목수들조차 거들떠보지 않소. 지금 당신의 말도 크기만 했지, 쓸 곳이 없으니 모든 사람들이 상대도 하지 않을 것입니다."

이에 장자가 말하였다.

"당신은 삵과 족제비를 본 적이 있나요? 땅에 몸을 납작 엎드려 붙이고 들쥐가 나오기를 노리지만, 동서를 뛰어다니며 높고 낮음을 꺼리지 않다가 덫이나 그물에 걸려 죽고 말지요. 그런데 저 리우(犛牛, 얼룩소)란 소는 그 크기가 하늘에 드리운 구름과 같소. 이놈은 큰일을 할 수 있지만 쥐는 한 마리조차 잡을 능력이 없단 말입니다. 지금 당신은 그 커다란 나무가 쓸모없이 덩그러니 서 있는 것만을 걱정하지만, 아무것도 없는 고장, 광활한 들에다 그것을 옮겨 심어 놓고 때로는 하염없이 그 곁을 거닐다가 또는 그 아래 드러누워 낮잠을 즐겨 볼 생각은 안하는 것이오. 그 나무는 도끼에 일찍 찍히지 않을 것이고, 아무것도 그것을 해치지 않을 것이오. 쓸모가 없다고 하여 어찌 근심거리가 된단 말이오?"(『장자』소요유 편에서)

어찌 붕새의 뜻을 알겠는가

　북극 바다에 한 마리 고기가 있는데 그 이름은 곤(鯤, 전설적인 물고기의 이름. 본시는 작은 고기의 이름이었으나 장자는 무한히 큰 고기로 쓰였다)이라 불렀다. 그 곤의 몸이 하도 커서 몇천 리나 되는지 알 수가 없었다. 그것이 어느 날 한 마리 새로 탈바꿈하여 붕(鵬, 전설적인 새 이름. 날개 길이가 삼천 리나 되고 단번에 구만 리를 난다고 함)이라 불렀는데, 붕새는 더욱 커서 그 등짝만 해도 몇천 리나 되게 넓은지 도무지 알 수가 없었다.
　붕이 한 번 떨치고 하늘을 날아오르면 그 날개는 하늘에 드리운 구름장과도 같았다.
　이 새는 바다 위에 태풍이 거세어지면 비로소 남극 바다로 옮겨 가는데, 무한히 넓은 남극 바다는 하늘의 못, 천지(天池,

하늘의 조화에 따라 이루어진 바다)인 것이다.

그 당시 『제해(齊諧)』라는 책, 즉 제나라의 기이한 현상을 쓴 견문록. 諧는 농담, 익살, 희롱하는 말의 뜻이니 우스운 이야기 책으로 보아도 된다. 혹은 인명이라고도 하는 기록을 살펴보면, '붕새가 남극 바다로 옮겨갈 때에는 날개가 너무 커서 처음에 3천 리나 멀리 수면을 치면서 날다가 거기서 일어나는 회오리바람을 타고 9만 리나 날아오르며 6개월을 날아가서야 쉬게 된다'고 하였다.

봄날 연못에 피어오르는 아지랭이나 하늘에 하느적거리는 먼지는 모든 생물의 숨결에도 날린다. 저 하늘의 짙푸름은 본래 하늘의 빛깔일까? 아니 그것이 멀어서 끝이 없기 때문일까? 붕새가 하늘을 날 때 이 지상을 보면 역시 이렇게 푸르기만 할까?

무릇 물의 깊이가 얕으면 큰 배를 띄울 수 없다. 한 잔의 물을 작은 웅덩이에 부어 놓으면 곧 작은 풀잎은 그곳에 배가 되어 뜨지만, 거기에 하나의 잔을 띄우면 땅에 걸리고 만다. 물은 얕은데 배가 크기 때문이다.

그러므로 바람의 부피가 작으면 커다란 새의 날개를 받칠 수 없다. 비록 그 날개가 제 아무리 구만 리 장천에 올라도 그 날개 밑으로 바람이 있어야 한다. 붕새는 푸른 하늘의 바람을 타고 등을 짐으로써 아무런 거리낌이 없이 남극을 찾아 훨훨 날 수 있게 되는 것이다.

매미와 작은 새가 붕새를 보고 웃으면서 말해줬다.

"우리는 때로 재빨리 날아 느릅이나 박달나무 있는 데를 갈 수 있지만 반드시 바람이 있어야 하진 않았고, 때로는 높은 나무에 이르지 못한 채 땅에 떨어지는 수도 있지만, 반드시 바다를 건너 구만 리 장천에 이르렀다가 남극 바다에까지 갈 거야 없지 않은가?"

가까운 거리에 갈 사람은 아침밥을 먹고 저녁에 돌아온다 해도 배고픈 일은 없고, 백 리 밖 먼 길을 가려면 전날 밤에 양식을 준비해야 하고, 천릿길을 가려는 사람은 석 달 양식을 준비해야 하거늘, 그 매미나 작은새〔조여학구(蜩與學鳩), 蜩는 매미 조, 매미 선(蟬)과 같다. 학구(學鳩)는 비둘기같이 생긴 작은 새 이름〕가 되어 어찌 붕새의 이치를 알겠는가?

어리석은 자는 슬기로운 자를 알지 못하고 하루살이 목숨은 오래 사는 자에 미치지 못하거늘 어떻게 그러한 도리를 알겠는가? 아침에 피었다 저녁에 지는 버섯〔조균(朝菌), 아침에 나서 저녁에 죽는 버섯〕은 한 달의 섭리를 알지 못하고, 아침에 태어나 저녁에 죽는 쓰르라미〔혜고(蟪蛄), 쓰르라미. 한선(寒蟬). 선매미의 유충은 6~7년 동안 땅속에서 지낸 뒤에 성충이 되어, 1~3주 만에 죽음〕는 봄과 가을의 변화를 알지 못한다. 이것들은 짧은 동안 사는 것들이다.

초(楚)나라의 남쪽에 명령(冥靈)이라는 나무가 있는데, 백 년을 살아도 봄 한철, 가을 한철 지낸 것에 불과하다 했다. 그리고 태곳적에 대춘(大椿)이라는 나무는 8천 년을 살아도 봄 한 철, 가을 한철 지낸 것에 불과하다 했다.

또한 팽조(彭祖, 중국 신화의 삼황오제 때 전욱(顓頊)의 현손(玄孫)으로 성은 전(錢), 이름은 갱(鏗). 은(殷)나라 말엽에 이르기까지 767년을 살았는데도 늙지 않았다. 나라에서 그를 죽이려 하자 어디론가 사라져 버렸다고 『신선전(神仙傳)』에 전한다)는 지금까지도 오래 산 사람으로서 특히 유명하다. 보통 사람들이 그에게 자기 목숨을 견주어 부러워한다니, 어찌 슬프다 하지 않겠는가? 탕왕(湯王, 하(夏)나라의 포학한 걸왕(桀王)을 쳐부수고 은나라를 세웠다)이 극(棘, 탕왕 때의 어진 신하. 하극(夏棘). 『열자(列子)』 탕문(湯問)편에 나온다)과 말씀하는 가운데 이런 대목이 있다.

"북극의 불모지 땅, 궁발(窮髮, 북극 지방의 불모지 이름)에 명해(冥海, 어두운 북극의 바다)란 바다가 있는데, 그 바다가 바로 천지(天池)였다. 거기에 한 마리 물고기가 있는데 그 넓이는 수천 리이고, 그 길이를 아는 사람이 없으며, 그 이름을 곤(鯤)이라 하였다. 거기에 또 새가 있는데 그 이름을 붕(鵬)이라 하였다. 그 등짝이 태산 같고 날개는 하늘에 드리운 구름장 같았다. 휘몰아치는 폭풍, 빙빙 회오리바람에 날개를 치고 구만 리 장천을 선회하니, 거기에는 구름 기운도 끊긴 높은 곳에서 푸른 하늘을 등지고 남녘으로 향하여 남극 바다로 날아갔다.

연못가 작은 새가 이를 보고 비웃었다.

"저 붕새는 어디로 가는 것인가? 나는 날개를 활짝 펴 몇 길도 못 올라 내려오며, 쑥대밭 사이를 오락가락 퍼덕이는데, 이것도 역시 날아다니는 극치이거늘 저 붕새는 어디로 가려는 것인가?"

이것이 작은 것과 큰 것의 분별인 것이다.

요[堯, 기원전 2,300년을 전후하여 중국을 다스린 임금. 순(舜)임금에게 천자 자리를 물려주었다. 유가에서 이상적인 정치를 행한 성군으로 받든다]임금이 천하를 허유[許由, 세상을 피하여 기산(箕山)에 숨어 살던 현인. 그는 요임금으로부터 임금 자리를 물려주겠다는 소리를 듣고 나서, 귀가 더렵혀졌다하여 기산 아래 영수(潁水)로 내려가 귀를 씻었다. 그때 마침 소에게 물을 먹이러 왔던 소보(巢父)는 영수의 물이 더러워졌다하여 소를 상류로 끌고 올라가 물을 먹였다 한다]에게 물려 주고자 하였다.

"해와 달이 밝게 비치는데 횃불을 또 밝히는 것은 빛을 내는 데 헛된 수고가 아니겠습니까? 철에 맞추어 비가 왔는데 여전히 논밭에 물을 대는 일은 헛된 수고가 되지 않겠습니까? 선생님께서 천자가 되시어 천하를 다스린다면 잘 다스려질 것입니다. 제가 임금 노릇을 하면서 스스로 제 부끄러움을 알았으니, 부디 이 천하를 물려받아 주십시오."

허유가 이에 대답하였다.

"당신이 천하를 다스리자 천하는 이토록 태평합니다. 그런데 제가 당신을 대신하여 천하를 다스린다면 백성들은 나에게 명예욕에 눈이 멀어 임금자리를 탐낸 자라고 손가락질을 할 것입니다. 명예욕이란 헛것에 불과합니다. 제가 그 노릇을 해야 합니까? 뱁새가 깊은 숲속에 둥우리를 친다해도 한 개의 나뭇가지만을 사용할 따름이며, 두더지가 황하의 물을 마신다 하더라도 그것은 배를 채우는데 지나지 않을 것입니다. 돌아가십시오. 임금님! 저에게는 천하라는 것이 아무런 쓸모가 없습니다. 설마 부엌일 보는 이가 아무리 밥짓기를 거절한다 하더라도 시축[尸祝, 尸는 제사 지내는 신(神)을 대신하는 사람. 옛날에는 산 사람이 신주(神主) 노릇을 하였다. 祝은 제주(祭主)를 대신하여 축도를 드리는 사람]이 술그릇과 제기(祭器, 제사 때 쓰는 필요한 기물)를 넘어가 그의 일을 대신하지 않는 법입니다."

서른!
후흑으로 승자의 미학을 만나다

초판 찍은 날 | 2012년 12월 30일
초판 펴낸 날 | 2013년 1월 10일

편저자 | 최영민
펴낸이 | 곽선구
펴낸곳 | 늘푸른소나무

주소 | 서울시 종로구 연건동 44-10
전화 | 02-3143-6763
팩스 | 02-3143-6742
출판등록 | 1997년 11월 3일 제 307-2011-67
이메일 | ksc6864@naver.com

ISBN 978-89-97558-11-7 13300

※ 잘못된 책은 구입한 곳에서 바꾸어 드립니다.
※ 책값은 뒤표지에 있습니다.